本书系“江苏高校2011计划区域法治发展协同创新中心项目”的阶段性研究成果。

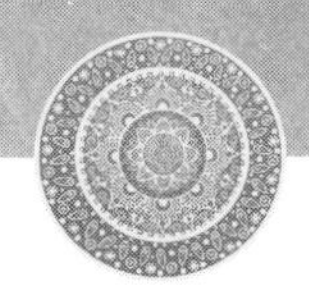

法学学者的法治参与

FA XUE XUE ZHE DE FA ZHI CAN YU

李小红◎著

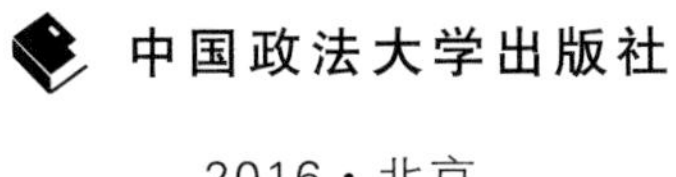
中国政法大学出版社

2016 · 北京

图书在版编目（CIP）数据

法学学者的法治参与/李小红著.—北京:中国政法大学出版社,2016.10
ISBN 978-7-5620-7040-5

Ⅰ.①法… Ⅱ.①李… Ⅲ.①社会主义法制－研究－中国 Ⅳ.①D920.0

中国版本图书馆CIP数据核字(2016)第230133号

出 版 者　中国政法大学出版社
地　　址　北京市海淀区西土城路25号
邮寄地址　北京100088信箱8034分箱　邮编100088
网　　址　http://www.cuplpress.com（网络实名：中国政法大学出版社）
电　　话　010-58908586(编辑部)　58908334(邮购部)
编辑邮箱　zhengfadch@126.com
承　　印　固安华明印业有限公司
开　　本　880mm×1230mm　1/32
印　　张　9.75
字　　数　235千字
版　　次　2016年10月第1版
印　　次　2016年10月第1次印刷
定　　价　36.00元

法官，参与者就需要具体地审理案件，很多时候对案件的评价不能再似是而非，不能再模棱两可，必须非此即彼做取舍，明确清晰亮观点；如成为职业检察官参与者就需要具体地审查起诉，理清一份份证据，精心搭建无懈可击的证据架构，否则法庭上律师只要轻轻抽去一块“证据之砖”，架构坍塌，就是失职。彼时法学学者要把台词从“我认为”“在我看来”改为“依据法律”“根据证据”，要直面当事人、律师，要能说服或对抗。

法学学者参与政府管理，作为政府参事、智库专家或各类以知识分子身份为之的专家组成员，与政府之间的关系更多是协作式的松散型关系。如果担任真正意义上的政府法律顾问，严格来说，法学学者与政府之间就有了受法律规范约束的合同关系，两种关系类型下，双方的权利义务内容存在很大差别。

在法学学者以知识者的形象活跃在不同的法治场景中时，我们应该注意到法学学者本质是人，知识可以型塑人格，但人的知识与人格毕竟是分离的，不应将法的品格联想混同为法学学者的品格，法以公平正义为基本伦理，而法学学者的人格却是立体多维的。同时法学学者的理性思辨，缜密逻辑等也并不能指导其所有的行为，因此，法学学者并不能保证其所为之行为总是利于法治。

如果法学学者的法治实践参与行为对法治造成反推，就会与其所追求的学术目标和精神理念背道而驰，同时也会影响法学学者之社会功能的发挥。通过分析可知，法学学者的法治参与行为之所以产生作用，其制约因素主要是知识、权威、关系、面子等，而这些因素有的本身即存在非法治化的面相，有的经由主体的不当推动即会产生非法治化现象。在关注和推动法学学者的各类法治参与行为过程中，注意分析这种非法治化因素或现象，揭示法学学者法治参与行为背后的，与法治冲突的影响因素、现象等，可以让法学学者更接近其“法学”学术本源和“学者”群体本源，可以在法治大剧中更加凸显法学学者的角色特征。

是为序！

李小红

2016 年 6 月于南京

CONTENTS 目　录

绪 论

一、论题缘起及研究意义

中国的法治历程从清末修律算起，百余年来，可谓跌宕起伏。推动法治国家的建设，政治、经济、文化等固然是重要的因素，但从具体微观的角度来看，人的因素却是更重要的，特别是法律精英的作用不可忽视。因为法律规范无法单纯由社会本身产出，而“必须由社会中一批具有敏锐洞察力和缜密的思维能力的群体，对社会及生活经验进行研究、思考，通过对社会生活的观察，对社会经验的总结，提炼出具有强制约束力的社会行为规范，即法律”。[1]法治社会的基本状态在于，不但要有良好的法律，还要有社会主体对法律的普遍遵守，这需要有强大的法治文化作为支撑，而建构法治文化，法学学者同样责无旁贷。

从《临时约法》的颁行，到六法全书体系的建构，再到《中华民国宪法》的出台，民国时期法律精英们的法治追求，随着中国历史上政权的又一次革命式更迭而终结。之后中国法治

〔1〕 张仁善：“论中国近代法律精英的法治理想”，载《河南省政法管理干部学院学报》2006 年第 1 期。

发展经历了近乎停滞的几十年，20 世纪 80 年代后，中国法治冲出了历史的黑暗隧洞，又一次蹒跚前进。至 1999 年，我国《宪法》加入一款，即“中华人民共和国实行依法治国，建设社会主义法治国家”，新时期的法治发展进入了快车道。十几年过去了，中国的历史车轮是已行进在法治的道路上，还是依然处在奔往此路的状态，笔者无法妄下定论，但有一点确定无疑，那就是法治依然是中国当下执着追求的社会治理状态，而法律精英，特别是专门以法治作为研究对象之法学学者群体，一定会对历史车轮的行进方向产生影响。

当下，我国法学学者参与法治建构的行为是多向度的，有的致力于宏观法学理论的推演，有的致力于具体法律制度的建构；有的固守社会分工意义上的本职工作，开展纯粹的法学理论学术探究和法学教育教学；有的主张法律是实践科学，无论是法学研究还是法学教育都必须以参与社会实践为支撑，于是他们积极参与推动立法、司法、执行等各个法的运行程序；有的成为公共知识分子，有的学而优则兼从仕，有的学而优则兼从商……如此众多的参与行为模式，如果都能对法治社会的建设起到正作用，那么，这将是一幅可喜的法治建构图，但事实上这绝无可能。

因为，一者法治本就是一个永无止日的讨论话题，法律之“法”不是纯粹科学，而是一种思辨哲学，是一定时间和空间范围内社会主体的一种约定俗成。虽然政治国可以通过国家强制力保证某种规则的运行，并称之为法律，但只要一种法律偏离了群体的约定俗成，就没有生命力。对于法，在法学学术领域不可能形成绝对共识，也不可能存在独一无二的法之真理。亦即，即使法学学者们都能竭尽全力，铁肩担道义，高尚纯粹地为了法治而参与法治，也不可能做到劲往一处使。如此，众多法学学者的法治参与行为中总有一些行为可能会对法治建设产生反推。二者学者本质上是人，其理性的思辨并不能指导其所有的行为，长期进行的学术历练可以使其看待问题更透彻，剖析问题更深入，逻辑论证更严密。但当一个学者参与法治建设的行动走出学术研究的领域，其非理性的一面必然无法掩盖，他的性格、心理、情绪，甚至潜意识等一切内质的东西，都会成为推动其一步步行动的影响因子。更何况，即使是一个理性之人，其个体的行动价值取向同样决定了其所为之行为并不能总是推动法治建设向前发展，个体身份、经济利益、社会地位等都有可能成为一个人行为背后之目标。亦即，即使法学学者学术造诣足够好，理性思辨能力足够强大，也不能保证每个学者个体的所有优质质素，全部用于推动法治的进步。三者法治建设是一项关涉面巨大的社会人文工程，即使法学学者形成了有关法的本真的高度共识，即使学者们都秉持着为大众谋公平正义的价值追求，同样不能避免自身的力量被这个工程的其他工程队分解或牵制。比如，媒体、特定利益群体、执政主体等都有可能利用和曲解学者群体的行为话语。

从学术研究现状来看，存在如下几方面问题：一是法学研究更注重于对研究对象的探究，即法本体、法现象研究，而忽视对研究者自身的分析。这种忽视导致了人们对于法学学者的行为关注较少，或缺少应有的审视和反思。二是法学学者致力于自身对国家、对社会的贡献，执着于对中国乃至世界法学理论的贡献，追逐着法律人之治的理想图景，但很少警惕法律人独裁与法律人之人治的可能性。事实上，无论从自然意义上还是从社会意义上来分析，法学学者都无异于常人，其并不能保证其行为对于法治总能产生正效应。作为法律实践的参与者，缺少对自身非理性人格的反思，必然无法使其参与行为的目的和结果达到最优。三是法学界对于法律问题的研究路径多从正面论证，如关于法治，论述什么是法治，法治应当是如何者较多，但从反向路径对非法治化现象专门开展的研究则较少。四是即使对非法治化现象有所涉及，学者们的分析重心也多从法律规范角度寻找，或者只剖析其他社会主体的非法治化行为。而在我看来，作为社会分工专事法现象研究的群体，其参与法治建设的实践行为背后所隐蔽存在的非法治化现象，更有必要加以探寻，因为法学学者所为行为的非法治化相比于其他主体，对于法治化进程的影响更具有效仿与示范的意义。同时，对不应如何行为的研究可能比如何行为之构想更重要，因为不为不过意味着不进不退，而不当为则意味着对法治建构的反推。

本书对法学学者的法治建设参与行为进行研究，正是为了弥补上述法学研究的缺憾而作的努力。本书的研究旨在廓清法学学者这一群体的角色定位及其社会功能，揭示其群体特征；总结分析影响法学学者参与法治实践的各种因素，特别是揭示在法学学者的各种参与行为背后所隐藏着的，与法治精神相悖的现象或因素；在不反对法学学者积极入世，参与具体法治建设实践的前提下，提醒并建议法学学者在开展各种法治实践参与行为时，应警惕行为背后非法治化因素的膨胀，并寻求可能的消解方法。笔者认为，只有不断揭示和剥离掉这些非法治化的存在，法学学者才能更接近自己“法学”的学术本源和“学者”的群体本源。从功利的角度看，既然法学精英是法治国建设中不可或缺的推手，这样的学术探究则有利于更大地发挥法学学者群体在法治国建设过程中的作用。从法学学者角度看，既然选择了以学者的形象安身立命，对自身可能存在的问题进行剖析，也是提升个人职业道德，实现个体人生价值的当然课题。

二、关键术语界定

（一）“法律人”“法律职业共同体”

与法学学者有关的属概念，从表象来看可能会是“法律人”“法律职业共同体”等，这些属概念更多是基于法学学者的专业背景而言的。对法律人，学者的界定角度有二：一是从职业的角度划分，认为主要包括法官、检察官和律师等，以孙笑侠为首的大多数研究者如此认为。但这一界定下的法律人是否包括法学学者，并不统一，甚至不明确。多数的研究者将该群体列入其中，但在具体的分析讨论过程中却并不重视之，更多的是讨论法官、检察官和律师这三类主体。二是从本质角度预设，认为法律人是指“追求法律的技术理性最大化的人”，〔1〕是“依存于法律（包括人对法律的期待与遵守）、参与法律（包括法律的制定、执行及进行其他法律活动）和受制于法律的人”。〔2〕笔者认为，法学学者无论从哪个视角看都可称为“法律人”，但这一概念仅在描述、概括、宣传上有意义，基本没有学术术语价值。

自从有学者发出“法律人共同体宣言”起，越来越多的人开始关注“法律职业共同体”这一问题，不少人更对这一概念有了较深入研究。笔者赞同一种结论，即这是“一个想象的共同体”“是一个由法官、检察官、律师以及法学学者等组成的法律职业群体”，〔3〕而不是一个法律主体意义上的存在。在这个

---

〔1〕 刘小吾：《走向职业共同体的中国法律人：徘徊在商人、牧师和官僚政客之间》，法律出版社2010年版，第63页。

〔2〕 胡玉鸿：“‘法律人’建构论纲”，载《中国法学》2006年第5期。

〔3〕 卢学英：《法律职业共同体引论》，法律出版社2010年版，第131～132页。

想象的共同体中，各个分支群体之间的行为充满了对立和博弈，但毕竟每一群体都是法治大厦型构过程中不可或缺的一支力量，并且这些群体中的人都应对法律的权威予以认可，都应以公平正义为终极追求，从这一意义上谈“共同体”则是颇有道理的。本书的重心在于研究这一共同体中，以往不被作为研究焦点的法学学者群体，但法律人共同体的终极追求必然同样是本专题研究的坐标或立场。

（二）“知识分子”“法学家”

对于法学学者到底是不是法律人，应不应该包含在法律职业共同体中，学者的态度有时是很模糊的。笔者很难将法学学者和法官、检察官、律师进行并列式的分析论证，只要是作关于法律人的论述，学者群体必然单独展开。有学者在谈法律人之治问题时，述及“法学院及法学（教育）家群体却是法律人及其职业素养的摇篮”，〔1〕似乎法学学者是超越于法律人群体的。另一些学者则认为，因为法学家传授的主要是法律知识而不是法律技能、他们是法律的旁观者而不是从事实务者、他们的人文社科式的知识性思维方式与实务界的法律思维模式无通约性，这些都决定了法学家被排除在法律职业群体之外。〔2〕在笔者看来，如果将法学学者归属于学术共同体、教育共同体、知识分子等似乎比法律共同体要顺畅得多。或者说法学学者兼有两者的特征，但从本质上来说，法学学者应是知识分子群体中的人。因此，本书对法学学者的分析更多地倾向于寻找其作为知识分子的属性，“法学家是以关注人的权利，检验实在法的合理性，研究社会管理的最佳模式等为己任的独立的公共知识

---

〔1〕 孙笑侠等：《法律人之治》，中国政法大学出版社 2005 年版，第 68 页。

〔2〕 杨海坤、黄竹胜：“法律职业的反思与重建”，载《江苏社会科学》2003 年第 3 期。

分子的总称”，[1]类似这样的定位是本书对于法学学者群体的价值预设。

“法学家”无疑也是本书的一个关键词，也会高频率出现，但很多时候对该词只是在现象描述意义上使用，而并非有一个标准圈定法学学者群体中哪些是本书研究的对象，哪些不在本书讨论范围。同时，描述的对象范围也不是完全以学术水平的高低来衡量，即并不认为只要学术水平高的，无论从事哪个行业都是本书要讨论的对象。本书讨论的主体主要是任职于科研院所中的从事法学教学、法学研究的人，所以使用“法学学者”一词是最恰当的。但是因为多数研究者的文章中出于学界不言自明的共识，经常使用“法学家”一词，故在本书的写作过程中，有时出于叙述的方便亦可能对“法学家”和“法学学者”二词不作区分、混同使用。

（三）法治参与

对法学学者的法治建设参与行为进行研究，自然应选取其参与的各种行为现象作为研究对象。研究的路径可以是面面俱到式的，即大致根据法的运行过程，对法学学者可能参与的任何与法治有关的行为一一开展剖析。如此，则法学学者参与立法、司法、执法等各个环节都要兼顾，如果参与行为进一步展开则更是复杂，因为法学学者的身份是多元的，其以当事人、代理人、专家等任何一种身份都可以出现在任何一个法运行程序中，而事实上本书关注的主要是其作为法学学者这一职业身份而为的各类参与行为，研究重心更倾向于法学学者的非本职类法治建设参与行为。总的来说，这些行为包括但不限于：作为专兼职法学教师的教学行为；作为法学学者的各种学术研究

[1] 孙笑侠等：《法律人之治》，中国政法大学出版社2005年版，第69页。

和学术交流行为；以法学学者身份参与的非本职类法律实践或实务行为等。对非本职类的行为，本书主要选取了如下一些参与行为作为研究标本：一是围绕立法而开展的专家立法论证、起草法律草案专家建议稿、规范性文件合法性审查建议等；二是围绕司法而开展的司法案例研讨，提供专家法律意见书，任兼职法律服务者、兼职和挂职司法者等；三是围绕政府管理而展开的法学学者担任政府法律顾问、政府智库专家、政府参事职务等。同时，一方面，由于以行政行为为主要形式的政府管理行为内容复杂，类型多样，且当下我国的政府管理整体缺乏有价值的信息公开，使得学界很难对该类行为展开综合性的研究；另一方面，法学学者的一些行政类参与行为，因与立法和司法具有类比性，如参与行政规范性文件的制定，指导行政执法、行政复议，出具执法意见等，所以本书在对法学学者的非本职类法治建设参与行为进行研究时，又主要围绕立法和司法两个环节展开。

对本书将要研究的标本行为如何归类，曾有过不同的设想，如“法治参与”“法律参与”“实务参与”“法律实践”等，最后取用了“法治参与”。这主要是基于以下考虑：一方面，法治是当下一个普遍理解、广泛使用的概念，但与“法律”相比，其内涵又是学术化而非规范化的表达；另一方面，本书并不需要一个严格意义上的专业术语，只要有一个一般描述意义上的论文用语，从而让阅读者明白其所指即可。至此本书谈论的“法学学者的法治参与”，主要即指法学学者基于其专业学养而参与的与法治建设有关的行为。

三、研究文献综述

为了达到对本书所涉问题的较全面的研究，写作过程中，笔者对如下几方面的研究成果予以了重点关注：一是对“法学学者”这一社会主体，学界如何自我体会，自我把握；二是学界对法学学者的各种法治建设参与行为有何解读；三是“法治”和“非法治”理论的界分；四是非法治化因素的辨识与消解。以下，本书即以此为顺序对相关问题的研究成果和学界观点作一梳理。

（一）对法学学者的研究

法学学者对于本体的研究一般从两方面展开：一方面是通过与其他主体的对比展开研究，主要研究法学学者的主体特征、职业定位、社会价值等问题。另一方面是就群体的内质方面去展开研究，主要研究法学学者应贡献什么、研究什么、制约影响其学术兴趣和学术观点的因素是什么等。从笔者掌握的文献资料来看，国内学界对法学学者进行的专门的主体性研究成果并不多见，但依然可以从有限的资料中梳理出学术界对法学学者本体问题的一些观点。

（1）关于法律人、法律职业共同体。为数不少的学者通过撰写学术论文的方式，讨论了法律人或者法律职业共同体的相关问题。在这些论著中，多将法律人的范围大致圈定为包括法学学者在内的所有以从事法律事务为主要生活来源的职业群体。〔1〕尽管多数文章中并没有将法学学者作为一个重点群体单独进行阐述，但至少这些论证中提及的法律人的共同特征，对了解法学学者的职业行为是有帮助的。有学者论述到法律人的内在素

〔1〕 这类文章主要有：程燎原：“‘法律人’之治：‘法治政府’的主体性诠释”，载《西南民族学院学报（哲学社会科学版）》2001 年第 12 期；霍宪丹：“关于建构法律职业共同体的思考”，载《西北政法学院学报》2003 年第 5 期；郭立新：“法治社会中的法律职业共同体”，载《河南省政法管理干部学院学报》2003 年第 6 期；贺卫方：“中国法律职业：迟到的兴起和早来的危机”，载《社会科学》2005 年第 9 期；等等。

养包括熟练掌握法律语言、具有娴熟的法律职业技术、以法律人特有的思维模式思考和处理法律事务、遵守职业伦理、信奉法治与法律等。〔1〕另一学者在一篇短文中则对“法律学人”的特征做了进一步的分析，认为一般“法律人的品性主要有三：信仰法律、追求正义、崇尚秩序”，而法律学人的特殊品性有“信仰法律，更执着于批判法律；追求正义，更执着于思考正义；崇尚秩序，更执着于创新秩序”等。〔2〕后者的这种体认在诸多法学学者的法治建设参与行为中得到了佐证。

(2) 关于法学学者的使命与贡献。这方面的学术研究成果可以从两个方面进行综述：一是从他体的视角，二是从自体的视角。

社会其他主体对法学学者在人类社会中的使命与贡献的认知表现为或者是感性的、非学术的，或者是非专门指称的。比如，社会公众戏称专家学者为“砖家”“叫兽”之类者。关于学者的研究成果则较多，主要有：费希特的《论学者的使命》、萨伊德的《知识分子论》、福柯的《权力的眼睛》、韦伯的《学术与政治》、布迪厄的《实践与反思》、科塞的《理念人》等等。这些著作中多有关于知识分子、关于学者使命与贡献的系统论述，其中也包括对法学学者的些许论述。在国内学者关于以上经典论著的解读性研究成果中，也多会涉及此类话题。此外，刘宝东在《职业法学家群体与近代中国法制转型》、杨永明在《士者何为——近三十年来知识分子题材小说研究》、刘亚秋在《声望危机下的学术群体——当代知识分子身份地位研究》等文中，以及郑也夫在一系列有关知识分子的学术论文中，都对包括法学学者在内的学者的使命与贡献进行了一定程度的探

〔1〕 孙笑侠等：《法律人之治》，中国政法大学出版社 2005 年版，第 74 页。

〔2〕 姜明安：“法律人与法律学人的品性”，载《法制资讯》2011 年第 11 期。

讨。其基本的观点是：知识是一种权力或者说知识就是权力，在微观上知识可以改造社会。[1]学者是知识分子，学者真正的和最高的使命在现实层面是"为社会服务"，在道德层面应引领风尚，其应成为"时代道德最好的人"。如费希特所说："学者的进步决定着人类发展的一切其他领域的进步；他应该永远走在其他领域的前头，以便为他们开辟道路，研究这条道路，引导他们沿着这条道路前进"，"学者应当尽力而为，发展他的学科；他不应当休息，在他未能使自己的学科有所进展以前，他不应当认为他已经完成了自己的职责"。[2]

法学学者一直持续不断地对自身的使命与贡献进行着思考。这种思考一方面反映在其专门的学术论著中，另一方面也可从其所撰写的大量杂文、时评、随笔、前序、后记等文字中发现。早在20世纪80年代末，梁治平即谈到合格的法学学者应具有科学和人文两方面素养和训练，认为"现代法学家，首先是一名现代知识分子。他不能只是一名专门家。他当具有独立的人格，具有敏锐的洞察力与清醒的批评意识。他必须承担起社会良心的职责"。[3]20世纪90年代后，随着苏力"什么是你的贡献"的叙述始，[4]学界对此问题曾展开过集中思考，不少学者都认同苏力的观点，即学者的使命在于贡献理论，在于用自己的知识和所处时地的经验对复杂之社会生活进行理论梳理和解说，使人类生活有序，但无论是其本人还是其他法学学者的学术研

---

〔1〕［法］福柯：《权力的眼睛——福柯访谈录》，严锋译，上海人民出版社1997年版，第32～33页。

〔2〕［德］费希特：《论学者的使命》，梁志学、沈真译，商务印书馆1980年版，第40～45页。关于该书思想可以参见丁永为："学者的使命是什么——费希特《论学者的使命》的研读"一文去理解，载《高校教育管理》2008年第6期。

〔3〕梁治平："法学的未来与未来的法学家"，载《广州研究》1988年第1期。

〔4〕苏力：《法治及其本土资源》，中国政法大学出版社1996年版。

究旨趣，对法治建设的介入都要更深一些，甚至远远超出了“解说”的界域。如邓正来主张：中国法学或者中国学术在当下的首要任务是对当下世界结构中为人们视而不见的极其隐蔽的推行某种社会秩序或政治秩序的过程或机制进行揭示和批判，再根据学者对中国现实情势所做的理论处理去建构中国自己的一种有关中国未来之命运的理想图景。〔1〕王利明主张“法学家应当尽可能为国家、社会的发展提供所需要的法学智力成果。法学家最大的社会责任，就是为中国的法治建设提供理论支持”。〔2〕还有学者表明的观点是：法学家不应如政府官员、律师、法官等一样思考问题，法学家应坚守法律信仰，通过向公众提供专业知识来影响公众的行为。〔3〕此外，贺卫方、许章润、张卫平、喻中、谢冬慧、闻立军等皆曾著文探讨过法学学者之使命的话题。〔4〕

(3) 关于法学学者的群体人格及行为取向。对此，周永坤教授的观点较有代表性，他在谈到法学学者的主体素质时认为，法学学者应具备广博的知识、独立的人格、高度的社会责任感、科学的研究方法。〔5〕还有学者对法学学者的群体人格有过一段感性的描述：“法律之为一种世俗的职业与法学之为一项精神的

〔1〕 邓正来：《中国法学向何处去——建构“中国法律理想图景”时代的论纲》，商务印书馆2006年版，第14～15、23页。

〔2〕 王利明：“什么是法学家的社会责任?”，载《法学家》2006年第3期。

〔3〕 强世功：《法律人的城邦》，上海三联书店2003年版，第49～51页。

〔4〕 贺卫方：“呼唤法律职业共同体”，载《中外法学》1998年第5期；许章润：《法学家的智慧——关于法律的知识品格与人文类型》，清华大学出版社2004年版；张卫平：《法学·蓝调——张卫平法学随笔集》，法律出版社2010年版；强世功：“法律共同体宣言”，载《中外法学》2001年第3期；闻立军：“法学家在法治秩序建构中的使命”，载《西北第二民族学院学报》2007年第4期；谢冬慧：“法学家的使命”，载《法学评论》2009年第3期；等等。

〔5〕 周永坤：“法学家与法律现代化”，载《法律科学》1994年第4期。

事业，虽同源一体却泾渭分明，恰要求从业者于从道与从势、用世与阿世之间，小心翼翼，善于措置，甭一根筋，别要心眼。理想的情形似乎是，用世而不阿世，从道但不拒绝合作，明确法律的世俗性，但却坚守法学的精神品格，绝不在二者之间做交易。”〔1〕这似乎是对法学学者最理想的群体人格之构想。但构想也许正意味着现实的不完构，对法学学者在社会中的群体形象，也有学者及时自省，如围绕2003年“刘涌案”二审时，学界著名学者出具署名“专家法律意见书”事件，出现了一系列对法学学者行为进行反思的学术成果，总体的态度是反对学者对司法实务的过度介入。〔2〕当然，也有人批评学者的步子迈得太小，如有学者批评法学学者在很多公共事件上缺位，成了“套中人”，直呼学者应“正视自己的缺位并弥补之，肩负起应有的社会公共责任，从专业角度给出应有的解决方案，还社会以公平，有效促进和谐有序社会的构建”。〔3〕

评断这种学界内分歧，可能需要跳出界外寻找理论依据，这方面关于知识分子的研究无疑是需要的。萨伊德在其《知识分子论》中谈道：“知识分子是社会中具有特定公共角色的个

---

〔1〕许章润：《法学家的智慧——关于法律的知识品格与人文类型》，清华大学出版社2004年版，第42页。

〔2〕这方面的文章如有柳砚涛、刘孝堂：“‘司法权威’与‘学术权威’的竞存——由‘专家法律意见书’存在的几点悖论引发的思考”，载《河南公安高等专科学校学报》2008年第2期；陈斌：“法学论证意见书及其规范——美国‘法院之友’制度的启示”，载《法商研究》2004年第4期；苏力：“面对中国的法学”，载《法制与社会发展》2004年第3期；黎四奇：“法治进路中的反法治现象”，载《河北法学》2008年第9期；陈立田：“对法学学者出具案件专家意见书的质疑”，载《人民法院报》2002年3月16日；何兵：“法学家们无权向法院出具专家意见书”，载 http://news.sohu.com/26/95/news212679526.shtml，访问日期：2016年6月25日。

〔3〕丛立先：“法学者之于社会公共事件的责任和态度”，载张士宝主编：《法学家茶座》（第32辑），山东人民出版社2010年版。

人，不能只化约为面孔模糊的专业人士，只从事她/他那一行的能干成员。我认为，对我来说主要的事实是，知识分子是具有能力‘向（to）’公众以及‘为（for）’公众来代表、具现、表明讯息、观点、态度、哲学或意见的个人。”[1]国内也有学者谈道：“知识分子应该立足自身的现状，正确地对待生存形态和价值形态，永远保持对现实的批判态度和清醒的姿态，走自己的路，建立自己的话语，任何融入庙堂或是走向市场的途径都不是知识分子的真正出路。一个清醒的知识分子必须随时保持一种‘自救’意识，永远与现存社会保持一段距离，保持一种自我生成的批判向度，这恐怕正是知识分子存在的全部价值和意义所在。”[2]这和前述一些法学学者的观点是一致的。

（二）对法学学者法治建设参与行为的研究

就法治建设来说，法学学者的参与行为，有本职的参与和非本职的参与，直接的参与和间接的参与之分。在科层制社会中，从职业分工来看，学术研究无疑是学者最直接、最重要的参与行为。因此涉及的问题一定是法学学者如何开展学术研究，开展怎样的研究。对此，有的学者从反向视角指出了学术界的不良现象，也应是法学学者需要警惕的，即追逐名利、以学问为进身阶梯、滥于著述、缺乏学术宽容、歪术流行、欧化、不懂科学方法等等。[3]

而对于法学研究成果与社会法治建设如何勾连等问题，有学者在 20 世纪 90 年代即曾提出：法学学者是法律现代化的大

---

〔1〕［美］爱德华·W. 萨伊德：《知识分子论》，单德兴译，生活·读书·新知三联书店 2002 年版，第 16 页。

〔2〕杨永明：“士者何为——近三十年来知识分子题材小说研究”，武汉大学 2008 年博士学位论文，第 151～152 页。

〔3〕董群：“《学衡》论学者精神与责任”，载《东南大学学报（哲学社会科学版）》2002 年第 3 期。

脑，法学学者推进法律进步的途径有三，即“提出、论证、弘扬法律新观念、新原则、促使旧法脱胎换骨”“参与立法司法过程”“充当法律自由职业者”（独立于政府、以法律和知识谋生、自成一业）。〔1〕对参与的限度问题，学界大致有如下度量：有的学者主张应以行为证成观点，即认为法学是实践科学，没有实践参与对法学的研究就是“无本之木，无源之水”，他们的行为特征是积极参与立法、司法实践活动。有的认为法学研究与法律实践是要适度分离的，主张法学学者一方面应回归学府和研究机构，以法学教育和法学研究为本职，另一方面，则应中立地以入世的精神积极参与公共事务和法律援助事业。〔2〕有的认为法学学者的工作本即实践，认为理论中的法律知识，尽管是“理论中”的，其生产者，尽管常被称为“进行单纯理论知识生产”，但在理论表达的过程中及被认为“进行单纯理论知识生产”时，其依然“正在实践中”，其依然“正在”于实践中表达实践立场。〔3〕有的认为法律不是纯粹的科学推理和学术命题，其有行动和创造的一面，但这并不意味着学者们可以超越学术界限，直接走向实践，越俎代庖。〔4〕

对于法学学者学术研究与法治实践的关联究竟当如何解读，笔者看来，还需要从学者阶层的社会定位和职业伦理角度说起。对此社会学的观点值得重视，即学者的首要责任在于批判。学者“在扮演这个角色时必须意识到其处境就是公开提出令人尴尬的问题，对抗（而不是制造）正统与教条，不能轻易被政府

〔1〕 周永坤：“法学家与法律现代化”，载《法律科学》1994 年第 4 期。

〔2〕 范愉：“当代中国法律职业及法律共同体”，载 http://www.jus.cn，访问日期：2012 年 12 月 1 日。

〔3〕 刘星：《法学知识如何实践》，北京大学出版社 2011 年版，导论第 1 页。

〔4〕 凌斌：“赛先生、德先生与蜜思劳：解读贺卫方的‘上书’——以孙志刚案为契机”，载苏力主编：《法律书评》（第 2 辑），法律出版社 2004 年版，第 39 页。

或集团收编，其存在的理由就是代表所有那些惯常被遗忘或弃置不顾的人们和议题”。[1]当然，虑及历史性的生存体制掣肘，法学专业的近实践性和近政治性特点，法学学者的批判可以更温和和内敛些，可以进行“有限度的合作”，“将冷峻的法律理性与火热的人文关怀交融一体，以对于现实的合目的的改善，体现其理性考量，落实其人世关切”。[2]

（三）对法治共识的研究

理论共识是指学界在长期的法学研究过程中，积淀而成的一致认识，这种共识将成为后文中非法治化批判的论证起点。从古希腊、古罗马算起，关于法治的研究已历经几千年，中国对现代意义上的法治之研究从清末算起也已过百年，从十一届三中全会之后算起，中国当代的法治研究则延续了三十余年。加之前已述及，我国法学界的研究多从正面论证什么是法治的，法治应当是如何的等，所以梳理关于法治的理论共识应非难事。就本书来说，为了开展论证所需要的共识有二：一是法的运行过程基本的流程或环节是如何的，以便对各个环节中法学学者的参与行为进行分析；二是法治的底线标准或法治的基本特征是怎样的，以便揭示和剔除法学学者各类法治参与行为背后的非法治化因素。

法的运行当然是一个复杂立体的工程，包括法的创制、法的实施、法的实现，[3]但本书论证所需的主要是关于法的运行的简单流线机制。主要即为：立法、普法、执法、守法、司法

---

〔1〕［美］爱德华·W. 萨伊德：《知识分子论》，单德兴译，生活·读书·新知三联书店2002年版，第16~17页。

〔2〕许章润：“法律、法学与法学家的中国语境”，载《华东政法大学学报》2008年第1期。

〔3〕卓泽渊主编：《法理学》，法律出版社1998年版，第298页。

等环节。[1]

在后文的论证过程中，本书并不严格区分“法治国”“法治”“法”“法律”的基本内涵和基本特征，但须以法治国应有的特征或状态作为论证基础，而这或者即如一些学者所称的法治的最低限度特征。其包括宪政的实行；法律对行政的控制；司法独立体制的存在；正当程序观念的确立与程序制度的落实；专业化的法律职业共同体的存在；公平且前后一致地适用法律；法律的透明度，任何人均可运用法律；法律必须是高效和及时的；人权、私人财产权和经济权利受保障；普遍性规则必须通过正当程序进行。[2]更为通俗地表述，即法治是指“应当使用法律手段，而不是私人力量来解决纠纷；行政、立法和司法都应当服从于法律，并且如果他们违反了法律就应当承担责任；政府的决定必须以事先确立的普遍适用的规则为依据；非经正当程序，任何公民的自由与财产都不应被剥夺”。[3]用中国教科书式的表达方式，这些基本的特征，也可称为：平等性、普适性、规范性、稳定性、强制性、可预期性等。

（四）对非法治化问题的研究

在复杂的社会生活和法治建设参与实践中，必然有一些与法治理念相左的存在，这些存在有的与法律无涉，有的则与法治的追求相冲突，这类与法治相冲突的存在极有可能对法治造成冲击，本书称之为非法治化的问题。辨识非法治化因素、现象的目的不在于讨论这些事物本身的优劣。这些现象的形成是

---

〔1〕 俞可平主编：《中国政治发展30年（1978～2008）》，重庆出版社2009年版，第153页。

〔2〕 孙笑侠等：《法律人之治——法律职业的中国思考》，中国政法大学出版社2005年版，第4页。

〔3〕［美］玛丽·安·格伦顿：《法律人统治下的国度：法律职业危机如何改变美国社会》，沈国琴、胡鸿雁译，中国政法大学出版社2010年版，第9页。

文化、历史、心理、社会等多种因素长期积淀、混合所致，对其评价也不是单一的非法治化可涵盖的。笔者关注的是其在法律的场域与法治价值相冲突的一面，揭示这种现象的目的在于提醒法学学者，在为各种法治参与行为时，应警惕非法治化因素，避免非法治化现象的放大，进而对法治工程造成侵扰。这些因素可以表述为关系、面子、权威、人情、身份、圈子等。在社会学界对这些问题进行了较深刻的论述后，如有学者认为身份与地位是紧密联系的，而地位是不平等的，地位往往会产生权力、威望和特权。〔1〕有学者指出身份社会是一个人治社会，讲究身份是为了维护少数人的特权，身份是特权的渊源，是特权的实质根据。〔2〕中国文化中的关系则是一种非正式之制度，不具有现代意义的契约蕴涵。〔3〕翟学伟在其《中国社会中的日常权威：关系与权力的历史社会学研究》等书，以及一系列论文中对这类现象做了深刻的剖析。法学界也有不少学者剖析过这些现象与法律的对立性，〔4〕认为这种对立导致了正式法律制度从人们的日常生活中发生退隐。〔5〕

---

〔1〕［美］乔尔·M. 卡伦、李·加思·维吉伦特：《社会学的意蕴》，张惠强译，中国人民大学出版社2011年版，第63~65页。

〔2〕刘秀：《转型期人的个性与社会秩序关系研究》，人民出版社2008年版，第277~281页。

〔3〕易军：《关系、规范与纠纷解决——以中国社会中的非正式制度为对象》，宁夏人民出版社2009年版，第64页。

〔4〕除周安平的《面子与法律——基于法社会学的视角》一文外，还有冯必扬的《人情社会与契约社会——基于社会交换理论的视角》，陈刚的《法治社会与人情社会》等文。

〔5〕周安平："面子与法律——基于法社会学的视角"，载《法制与社会发展》2008年第4期。

四、研究思路与方法

本书主要按照如下几个模块展开论述：

首先，对法学学者的本体性问题进行论述。这一部分主要解决的是，论证法学学者这一群体的角色定位和社会功能，需要展开的话题包括但不限于：法学学者的本职工作、社会分工、所处的社会阶层、功能定位、群体特征等。研究这部分内容，除法学外，还需要结合涉及的知识领域包括历史学、社会学、政治学等。比较的方法使用频率较高，如在论述法学学者的角色演化时需要研究不同时期、不同国度法律人的角色定位，在论述其功能定位时也需要关注当下其他法域中法学学者的功能定位；在讨论群体特征时可能需要就一些群体的行为个案和单个法学学者的行为个案作为分析样本或论证依据等。当然，作为一种本体性的分析，其更多地将是一种纯粹理论的、逻辑的推演。这一部分的论述目的在于确立法学学者参与法治建设的理论基础，或者说在于表明笔者所确定的，法学学者在社会架构中的应然状态。

其次，对法学学者围绕法的运行各个环节所开展的法治实践参与行为展开分析。同样，为了避免本书具有太多教材式的，面面俱到的形式缺陷，对法学学者的法治建设参与行为，笔者主要撷取其围绕立法、司法和社会管理而开展的部分行为作为样本。同时，对法学学者不同的法治建设参与行为的分析，也不会使用同样的模板和力度，论证的方法也会有区别。其中，就法学学者参与立法方面的活动，重点拟选取一种典型的参与行为，即向立法机关提交规范性文件合法性审查建议书（俗称“学者上书”）行为进行剖析；就学者参与司法方面的活动来说，重点拟选取向法庭出具专家法律意见书这一典型的参与行为，此外，还拟就法学学者兼职做律师介入司法程序，挂职当领导参与司法裁判、管理等行为进行一定的分析；就学者参与政府管理的活动来说，主要就法学学者担任政府法律顾问、政府智库专家这一现象进行分析。

再次，剖析制约或者影响法学学者法治建设参与行为效能的因素，包括本质的、心理的、情感的、社会的等各个角度的影响因素，主要拟选取知识、权威、关系、面子这四类影响因素进行深入剖析。这些内容均不是法学研究的传统内容，因此相关的研究会以一种交叉的模式展开，需要以其他学科如社会学、政治学、心理学等的研究成果作为依凭。另外，在作剖析时也会用对比的方法进行，特别是任何影响因素。笔者的研究不只是关注积极的一面，对相关影响因素消极的、与法治可能冲突的一面也将展开阐述，甚至作为重点予以分析。

最后，对法学学者法治建设参与行为背后的非法治化因素与非法治化现象进行集中阐述与概括，进而讨论问题的消解路径。

五、可能的创新

第一，法学社会学的初始性研究？周永坤教授在一篇题为《法学社会学想象》的短文中，认为将所有知识都称为“科学”，是唯科学主义的产物，“学科”与“科学”是包含与被包含的关系。他提出：根据知识体系的范式，应将知识三分为科学、规范学、人文学，分别追求真、善、美，对应的研究范式是因果、该当和实用；法学是与伦理学、神学、道德学并列的规范学学科。[1]由此，周教授从知识社会学的体系中，延展出

〔1〕 周永坤：“法学社会学想象”，载《法治论丛》2009 年第 6 期。

了“法学社会学”的概念。笔者的理解是，“法学社会学”是绝不同于“法社会学”的。前者是一个学科的体系，是知识社会学的分支，研究对象是法学学科。后者则更多是指一种研究方法，即使有学科的内涵，其研究对象也只是法，而其本身则是法学社会学的研究对象之一。对于本书的研究，笔者认为一定意义上就是周教授所言之法学社会学的研究内容。在周教授的文章结尾，其“想象”了法学社会学的学科架构，即法学社会学研究内容可以分总论与分论两大部分。总论可以讨论法学的内涵，法学的研究对象，法学与法学研究的社会条件，法学对社会的影响及产生影响所需要的条件等；分论则可讨论法学的组织与法学的发展，在教研机构和司法机关中的法学家，期刊制度与学术评价制度与法学的发展，抄袭现象与法学社会学的发展，法学家个人人格与法学发展等。〔1〕本书所关注的正是这些内容，当然，因为是初始的研究，所以无法达到完全有章有法，有明确建构意图的层次，只是在思考法学与社会互动的相关问题，今后有兴趣的研究者或可沿着这一理路继续前行。

第二，后现代法学的视角借用？信春鹰在《后现代法学：为法治探索未来》一文中，对以“怀疑、解构、批判、否定”为特征的后现代法学的核心观点，归纳如下：①理性的个人作为自治的法律主体并不存在，法律主体是被法律制造出来的，法律的主体不是“我们”或者“人民”，而是政治权力或者说是法律精英。②现代社会的“进步”是虚幻的。③法律的普遍性是虚拟的“宏观话语”。④法律中立的原则仅仅是一种假设。〔2〕在笔者看来，后现代法学与现代法学，至少共享着法学的天空。

---

〔1〕周永坤：“法学社会学想象”，载《法治论丛》2009年第6期。

〔2〕信春鹰：“后现代法学：为法治探索未来”，载《中国社会科学》2000年第5期。

法治问题之所以能够在古今中外的话语中互相理解，就一定有其共性。从这一角度，笔者坚持认为法治有其普适的价值，人类对法治有共识存在。但这种共识与普适价值的真正内涵是随着人类在不同时期、不同场域而能动变化的，解释者需要永不停止地论证。也可以说，“现代法学”永远需要“后现代法学”的促成。就本书而言，可以说是对法学学者法治建设参与行为的一种基于法治立场的反思，这种反思能够展开的理论依据很多是后现代的。人们对后现代法学的评价是“杀了上帝，仍然按上帝活着时候的安排生活”，[1]而笔者相信法治，但不相信法治是万能的。法治之外，道德、宗教甚至迷信等都调整着人们的关系秩序，但笔者赞成法治是较不坏的选择的观点，为了这种较不坏的选择，人们需要借助后现代的视角不断反思。本书的研究或者就是一种努力。

第三，边缘法学的客观展示？在本书的写作过程中，笔者曾经惴惴不安于研究内容法学的味道是否太淡，但又几乎有一种本能的自信，即笔者论证的问题应当是由法学学者承担起来的研究任务。因为笔者所关注的现象和所论证的观点都是与法治紧密联系的，所要解决的问题也是希图有利于法治的。在研究内容中，对社会学、心理学等其他学科的内容虽时有涉及，但很少作论证，主要是在利用其结论、观点或者方法。在为本书专题的归属寻求解释的过程中，笔者注意到了边缘法学的研究成果。以江西农业大学边缘法学研究中心为依托，李振宇教授多年来一直进行着边缘法学的研究。他指出“边缘法学运用法律以外相关知识解决法律实践中影响和限制法律效果的现实性问题”，“边缘法学以法律效果为目的，重在提高法律实践的社会

---

〔1〕 信春鹰：“后现代法学：为法治探索未来”，载《中国社会科学》2000 年第 5 期。

效果。边缘法学是法律实践取得最佳社会效果的介质”。[1]法学之外的其他学科的“知识和方法为边缘法学的发展提供了坚实的物质材料和技术资源”。[2]本书研究的内容或许正是这种边缘法学的一种具象展示，至少和“边缘性”这一特点是契合的。

---

〔1〕 李振宇:《边缘法学探索》，中国检察出版社2004年版，第3~4页。

〔2〕 李振宇:“边缘法学与其它学科的关系”，载《当代法学》2003年第6期。

第一章 CHAPTER 01 法学学者的角色分析

在对法学学者的非本职类法治实践参与行为展开研究前，基本的论证前提是对法学学者的职业群体特征、在社会组织体中的角色位阶，以及价值功能等进行讨论。特别是可能对法学学者的法治实践参与行为进行解构式研究时，更应对其行为的正当样态进行预设。在本章中，笔者首先从劳动分工与社会分层视角讨论了法学学者的社会角色定位，其次从属种视角对法学学者的群体性特征和个体性特征进行了剖析，最后总结阐述了法学学者的社会功能以及实现这种功能需要具备的基本条件。

一、法学学者的角色定位

（一）法学学者的劳动分工——横向定位

亚当·斯密对劳动分工及其原理有奠基性的论述。他指出："和其他各个行业一样，随着社会的逐渐进步，哲学或者思考也成为某一类公民主要或唯一的职业。"[1]恩格斯则在同米尔柏格论辩时阐述了法律、国家以及法学学者的生成。他谈道：随

---

〔1〕［英］亚当·斯密：《看不见的手》，马睿译，中国对外翻译出版公司2010年版，第7页。

着立法发展为复杂和广泛的整体，出现了新的社会分工的必要性：一个职业法学者阶层形成起来了。[1]时至今日，对于社会分工的必要性和客观性已经无须论证。法学教研已成为很多法学学者的专门职业，而且不断地被细分为更多的专业方向。当然，正如有学者所论述的：社会分工不能简单地理解为划分或分离，社会分工本身已经包含了协作，分工和协作是互为条件的。社会分工是劳动协作的前提，劳动协作是社会分工的目的。[2]法学学者参与法治社会建设即是法学学者与社会其他行业之间的一种协作，这种协作，一定程度上推动和保证了社会发展的多元统一。

从社会分工角度来看，法学学者是不掌握社会物质生产资料的，因而，在此需要进一步阐明的是法学学者的劳动内容、劳动模式是什么？其赖以换取牛奶、面包的交易产品又是什么？

（1）法学学者的劳动模式。本书所指的法学学者一般就职于法学科研院所，从劳动条件来看，不考虑宏大层面的，如社会稳定、建设法治社会诉求等，也不考虑外在的物质、社会条件，仅从法学学者入职的自身条件来分析，首先即是要有一定的学历学位。学历要求除去“文革”后上学的老一代的法学学者们，因为时代限制，有为数不少的本科学士即可入职外，在当下，没有硕士、博士的研究生求学经历，几乎很难进入专事法学教学研究这一行业。同时入职者最好有一定的留学、访学经历，这是能否开展高质量比较法学研究的一个前提，也是确保知识结构完整全面、兼收并蓄的一个途径。其次，要有较强的分析表达能力。分析能力既包括哲学思辨能力，也包括逻辑论证能力。法学是研究规范和诠释人类关系的一种人文学科，

---

〔1〕《马克思恩格斯选集》（第2卷），人民出版社1972年版，第539页。

〔2〕杨芳：《马克思的社会分工理论及其当代意义》，陕西人民出版社2008年版，第138页。

只有分析能力强的人才能从纷繁复杂的事物表象看到问题的本质，也才能通过严密的逻辑论证去构想人际交往的最优规则。表达能力既包括口头表达能力，也包括书面表达能力。法学学者既要登堂入室教学、演讲、辩论、言说，也要撰写学术论文、著书立说，会说不会写、会写不会说的法学学者都是有瑕疵的。前者充其量只是匠，在职业领域中主要职能是传授其习得的知识，但不创造知识，当然，我们也不能否认这部分人在法科教育中的作用。后者虽然有高质量的学术产出，但影响的范围受限，其劳动成果的制度转化率和学术影响力都受到冲击，其对法治社会的贡献也就打了折扣。再次，法学学者的入职还需要有较高的法科造诣。从社会分工理论来看，法学学者是靠法科教学和法学研究生存的，一个学者如果没有经过法学专业方面的较高水平的、系统的训练，对本专业的基本概念、体系就无法形成宏观构架，无法很好地传授法理、宣传法律或者创造法学新知，也无法为社会培养更优秀的法科人才，贡献更有价值的学术产品。更遑论有助于法治国家建设，推动社会的法治文明了。

从劳动内容分析，法学学者的主要工作内容是教学和科研。当然，在不同的用人单位中，不同的岗位上，二者所占的比重或重要性可能有差异，比如，在大学法学院、系中任职，教学工作可能就比较重要，至少不能不教学，而在研究院所中研究工作则可能就是第一位的，教学只是兼职一两门课程，或带少量的研究生。

具体来分析来看，法学教学的内涵，不外通过言词面授教学对象以法学义理、法学科研方法、法律制度体系及内容等。教学的途径主要是课堂教学、以学生为主的学术讲座、学术研讨会等。总体来说，对于法学学者，讲座、研讨会都不是常规的劳动模式，其常规的工作模式应是课堂理论教学、法律实践教学，以及著书立说，且非常规劳动模式应服务于常规模式。

法学学者的科研不管是实证类的还是思辨类的，是建构的还是解构的，劳动成果一定是思想。这种思维成果是通过专著、学术论文、决策咨询报告，还是小品短文等予以传达都不影响其贡献。苏力的《法治及其本土资源》、邓正来的《中国法学向何处去》固然很有价值，但张卫平的《法学·蓝调》，刘仁文的《法律行者》，冯象的《木腿正义》《政法笔记》，许章润的《法学家的智慧》，张建伟的《法律稻草人》等文集所蕴含的法学智慧也很丰盈。发表在所谓的法学类核心刊物上的文章已然成为业界评价学术水平的标杆，但各法学学者所开设的法律博客、微信公众号等所传输的法治正能量同样令法学界不能忽视。徐昕的一位从事了司法工作的学生在一篇文章中写到他手捧乃师的《诗性正义》，“重新品味社会、思考人生”，他谈到“正是学者们的诸多努力，我们才看到了法治中国缓慢的前进步伐”。〔1〕这恰说明通过条条路径，思想都能传递，都会有益于法治社会建设。

再从劳动成果的角度来分析法学学者的劳动模式。法学学者的劳动成果可以从三个层面思考。

第一层面是可量化的学术成果与课时、学生数量等。学术成果可量化的当然是著作、文章数，教学成果则是教授、指导的课时、学生数。这是一种直观的、外行人评价法学学者成果的角度。法学学者的任职单位会设计出名目繁多的教学、科研质量评估体系、指标。以科研为例，很多法学科研院所都规定每年要发表多少篇论文，出几本专著，形成几份决策咨询专报，完成多少课题等，这种规定甚至细化到不同职称的人各不相同，同时还规定发表在甲类刊物上折算多少分，乙类刊物上折算多

〔1〕 孟瑶：“法学家的文艺范儿”，载《方圆》2012 年第 3 期。

少分。这种劳动成果考评机制极大地方便了管理者的管理，因为其无须具有专业识别能力，只要会数数即可。

第二个层面是不可量化的教育效果与学术创新。教育的对象是能动之人，经过法学学者教育熏陶的学生是否成才，是考量其教育效果的最恰当的标准。从整体来讲，是自 1977 年以来几十年的法学教育的整体发展水平。对此，有学者认为鉴于我国法学教育的大规模、高速度发展，“我国高等法学教育发展培养了大批的各类法律专业人才，并且基本满足了我国近年来不断快速推进的法治建设和经济建设的需要”。〔1〕这种推理依然是一种基于数量而对质量的评价。在笔者看来，教育量变可能引起质变，但是方向却可能不是一致的，即笔者认为数量的增加极有可能损毁质量。众所周知，小班化教学的效果，显然要好于大班化教学。科研方面，自从建成中国知网、维普、万方等科研成果数据库，国内学术行业亦如其他国家一般出现了有据可查的下载频率、引证频率等数据，有了一套影响因子的判断标准，甚至有法学学者对学术引证等已经作了专门的研究。多年前苏力即指出“如果重视了引证率后，可以预期很快会出现互惠引证，并且还很难消除”，〔2〕这种担忧现在已然成为现实，甚至不只是学者之间的互惠引证，有些期刊对投稿是否引证本期刊文章也作为是否予以发表的一个指标。引注已经成为一种装饰而不是论证需要，学术研究已经成为一种技术活，而不是思想展示。法学研究如此，其他研究亦如此，真是“三十年河西，当年言必称马列的他们，早已是资本言说的铁杆。其间抄炒欺盗，不知生产了多少印刷垃圾”。〔3〕也就是说，目前

〔1〕 舒扬主编：《中国法学 30 年》，中山大学出版社 2009 年版，第 447 页。

〔2〕 苏力：“从法学著述引证看中国法学”，载《中国法学》2003 年第 3 期。

〔3〕 张承志：“体制外的意味”，载《读书》2012 年第 4 期。

我们在对教育和科研的效果和影响进行评价时，使用的衡量标准依然是量化的，只不过是相对复杂一些的量化而已，但是只要是量化的，就是可以造假的。

最后一个层面是法学教育和科研对中国法治建设和法治文化养成的作用。对于我国多年来的法治建设成就，政府和学界的评价都很高。2008 年国务院新闻办公室发表的《中国的法治建设》白皮书认为中国法治建设的成就有七大方面，即确立了依法治国基本方略、中国共产党依法执政能力显著增强、以宪法为核心的中国特色社会主义法律体系基本形成、人权得到可靠的法制保障、促进经济发展与社会和谐的法治环境不断改善、依法行政和公正司法水平不断提高、对权力的制约和监督得到加强。次年，由中国社会科学院法学研究所主办的新中国法治建设与法学发展 60 年理论研讨会上，为数不少的学者们都认为当下中国的法治理念初具、法治地位上升，法律权威得到确立，法律体系基本形成，国家治理、政府行政、社会管理都取得了较大进步，新中国法治建设取得了巨大成就。〔1〕但从种种迹象表明，法学教育和科研对社会法治文化的养成还没有发挥最优作用。近年来，民意审判、对调解率的过分追求、运动法治、层出不穷的司法创新等引发了越来越多批判，不少人更是疾呼中国“法治在倒退”。2011 年的两篇博文最有代表性，一篇是贺卫方教授的一封著名的公开信，即“为了法治，为了我们心中的那一份理想”；〔2〕当年年底，周永坤教授的一篇“法官一

---

〔1〕 刘小妹：“新中国法治建设与法学发展六十年理论研讨会综述”，载 http://www.iolaw.org.cn/showArticle.asp?id=2830，访问日期：2016 年 6 月 26 日。

〔2〕 贺卫方：“为了法治，为了我们心中的那一份理想”，载 http://blog.sina.com.cn/s/blog_4886632001017xtf.html，访问日期：2016 年 6 月 26 日。

创新，法律就落泪”，被其称为“为法治绝望的呐喊”。[1] 近年来，虽然我国的反腐败工作取得了举世瞩目的成就，并且党的十八届四中全会《关于全面推进依法治国若干重大问题的决定》对整个法律职业共同体是一个极大的鼓舞，之后《法治政府建设实施纲要（2015～2020年）》出台，司法机关的员额制等各类改革迅速推开，但依然不能给人去除“运动法治”的阴影和担忧。事实上，学界很多学者都非常清醒地意识到，虽然外在的建设法治社会的物质条件已经基本具备，但整个社会的法治理念、精神是远远不足的，或者说建设法治社会、法治国家，国人的法治文化养成在当下是最迫切的，可以说提升领导干部法治思维和法治方式，增强全民法治观念，是在实践中推进法治社会建设的关键所在，所以多年来的法学研究也一直围绕着“法治与文化”在进行。

（2）法学学者的劳动协作。现代社会劳动分工成了一种必然，但劳动分工的同时必然也存在劳动合作或称协作，只有协作才能避免涂尔干所担忧的分工使社会所面临的无规范状态。事实上，劳动协作是个体分工劳动价值最大化的路径和实现可持续分工劳动的必需，这和韦伯所讲的“给我我想要的，你就能得到你想要的”有相通之处。法学学者作为社会中的一类劳动者，其必然面临与其他劳动主体的协作问题。这种协作有对外的协作与业内协作之分，也有主动协作与被协作之分，因本书重点讨论的是法学学者的非本职法治建设参与，所以在此，笔者将从后一种分类视角对这一问题进行探讨。

首先谈主动的协作。法学学者的工作一定需要能静下来坐进书斋里去思考、写作，但这绝不意味着他们可以闭门造车。

〔1〕 周永坤：“法官一创新，法律就落泪”，载 http://guyan.fyfz.cn/b/628162，访问日期：2016年6月26日。

法学学者在进行理论思考前一定要了解社会现实，在理论产品创造出来后，还要考虑到社会实践中接受检验的问题。对于前者最常见的是社会调查。俞荣根主编的《羌族习惯法》，田涛、许传玺、王宏治主编的《黄岩诉讼档案及调查报告》等皆是法学学者通过社会调查形成的学术精品。后者则主要涉及学术成果宣示与转化问题。任何不做宣示的学术成果对社会的作用都是低效的，任何不经转化的学术研究都是价值弱化的。所谓学术成果宣示即让社会知道，在笔者看来，通过什么方式宣示并不重要，时评、随笔、论文、专著等都可以承载思想，虽然在核心期刊上发表的文章理论功底可能很深厚，但一般期刊上发表的文章中也不乏智慧的火花，甚至从思路和视角的角度来分析，后者可能更为大胆和新颖。学术思想转化的方式则大相径庭，法学学科的成果是理论构架，其转化的方式事实上只能是渗透或影响社会的规范体系及文化理念。当下法学界主动、高调开展的各种学术研讨会、专题讨论会、热点案例分析沙龙等对社会的影响都非常好。从以上分析来看，法学学者的学术成果宣示与转化似乎是一体的，宣示是形式，而转化则是宣示的效能追求，转化的结果如何，需要长期的检视。

其次谈被邀请的协作。凡是法学学者不能主动启动的法治建设参与活动，笔者称之为被邀请的协作。对于这种被动的协作活动，法学学者一是应慎重抉择是否参与，二是参与姿态应是专业、中立、理性的学者姿态。实践中，不少实务部门设置的专家挂职、专家咨询委员会委员、政府参事等岗位，以及针对个案而组织的专家讨论会、专家评析会、案例沙龙等都是法学学者典型的被邀请的劳动协作平台。同时，当下法学研究中由政府组织的各种项目性研究，也是法学学者基于专业技能而被邀请的劳动协作方式之一，因为这种形式的劳动开展模式，一般是政府发布项目申请要求和通知，学者提出项目研究申请，最后决定权依然掌握在政府手中。

对于被邀请的协作，因为其具有被动性，所以决定权在于邀请方，邀请方会选择什么样的法学学者发出邀请，取决于邀请的目的。可能是为了对其本职工作寻求更好的法学专业协助，也可能是为了其所为之行为拥有“合法性”权威标签。如果是前者，邀请者会对其认为最专业的法学学者发出邀请，如果是后者，则会对其认为最合作的法学学者发出邀请。而邀请不是强制，所以法学学者有选择协作与否的自由，法学学者应选择那种有利于开展自己学术研究和发挥自己法学专业能力的邀请，反之，即使参与，个体身上的法学学者身份也有被剥离的风险。这样的法治实践参与行为对法学学者的社会贡献并无增量价值，反而会减损法学学者的身份价值。

最后讨论无形的协作问题，这是基于知识的特质而进行的协作。知识当然是“人们在改造世界的实践中所获得的认识和经验的总和”，〔1〕但知识也是经过复杂的主体思考所创造的逻辑体系，可以对杂乱的社会现象起到规范和引导价值。法学是几千年人文文化的一支，经由法学学者的演绎已经拥有了独特的概念论证体系、规范符号体系等。一定意义上，谢晖的论断是很有道理的，即“普通读者的法律认知往往并不是直接由规范文本进入意识领域的，而是通过法学家有意的或无意的引领而进入的。因此，说法学家是法律世界的导师并非言过其实”。〔2〕法学对人类文明整体的作用发挥不可能是强制的，但却绝不意

---

〔1〕 张践明等：《经济哲学问题探索》，湘潭大学出版社 2008 年版，第 320 页。

〔2〕 谢晖：“理解和解释：法学学者心镜的法律图像（上）”，载《河南省政法管理干部学院学报》2003 年第 1 期。

味着不强大。德国著名法学家耶林在他所著的《罗马法精神》一书中说过："罗马帝国曾三次征服世界，第一次以武力，第二次以宗教（指基督教），第三次以法律。武力因罗马帝国的灭亡而消失，宗教随人民思想觉悟的提高、科学的发展而缩小了影响，唯有法律征服世界是最为持久的征服。"〔1〕此处的法律征服当然不仅是指罗马法的规范制度本身，更多是指其法律文明对世界的影响。对知识有形的拒绝当然可以通过外在权力控制去实现，"焚书坑儒"即可证明。但知识对社会无形的约束却是无法阻挡的，任何暴力对文明的摧毁都只能是暂时的。中国"砸烂公检法"的惨痛历史，以及当下也还在不断暴露出的那些反法治的公权力行为，只能让人们更清楚地意识到法治的重要价值。那些落马贪官的"如果"论，虽然有给自己开脱的成分，但一定程度上也说明他们在有了个体的亲身经历后，真正认识到了法治是对所有人的保护，认识到了如果有很好的法治监督机制，人们的"恶"会被限制在可控的范围内。

不唯如此，即使在微观的司法实践领域，这种法学知识对法律实践的无形制约也随处可见。姑且不论罗马五大法学家的理论的地位，在当下国际法院的审判实践中，法学大家的学术理论依然起着重要的辅助作用，判例法系法学学者与法官则存在合体现象。在我国的主流教科书中，一般不认为法学家的法学理论是法律渊源，而法学理论和思想的影响却是无处不在的，立法的法学学者介入、法学教育的作用、法学学者的司法参与等无不让法学学者的学术思想得以渗透。当前，随着裁判文书的全面上网，在研读一些法官的裁判论证时，我们经常可以明显地看出法学学者的学术痕迹。实践中，法官、检察官、律师

〔1〕何勤华、李秀清主编：《外国法制史》，复旦大学出版社2002年版，第68页。

等在处理疑难案件时，多会直接寻求自己认识的法学学者探讨专业问题。笔者在法庭上，不止一次听到过法官很真诚地说：就这一问题，我们专门找某某教授探讨过。在一些法律人的微信、QQ 群等网络交流平台上，实务工作者经常会将各种法律实践中碰到的专业问题抛出来讨论，法学学者的评断、分析此时深深地影响着实务工作者的思路。

（3）法学学者的劳动特征。为了厘清法律人共同体的本质，有学者对社会学、哲学、经济学、政治学、公共政策学等学科中各名家巨擘的共同体理论作了详细的梳理，最后设计出了其心目中的“法律人共同体纯粹形态”。其指出“法学者”是法律人共同体中的核心成员。〔1〕在笔者看来，该学者所论证的共同体依然是想象的共同体，其认为法律人共同体是一个在职业技能、伦理、信仰、行动中都充满悖论的共同体，这个共同体在同一知识层面、同一终极目标上进行着理性对抗。〔2〕对这一理念，其导师严强教授的点评更为清晰，即法律人共同体是一个“常态性”的“有机互动”的群体，共同体成员的活动关系如同生物有机体内部的生理组织那样相互依存。〔3〕事实上，法律人共同体不是一个能封闭的群体，法治国的建构也不仅仅是法律人的终极目标，法律人也不必然均以实现法治为其最高目标。法律人只是自然人的一种专业或职业标签，法律人行为之间的有机互动，必然是要和社会组织体中其他的想象共同体，如政治人、经济人等相协调的。而互动组织体的边界是可以无

---

〔1〕 刘小吾：《走向职业共同体的中国法律人：徘徊在商人、牧师和官僚政客之间》，法律出版社 2010 年版，第 70 ~ 109 页。

〔2〕 刘小吾：《走向职业共同体的中国法律人：徘徊在商人、牧师和官僚政客之间》，法律出版社 2010 年版，第 109 页。

〔3〕 刘小吾：《走向职业共同体的中国法律人：徘徊在商人、牧师和官僚政客之间》，法律出版社 2010 年版，序言一第 3 ~ 4 页。

限放大的，国家、国际、宇宙……甚至人类至今未发现的界域。

以上分析并不意味着笔者否定共同体的说法，仅从专业关联性来说，这种研究也是有价值的，之所以指出其假设性，在于当后文分析其中的一支，即法学学者的职业面貌时，能更精准。在笔者看来，法学学者的职业具有如下特征：

第一，模糊性。这是从历史的视角所做的评判。法学家从来不是一个能有客观标准的概念，即使职业分工意义上的法学学者也是资本主义社会成形之后的事情，但以追求最大化公平、正义为终极关怀，思考和关注人类秩序、规则、法律现象，设计、宣传、研究法律制度的主体，应自有人类关系时始即已存在，只是在一定的历史时期，不同社会组织中，这种职能可能分归不同的主体开展而已。在传统中国社会，“皇帝、士、律学家、官僚、幕府、胥吏、讼师、乡绅、长老、旅长、家长等均构成法律人的一部分”。〔1〕这种分工模糊性并不会因为有了现代化的职业分工就彻底消失，特别是人文社科领域，并不能如同斯密所述之制造业一样，制造别针，各不相同的人负责抽出铁丝、拉直、切断、削尖、装圆头即可。法学学者所就职的行业一般是科研院所，但其工作的内容却是抽象的思想，而思想是不可以划定界线的。对于这一特点人文社科的研究越成熟、越精致越能得到体现，这些从各法学院经常开设的选修课，从法学研究交叉领域的不断开拓可见一斑。正因为法学学者劳动内容的思想性决定了其于法治建构而为的参与行为必然溢出其任职的以工资支付、人事管理为重要特征的用人单位，一定程度上表现为身份的模糊性。简言之，随处都可以有法学学者的影子。

---

〔1〕 张仁善：“传统中国‘法律人’的角色定位及社会功能分析”，载《华东政法学院学报》2006 年第 2 期。

第二，交叉性。这是对现状表象的客观描述。法学研究的寻理推证性决定了法学学者劳动界域的模糊性，这一点民国的那些游走在政治和学术之间的学者是最好的说明，特别是对梁启超、胡汉民、张君劢、胡适等，我们很难说某个人是单纯的法学学者或者不是。所以，刘星在一篇随笔中谈道：判断法学家，尽管和社会分工及学历有关联，但关键还是社会实践问题。〔1〕简言之，即无论什么学历，什么职业，重要的是是否以法学家的姿态在做事。当下因为编制、劳动合同等，使职业界线更加清晰了，但职业的交叉和流动依然是无法阻断的。一旦存在职业的交叉和交流，法学学者的行为能否与相应的职业伦理自洽就是一个需要注意的问题。比如，当一个法学学者成为兼职律师时，是以追求当事人利益最大化为目标，还是以公平正义为行为主旨，尽管我们不否定二者有时候是同一的。当法学学者挂职担任司法官员时，是以上级命令为上，还是以法律理念至上，如果审理案件，是追求法理正当，还是追求法律正确等。在笔者看来，面对这种情况，如果以法学学者身份为核心，坚持的一定是法的终极追求，法的普适价值，不管如何交叉与交流，只要是法学学者最终均须舍弃对其他价值的追求，回归本位，否则其所为之法治实践参与行为将与法学学者的职业分工和社会身份相背离。正因为这一点，2006年“首批挂职最高检的三位法学教授，在结束挂职期之后，并没有留在实务部门，而是重新回到了学术殿堂”。〔2〕

第三，专业性。这是现代社会分工的趋势使然。术业有专

〔1〕刘星：“‘法学学者’在近代”，载《书城》2005年第3期。

〔2〕陈宝成：“北京三法学教授任最高检副厅长，专家挂职最高检成定制”，载 http://news.ifeng.com/mainland/200906/0609_17_1194038.shtml，访问日期：2016年6月26日。

攻古已有之，学富五车、才高八斗者极有可能五谷不分，但在当下社会分工已经不是简单的劳心、劳力，工、农、商、学、兵等了。虽然人文学科的研究方法、研究内容可能会有相同或相似之处，但视角则是不同的，法学专业已经建构了自身独特的概念术语体系、思维论证体系、学科研究体系等。正是在这个意义上，我们才能假想出法律人共同体。只有受过法科训练的人才能听懂“行话”，才能真正理解“法律真实”与“事实真实”，“程序正义”与“实体正义”等的内涵。更重要者，因为法科的博大精深，在这一学科帝国内又划分出了很多专业方向，各专业方向的研究对象、研究方法、制度内容等也存在不小的差异。精通法律史的法学学者未必弄得清楚海商法的具体内容，民法泰斗不见得也能把握刑法学术前沿。这种专业的细密分化决定了法学学者在参与法治实践时的领域和事项是受限的，只有对自己最为熟悉的研究领域所为之参与，才能最有效地发挥自身作为专家的优势；反之则极有可能误导受众，影响法学界对法治社会建设的贡献质量，也影响社会其他界别对法学学者群体的专业认可度。

（二）法学学者的社会阶层——纵向定位

社会分层理论是社会学学科的经典论题，涂尔干、戴维斯、马克思、韦伯、达伦多夫等学者都有经典的理论贡献。在中国当下，周晓红、李强、孙立平等都对此问题有不少研究成果，甚至作为文学圈的梁晓声也写了一本介于传记、报告文学与学术作品之间的书，即《中国社会各阶层的分析》。在中国影响最大的是马克思的阶级理论和韦伯的多元社会分层理论，前者影响之大除本身的论述经典之外，执政主体的推崇也起了很大的作用。但从学术角度来分析，马克思的阶级理论将阶层定位与经济因素紧密相连虽然抓住了问题的核心，但并不全面。与此不同，韦伯则既注意到了影响社会主体分层中的经济因素之重要性，同时还列明了权力和声望于主体分层的重要作用，这种多维度立体的社会分层理论显然更为合理和全面。一般认为，权力、财富与声望是确定一个人所处社会阶层的基本判断要素。

(1) 法学学者的权力。权力是一种强制力，本书是法社会学而不是宪政方面的研究，因此书中所述之权力不只是狭义地指向政治权力。韦伯分析认为广义的权力，是一种在共同体行动中有贯彻自己意志的支配力，在任何实体中法律对权力分配都会产生影响，这种影响不但包括经济权力的分配，也包括其他权力的分配。〔1〕在当今社会，专家学者本身对社会极具支配力，大到国家政体的选择是否合理，政党制度轮流执政和一党领导的多党合作哪个更优越，小到炒菜放菜放盐的先后顺序、刷牙的次数和时间等一切都受到他们的影响和支配。虽然专家的权力滥用现象导致其社会声望较早期有很大差距，然而并不影响人们一边批评专家是“砖家”，教授是“叫兽”，一边依然按照这一群体设计的姿态生存着。一定意义上，鲍曼能够对知识分子作出立法者的归类，正是因为其注意到了知识与权力的这种共生性，所以其断言“拥有知识就是拥有权力”。〔2〕法学学者在社会组织体中，对法律问题毫无疑问是具有话语权的，支配我们生活的各种规则，虽然风俗、习惯很重要，但风俗、习惯本身的演变矫正，以及各种现代制度的设计无不是由法学学者强有力地主宰的。托克维尔对19世纪30年代的美国的体认也与此大致相似。他说：“在美国，法律职业群体拥有一种并不

〔1〕［德］马克斯·韦伯：《经济与社会》（下），林荣远译，商务印书馆1997年版，第246页。

〔2〕［英］齐格蒙·鲍曼：《立法者与阐释者》，洪涛译，人民出版社2000年版，第64页。

可怕但人们却难于察觉的权力。这一权力没有特定的标识，能够非常灵活地适应时代的要求，其不加抵抗地顺应社会的一切运动，然而，这一权力却扩展至整个社会，深入至社会的每一阶层，在暗中推动和影响社会，最后则按自己的意愿型塑着社会。”〔1〕

当然，法学学者作为法律制度的生产者、阐释者，其所拥有的对社会的支配力，既有别于知识分子群体之外的主体，也有别于知识分子群体之内的其他术业者。其对社会的支配力，随着依法治国、依法治省、依法治市……这种全方位立体法治诉求的扩张愈发得到加强。于是，各种咨询会、论证会、研究会中都活跃着法学学者的身影。甚至出现这种情况，即无论是法学学者还是其他决定权主体都不再满足于法学学者对社会的间接支配状态，而是成了多重身份者或者直接转化了身份。首先，在社科院中任职的法学学者本身可能就有很多行政职务；其次，高校的法学学者兼职检察院、法院、人大等党政机关的副职领导者也不在少数；更遑论有一些法学学者在这种身份、职业的混同过程中，往往最终选择了狭义权力的阵营。事实上，即使法学学者只是兼有不同身份，对其权力的行使模式都会产生很重要的影响，如果说单纯作为法学学者，其权力发生效力的路径还是柔性、间接的，但当与其他身份结合时，其权力发生效力的路径就可能带有半强制性，甚至使其学术的理念直接具有了强制性，而不容其他主体质疑和批评，只能执行其学术意志而不只是停留在尊重层面。

如此，社会法律问题的话语主导群体中又出现了学术群体内部的主导者，即俗称学术权威，并且这类法学学者所辖领域

---

〔1〕 Alexis de Tocqueville, *Democracy in America*, *George Lawrence*, trans., J. P. Mayer (ed.), New York: Doubleday Anchor, 1969, p. 270.

又因为身份的兼有和混同而最终扩展到了社会领域、政治领域中。在福柯看来，代表普遍的正义价值的法学家是知识分子的典型代表，尽管在福柯的论述中作为普遍的知识分子的法学家不同于特殊的知识分子，但在当下即使专业分工愈加精细，法学学者也多术业有专攻，公平、正义依然应是所有法学学者的不二追求。福柯的知识分子“权力/知识”模式观认为知识、权力和真理的关系在于知识是一种权力，而权力生成真理，真理又来自知识的解释，权力产生和发送真理效应，真理效应则再生成权力。〔1〕为此，我们几乎可以肯定地说，知识分子是有权力的，而法学学者则有力地彰显了这种权力的物质存在。

这种推理可能会让一些人觉得倍受鼓舞，比如，长此以往，法学学者进入国家机关工作人员序列，岂不恰好实现了法律人之治吗？事实上，也可以做出比较悲观的推理。福柯认为，知识分子并不必然地在进行一场追求真理的战斗，相反，他们在从事一场关于真理的地位以及它扮演的政治经济角色的战斗，所以，他告诫知识分子不要充当普遍价值的承担者。〔2〕类似的观点国内学者也多有论及。苏力在分析法学学者积极参与社会法律实践的典型案例时，曾谈及作为真正的法学学者，他可以保留和坚持自己的信念，但不能强取民意，不要总是用“启蒙”来暗示自己的正确，一不小心就把自己当成了耶稣。〔3〕刘星则指出无论学而优则仕，还是仕而优则学者，“角色一旦固定，其所推出的思考产品，则明显分属自己的角色群体”。〔4〕江平教

---

〔1〕 朱振：“‘权力/知识’与知识分子”，载刘小平、蔡宏伟主编：《分析与批判：学术传承的方式》，北京大学出版社2006年版，第324页；［法］福柯：《权力的眼睛——福柯访谈录》，严锋译，人民出版社1997年版，第227～228页。

〔2〕 郑莉：《理解鲍曼》，中国人民大学出版社2006年版，第66页。

〔3〕 苏力：“面对中国的法学”，载《法制与社会发展》2004年第3期。

〔4〕 刘星：《法学知识如何实践》，北京大学出版社2011年版，第200页。

授在其60岁卸任中国政法大学校长职务后谈道："这之后，我就变成了中国政法大学里一个普通的教授，我开始从学者的角度出发思考问题，慢慢地变成了一个公众知识分子。这样的话，我的立场有点不太一样了，我可以就我了解的问题发表独立的看法。这跟我当校长的时候完全不一样了。"〔1〕这是对以上理论的最好印证。

也就是说，法学学者有权力，但当这种权力脱离知识的领域进入世俗社会后，就不能保证权力的主体还是真正的法学学者了。当然因为真正进入世俗政治权力组织中的法学学者毕竟是少数，更多的法学学者依然是秉持着知识就是力量的权力运行模式在为法治参与，所以，对于研究法学学者的阶层问题，权力依然可以是一个重要的参照标准。

（2）法学学者的财富。前文论及知识分子对社会拥有话语权，法学学者则对法治国的规范建构具有更强的控制权，其中的一些人甚至直接进入了政治权力体系。那么，这种权力状态下的群体其财富状况又如何呢？首先需要明确的是权力的有无多寡与财富有关系但并不必然是同比例的。同时，社会学学者李强认为在财产、权力与声望这三个社会分层的观察视角中，因为财产、收入是人们生存的基本条件，所以尤其重要。〔2〕按社会学学者的分析，中国20世纪90年代后实现"脑体正挂"，知识分子成了市场改革的经济上的最为典型的获益者。〔3〕这一点从宏观上讲基本是没有问题的，因为任何理论研究都不能否

---

〔1〕江平口述，陈夏红整理：《沉浮与枯荣：八十自述》，法律出版社2010年版，第213~214页。

〔2〕李强：《转型时期中国社会分层》，辽宁教育出版社2004年版，第67页。

〔3〕李强：《转型时期中国社会分层》，辽宁教育出版社2004年版，第141、165页。

定一点，当代从事学术研究的群体，基本过上了相对体面的生活，最基本的工作条件都能得到保证。刘亚秋在一篇文章中搜集了各种数据来说明这一点，但在同一篇文章中，其也谈到了学术群体收入存在客观事实与民众想象的巨大落差，以及学术群体内部的严重分化问题。〔1〕

其实，民众想象的学术群体收入与学术群体客观收入的落差，既有刘亚秋所述的社会机制问题，如大众与精英之间的矛盾问题，也与整体上国家的各类信息缺乏公开透明等有关，而更重要的原因则在于群体内的分化问题非常严重，这在法学研究群体中同样存在。学术群体或者就法学学者本身来说，其内部收入分层与学识水平、业务成果、专业方向、职务等都有关系，如在法学院中的讲师与教授，法学大家与普通教授之间的工资性收入差别是很大的。这些与收入有关的关联因素有的是公平合理的，有些是不平等的，有些则在平等的外衣下掩盖着不平等。比如，按高校教师的工资分配情况来看，制度内的收入主要是基本工资和岗位津贴。在这种分配模式下，讲师、副教授、教授之间因为职称不同而致的工资落差并不大，总体上是平衡的，并且这种落差还可以通过增加课时量、工作量等方法进行弥补。

有研究者总结：收入结构复杂、收入水平不稳定、隐性收入繁多，是目前中国大学教师收入的显著特征。校内津贴、政府的特别津贴、各种途径的创收等是教师收入差距拉大的原因。〔2〕就法学界而言，真正将法学学者收入差距拉大的原因至少有如

〔1〕刘亚秋："声望危机下的学术群体当代知识分子身份地位研究"，载《社会》2007年第6期。

〔2〕李碧虹："大学教师收入分配研究——基于人力资本的分析"，华中科技大学2006年博士学位论文。

下几方面：一是发表文章奖金。多数法学院系都规定有发表文章的奖励措施，并细化了发表在不同刊物上的奖金数额，在核心期刊上发表一篇文章动辄奖励上万元现金。而文章的发表在当今中国的学术体制下，往往本身就有很多问题，至少学术水准不是唯一标准，学校、职称、是否是博导、是否有项目支撑等都是影响因子。如果说这些影响因子还是可以理解的话，有没有行政职务，能不能资源互换，如是不是法学院院长，是不是学术刊物编辑等因素则是完全远离学术公平的考量。二是课题、项目经费。近几年，各种类型的研究项目层出不穷，由政府主导的各种国家级、省部厅局级甚至区县级等，以及法学会、各种委员会等项目考虑到资源分配的平衡问题，多会给不同层次的研究者以机会，会有一些青年项目、一般项目，但这类项目往往资金配套很少甚至没有，所谓立项不资助者比比皆是。其中的重点项目往往还是由学养更深厚或者更有地位、关系、名人效应的教授、博导们获取，法学专业的资助经费从十几万元到几十万元不等。而研究经费更为充裕的横向课题则或者由掌握有社会资源的法学大家获取，或者纯粹由有个人关系网的法学学者获取。三是兼职法律服务。在我国，法律明确规定科研院所的法学研究人员是可以从事兼职律师业务的，又因为法律与各种社会关系调整具有关联性，任何一种关系的建构、调停都可以有法学学者的用武之地。加之人们对法学学者知识和人格的信任，所以法学学者即使没有律师执业资格，也有很多从事兼职法律服务的机会。如此，一般律师在忙于找案源，找了案源又要找关系的时候，当事人则慕名找到法学院的兼职律师或者根本不是律师的法学研究人员，法学学者在挑选到中意的案子后则会携其名人效应或师长名分轻松地完成代理。所以，有一些从事兼职律师的法学学者，即使已经将律师作为主业，也不辞职作专职，除珍惜学者的稳定待遇和中立身份外，不排除也有意在利用专家的地位和身份者。四是各种形式的讲课费、咨询费等。宋功德早些年曾写过一本《法学的坦白》，在该书中作者作为业内人士，为我们描述了一幅形象的法学学者的讲课赶场图。这其中名人效应、资源互换都是不可或缺的。以开展学术类讲座为例，存在一张A请B、B请C、A请C……X请Y的“互联网”。〔1〕一些法学学者轮流着请来请去，走进了圈子，形成一个靠权力、资源而织就的关系网，从中获取利益。而进不了圈子的法学学者，即使学术水平不低，也无法从这一路径中获益。五是直接因个人身份而获得的政府资助，如长江学者、国务院特殊津贴获得者等，这当然是少数法学学者的锦上添花之收益路径。

通过如上的分析，我们可以肯定，在法学研究群体中，通过专业能力而真正大富者不会太多，因为法学学者群体不是资本的直接拥有者，其财富的增加总是依赖于二次分配，而影响二次分配的那些资源毕竟是有限的，何况在我国很多资源往往有群聚效应，当很多优势资源集中在一个或几个法学学者身上时，其个体性的学术产出无论从数量上还是质量上都会有所下降。同时，如上分析的影响收入分配的资源多是身份资源，而不是物质资源，因此，当新老更替后身份不再，附着在身份之上的相应的经济利益也就会随之消失，此时，一般法学学者或者其他任何大家都要回归学者本色。

可能有学者会基于个案而认为在法学学者中有的人是很富有的，但在本书的研究语境中，笔者关心的是因法学学者这一职业或与这一职业有极大关联而获得的收入，不包括其他如通

---

〔1〕 宋功德：《法学的坦白》，法律出版社2001年版，第97页。

过继承、中奖、婚姻而出现的经济状态大好之现象，当然也不包括因为家庭原因、突发事件而导致的致贫现象。正是基于这样一种分析，我们可以得出法学学者群体中财富极多极少者都不会有太多，但多数都能过上相对体面的生活的结论。同时，因为对“体面”的认知也是一种主体的个性化感受，所以为了以上结论的成立，此处的“体面”应有一个大致可评价的标准，那就是社会一般认同。〔1〕如果一定要有一个对比的参照物，笔者认为可以是社会平均工资福利水平，以及与这一工资水平相对应的购买力。

但如上使法学学者们收入拉开差距的不平等现象，却可能影响到对法学学者的阶层评价。因为法学学者作为专门研究社会公平正义调整之术的群体，对各种显性或者隐性的不平等是能轻易识别出来的。识别了这种不平等之后，作为法学学者其行为选择不外三种：一是淡定从容，一切照旧，按自己正常的职业发展路径走，正常地教学、研究、评职称、申请课题。二是加入争夺利益的行列，利用各种可能成就获利条件。三是“暴力”不合作，不断向群体外揭露、批判业内的各种乱象，这类人最后即使有名但往往也会成为法学界的孤独者。这种群体的人格撕裂必然既影响法学学者的职业认同和职业伦理，也影响社会公众对法学学者的声望评价，进而一方面影响着法学研究的产出和法学智识效能的实现，另一方面也会殃及与其具有心理关联的法律在公众心里的地位，最终影响到法治的实现。

（3）法学学者的声望。如上所述，权力不必然产生财富，同样财产、权力与声望也是本质不同的事物，一个人有权力、

〔1〕在笔者博士论文答辩时，也提到了这一观点，有两位教授就此问题展开过非正式讨论，年长的认为此观点成立，他衣食无忧感觉很体面，年轻的则认为不成立，因为和同龄的人相比，他没有好车好房，生活并不体面。

有财产，但不一定社会声望就高，声望是众人对个体的主观评价。[1]这种主观评价之标准无法确定，但基本可以想象到的是，其可能会与权力 、收入、伦理、社会贡献等因素相关。纵观社会学学者用各种方法所作的统计调查，与法学学者相关的属种群体，如知识分子、大学教授、大学老师、专家等基本都是较为稳定地处在声望排行的前列的，甚至远高于公务员、明星等群体。[2]但是这种声望的定位也不是一成不变的，如果法学学者的社会行为与保有其声望的影响因素相背，则声望下沉也极有可能。

刘亚秋在《声望危机下的学术群体当代知识分子身份地位研究》一文中从学者的收入与学者对现实的干预角度论证了学术群体身份下沉的原因。具体到法学学者，笔者认为导致群体声望下沉可能的原因主要有如下几方面：

第一，职业伦理受到冲击。每一种职业都有其特定的职业伦理。对此有学者认为：法学家是以法学理论研究为职业的知识分子，因此要向社会提供知识产品、提供智力成果；法学家不是实务工作者，因为法学的专业特色，法学家可以参与实务活动，但目的应是为了更好地从事学术研究；法学家是学者，必须有作为学者的理想、信念与良知；法学家是法律人，应具有对法律的崇敬，应当心存公平、正义的理念，并在自己的日常行动中加以贯彻落实，应该具有良好的法律意识和依据法律思维来思考问题的习惯。[3]法学学者作为法学科研工作者，法律允许

---

〔1〕 李强：《转型时期中国社会分层》，辽宁教育出版社 2004 年版，第 67 页。

〔2〕 李春玲：《断裂与碎片——当代中国社会阶层分化实证分析》，社会科学文献出版社 2005 年版。在该书第四章“声望分层与社会阶层的社会地位差异”中有各类统计数据可供参考研究。

〔3〕 王利明：“什么是法学家的社会责任?”，载《法学家》2006 年第 3 期。

其兼职从事律师行业，但这种制度设置的目的一定不是为了让法学学者增加个人财富，而是为了方便法学学者开展实践性学术研究，或者是为了让法学学者发挥专业特长，更好地为法治建设服务，如果本末倒置则背离了制度设置的初衷。此外，在实践中，各种涉法机关、组织为了实现行业的专业性与民主性诉求，多会邀请法学专家参加其行业内的各种工作，如法院的人民陪审员，检察院的人民监督员，各政府职能机关，特别是司法行政机关、看守所、监狱等的执法监督员、兼职研究员、行风评议人，仲裁委员会的仲裁员等都是法学学者常见的兼职领域。法学学者兼有如上各种社会身份，一方面确实可以更紧密地接触法治实践，了解最真实、直观的法治现实状态，以助力于自身的教学工作与学术研究；另一方面也可以扩大自身专业知识的影响范围。同时，我们也必须注意到各种兼职身份与法学学者职业伦理的冲突问题。如法学学者担任人民陪审员，是应当凸显其社会公众的一般判断，还是彰显其知识权威的专业判断，法学学者的中立伦理如何与最大限度地维护当事人利益的律师职业伦理相契合等，都有可能给法学学者的声望带来影响。

为此，有人曾尖锐地批评说：教学与科研本是法学学者的第一要务，但现在却成了很多法学学者的副业，法学学者不是潜心于学术、致力于教学，而是热衷于担任各类社会兼职，习惯于出席各种研讨会、论证会，充当钱权联姻的媒婆，长于迎合，人格双重化倾向严重。〔1〕

第二，与公众期望不匹配。作为知识分子，又是研究与公民权利义务有直接联系的法律制度问题的专家，公众对法学学者的期望是古典式的“为天地立心，为生民立命，为往圣继绝

〔1〕 戴福：“我国法学家的道德危机”，载《民主与科学》2004年第6期。

学，为万世开太平”，希望法学学者能为正义代言，能“妙手著文章，铁肩担道义”。所以，每每有涉法事件出现，公众都会嘲讽法学学者的集体失声。业内也不乏持此观点者，认为中国法学学者之于社会公共事件的生存状态是“沉默的大多数、焦躁的一小撮与勉力求解的少数人”。[1]当然，这其中有误会的成分，比如，学术研究是一种理性的事业，法学学者不可能盲从、冲动。事实上，在很多涉法社会公共事件中法学学者都给予了充分的关注、讨论和解说，法学界形成的共识，事实上就是法学学者对法治的正当贡献；再者法律更多地表现为保守、稳定甚至滞后等，所以，法学学者不可能过分激进或具有很强革命性。不过，这些并不能遮蔽公众的指责，在很大程度上，其是因为法学学者没有起到对社会应有的学术责任担当，没有为社会提供及时的高质量的学术产品，没有为社会法治建设提供强有力的智力支持。

第三，所属行业、专业声望的整体下沉。法学学者声望下沉也可能受相关行业声望整体下沉的影响。法学学者的属概念可以有很多，此处选取两个进行分析。其一是教师，其二是法律人。教师一向是被称为“人类灵魂的工程师”“太阳底下最光辉的职业”，但在当下社会，教育产业化、教育资源分配不平，中小学教师课外办班，教师强奸、猥亵、潜规则学生……种种事件导致公众对教师的评价整体下沉，作为身处高等院校、科研机构中的法学学者也是教师队伍中的一支，不可能与这些不良社会现象绝缘，所以法学学者的声望跟随教职人员整体下沉是自然的。再看法律人，我国当下正处在社会主义初级阶段，建设社会主义法治国家的目标提出不足二十年，在推动法治建

〔1〕 丛立先：“法学者之于社会公共事件的责任和态度”，载张士宝主编：《法学家茶座》（第32辑），山东人民出版社2010年版。

设的道路上不可能一帆风顺，有时甚至会不进反退，一些根本性的法治理念、价值、原则、规则等，不但普通公众并不能完全理解、尊重和坚持，国家公职人员也需要不断地进行法治思维和法治方式的培养。法律人虽然是专业人员，但也存在用更“专业”的方式冲击法治城堡的现象，比如法官无法做到“只对法律负责”，在审判中需要协调法律关系之外的更多关系，裁判时除考虑法律正确外，还需兼顾政策、多数人、和谐、稳定等多元支配力；再如近年来检察系统不断宣示反贪业绩，但贪腐之风依然严重。这种法治状况使社会公众信服法律、遵守法律，甚至承认法律权威的内在认同无法夯实。在普通公众从法律人群体中没有看到各自应有的法律人姿态，且法律有时表现的“什么都不是”的情况下，法律人、研究法律的法学学者声望受冲击也在情理之中。

第四，个体人格对群体人格的撕裂。有不少法学学者对法律人共同体是情有独钟的，这确实是一个让人很向往的组织体。但共同体在中国人的思维中或多或少都有种“占山头，拉队伍”的绿林印象。因此，即使真的建设一个有组织、有章程、有宣言的法律人共同体，也不一定是公平、正义的救世主。根据勒庞对大众心理的研究，群体只有很普通的品质、智慧，“即使是各行各业中最优秀的专家，当他们表现为一个群体的时候，也会经常性地做出极度愚蠢的决定”，〔1〕法律人或者法学学者成为一体，又当如何呢？在今天，共同体已经成了一个经由学者高度概念化的词汇，无论是研究共同体的鼻祖斐迪南·滕尼斯还是被国内学界极为推崇的马克斯·韦伯都不认为只要一定人群在素质、处境、举止上有着共同性就可称为共同体。他们更

---

〔1〕［法］古斯塔夫·勒庞：《乌合之众》，戴光年译，新世界出版社2010年版，第8页。

强调精神、心理、文化方面的内在认同，而不是专业。事实上，我们之所以认为有一个共同体，不过是一种想象的职业状态而已，多只是一种因为专业的相近而被划分为一类人。不管是法学学者、法律共同体，还是学术群体，都如刘亚秋所述：就声望而言，民众的整体判断来自于其眼中的个别精英式代表，而这一表面看来似乎存在着的“共同体”，只是群体在大社会背景下被赋予的一种外在定位而已。这会使一部分学者有了一种自我“阶层化”或者阶级化的想象。事实上，在学术群体内部，不同职位甚至不同地域的学者之间，差异是非常明显的。这种差异不仅体现为外在的收入、地位、权力上，而且还体现为各派观点上的差异乃至对立。〔1〕这种存在差异与对立的群体，如果被定义为共同体、阶层的话，个别组成人员的声望下沉，必然导致群体的声望受损。换言之，法学学者个体人格会对群体人格构成内在的撕裂，比如，一些法学学者不甘于自己的经济状况，滥用话语权力，为有产者、有权（狭义）者背离了学者的正义担当，又或者直接利用自己的声望价值追求不当利益等，这些无不影响着群体整体的社会声望和阶层特征。

这种分析与第三点所论述的法学学者声望受行业、专业的影响有关联性，但法律人共同体和教师职业、法学专业不同，前者是一种群体有意识的创造，而后者则是一种客观存在，前者是可以避免的，后者却是无法规避的。

第五，法治实践参与行为中存在的反法治现象。所谓反法治现象主要指法学学者在为法治实践参与行为时，其行为表现与法治的发展、法治的精神完全相背离，或者有背离趋向的各种表现，违纪、违规、违法等所有与法治理念、法律制度相冲

---

〔1〕 刘亚秋：“声望危机下的学术群体当代知识分子身份地位研究”，载《社会》2007 年第 6 期。

突的行为现象均可归类为反法治现象。法学学者在为各类法治实践参与行为时，不同程度地存在的反法治化现象都会对其声望带来负面影响，对此后文会展开详细阐述。

总而言之，“社会分层是一种隐藏在社会结构内部的关系，它反映的是社会资源在各群体之间的一种分配”。[1]这种社会资源分配模式是多元多维、“叠床架屋”的，而所谓分层也并没有一个泾渭分明的标准，这是一种社会地位的宏观评价。就本书的写作意图而言，更是一种客观事实的描述与总结，不具有任何类似于阶级的政治意味。前文围绕权力、财富、声望这三种最主要者作了分析，我们对法学学者的阶层定位基本可以作出一个描述。在笔者看来，总体上，法学学者的阶层定位从经济角度讲处在中产阶层，但从权力及声望角度讲则应处在上层。可能引起质疑处在于，法学学者的权力位阶是否在上层。笔者认为，从权力分层的角度看，法学学者应该属于上层，因为作为上层建筑的法学是一种规范解释学，是对社会关系可以带来间接规制效应的学科。也许有的人会问，立法权、司法权、执法权均不在法学学者手中，在权力体系中根本没有法学学者的位置，怎么可以说其处在权力上层呢？事实上，这种权力体系如果不狭义地指向政权体系，而是指向对社会的支配力的话，笔者所作的定位就是可行的。只要一个政权实体选择追求建构法治社会，狭义权力体系中的任何涉法支配行为就不可能缺少法学学者的解释与话语支配，所不同者可能在于狭义权力者选择哪一个法学学者或者法学流派的话语而已。如此，法学学者的权力状态，即类似法律在法治社会中的存在状态，是一种笼罩在权力阶层之上的支配力。

---

〔1〕 李强：《转型时期中国社会分层》，辽宁教育出版社2004年版，第136页。

二、法学学者的角色特征

（一）人与学者的一般特征

揭示特征的价值在于识别。对人的识别的方向有二：一是人是有别于其他生命体的；二是人的表象是有别于其内在的。围绕这种状况，可以揭示出人的如下特征：

第一，感性与理性并存。每个人都是感性与理性的结合体。“一方面，人要以自己的各种感官去感知外部世界以及人自身的存在，形成关于人和世界及其朴素关系的感觉经验；另一方面，人则要以自己的理性思维去把握事物的‘本质’和‘规律’，形成关于人和世界及其朴素关系的规律性认识。”〔1〕只不过感性和理性在不同的人身上表现的程度不同，同一个人在不同的场合表现得也不同。一般来说，女性更为感性，而男性则更为理性，但并不意味着女性从不理性而男性从来不感性，这是一种相对的概率判断。重要的是人所面对的是何事，所处何处，如在风花雪月的处所任何人感性的一面都可能会被激发，而面对突发事件，任何人都会很快做出理性的选择。又如恋爱时人们多会感性，而为离婚诉讼时则多趋理性。

第二，于利己时利他。利益是一种主体经由行为或选择而获得的相对于个体来说的增量价值。在此有两层含义：一是利益的获取与主体的主观能动相联系；二是利益的内涵是多元的，财富、权力、声誉等可以成为不同主体的利益选择。因此，利益是一个与主体理性选择紧密相连的客观存在，主体在做这种选择时一定是利己的，因为只有符合其利益观的事物其才会去追求，但这并不意味着人在为“利己”行为时一定是“害他”

〔1〕 孙正聿：《哲学通论》，复旦大学出版社2007年版，第354页。

的。“理智的感性主义”“合理的利己主义”“健全的个人主义”等人伦学说对此多有论证。人在为利己行为时首先是理性的，理性追求的是利益最大化，而“害他”往往与利益最大化相悖。正是基于这一点，霍布斯论证了“利维坦”的诞生。其次前已述及，人是理性与感性的集合体，不可能如动物般无所谓利己利他，一切皆为本能，人的任何理性的行为都不可能完全摒弃感性的影响。正因为此，社会达尔文主义者才受到了强烈的质疑。对此，周安平教授指出：优胜劣汰作为人类生存竞争规则在理论上存在诸多的问题，而优胜劣不汰，适者生存，不适者也能保证基本生存，才是较好的人类生存状态，“优胜劣不汰是人类竞争规则的道德底线，它既能保持竞争活力，又能维持人的基本生存”。〔1〕

第三，于己肯定甚于否定。有学者认为人的本性中存在自我肯定性和自我否定性两个方面，一方面，人是“自我中心主义者”，必然要把一切外界存在变成“为我的存在”，另一方面，人又把自己外化为物，变成“为他的存在”。〔2〕人正是在这种为我、为他的过程中不断地肯定与否定着自我。但笔者看来，人对自己的肯定是第一位的，其次才是否定，甚至可以说其所谓之否定也是肯定自己的一个面相。从心理上来分析，自我感觉良好是一种能为人提供正能量的心理，而自我感觉糟糕的心理则非常不利于个体的发展，甚至会毁灭个体。

再来分析学者的普遍特征。学者是以学术研究为职业的群体，知识是其基本的劳动工具。与其他行业相比，学者的独特之处在于：

---

〔1〕 周安平：“优胜劣汰与优胜劣不汰——人类社会生存竞争规则的道德底线”，载《法商研究》2007 年第 3 期。

〔2〕 高清海：《哲学的奥秘》，吉林人民出版社 1997 年版，第 141 页。

第一，常规的工作中要求以理性为主。学者的常规工具不外研究、传播、创造知识。霍布斯在讨论推理与学术的关系时谈到“理性不像感觉和记忆那样是与生俱来的，也不像慎虑那样单纯是从经验中得来的”，而是必须通过知识的积累才能很好把握的一种推理能力。〔1〕从这段论述可以解读出两方面内涵：一是理性也是分层次的，论及生活中的理性，多系指人们基于经验的最大化利益考量能力，而从学者层面看，其更多地则是指一种对客观世界较高级的认知能力和思维推理能力。二是知识和理性有密切关联，一定程度上是正比增长的，所以越是有知识的人理性推理能力越强，那么，对于以知识为谋生工具的学者，可以说其理性思考的需求和能力都要强于一般公众。

第二，社会伦理期望要求突出利他。学者是有知识的，有知识的人各方面的素质就应该优于无知识或知识较少的人，因此在进行任何行为时，其利他的伦理要求就要高于一般人。这种高要求一方面来自社会其他主体，所谓“丢了读书人的脸”“不像读书人”等说法即说明社会公众认为有知识的人就应有较高的风范和道德水准。如果学者在为行为时，利己的迹象太过明显，特别是当学者的行为与金钱有关时，更会损毁群体的声誉。人们甚至容不得学者谈钱，最典型的事件不外2006年北大副教授在网上公布工资引起的舆论批评。〔2〕另一方面来自学者群体自身。知识者一直把自己作为道德之化身，耻于谈钱、羞于言利成了他们的一种形象标签，甚至以坚持或者拥有这种形象作为判断道德高低的标准。如果群体中有人一味地趋名逐利，

---

〔1〕［英］霍布斯：《利维坦》，黎思复、黎廷弼译，商务印书馆1985年版，第32～33页。

〔2〕阿忆：“没脑人，请你给俺指条出路，让俺们都照着去走”，载 http://blog. sina. com. cn/s/blog_ 48dcce8e0100061k. html，访问日期：2016年6月26日。

则极有可能被界内人评价为失去了学者的本分，是低级、庸俗的。

第三，以知识为主因获取他人认可。学者安身立命的资本是知识、学问，学者所有的一切如果是基于知识而获得，则社会一般能够接受。比如，2008 年新浪网公布 31 位富豪教授〔1〕，舆论反响平平。甚至对于身价近千亿的“世界杂交水稻之父”袁隆平，公众不但不质疑，反而支持和倡导“袁隆平式财富”。〔2〕这皆缘于其财富的取得手段完全是基于自身的知识贡献，而不是利用权力、声誉、机遇等。

（二）法学学者的种差和人格

法学学者在中国的学术史上出现较晚，并且命运多舛，群体的这种整体发展状态，与其特有的社会定位和专业取向有关。大致说来，法学学者的特点在于：

第一，与政治密切关联。有学者曾对一段时间内的法学研究会议议题与政治相联系的比例情况作过统计，在不包括像法治、现代化这样一些隐含有政治性的议题的情况下，42 次会议中直接与政治相联系的会议议题共有 9 次，占总数的 21.4%。以至于研究者认为：法学研究领域走“政治路线”的问题比较严重，法学研究有必要重新思考自身的独立性问题。〔3〕由此可见，法学与政治的关联是多么密切。法学学者的研究对象是法文明、法现象、法逻辑、法技术等，即总是在围绕着人类交往规则展开。而不论是将法律作为一种强国工具，还是作为一种

---

〔1〕“知识就是财富：中国 31 位富豪教授盘点”，载 http://edu.sina.com.cn/kaoyan/2008-09-23/1627166633.shtml，访问日期：2016 年 6 月 26 日。

〔2〕“弘扬‘袁隆平式财富’，很有必要”，载 http://news.xinhuanet.com/edu/2011-09/28/c_122099688.htm，访问日期：2016 年 6 月 26 日。

〔3〕杨春福、陈新雄、胡欣诣：“法学资源的分配与流动——以十年来会议主题与课题项目为样本的考察”，载《法制与社会发展》2006 年第 6 期。

执政伦理，政治都离不开法律。以国家为例，政治学认为国家是合法地垄断暴力使用权的政治实体，而是否合法当需法学学者的理论证成，因此任何国家的执政者首先需要的，就是其当政时代法学学者的协助。即使某一执政者利用其对话语的解说能力，以及对权力的实际支配便利，自己定义了自己的合法性，法学学者依然与政治无法隔离。对于一个国家的治理、大的政治架构、暂时的社会秩序等问题，政治家是可以解决的。但长期的政治承继秩序和社会管理规范却是一个庞大的制度体系，需要专业的理顺与构建。中国的法律渊源体系包括宪法、法律、法规、各类条约、规章以及司法解释等，如此众多的法律规范，不只是制定时的草案出台需要法学学者的专业支持，各位阶、各部门法律之间的协调统一，更需要法学学者的持续跟进。此外，法的宣传、教育、运用等都离不开法学学者。

近政治的特点使法学学者多为人所诟病。1835 年托克维尔就在他的名著《论美国的民主》中描述道："五百多年以来，法学家在欧洲一直参加政界的各种运动。他们时而被政权用作工具，时而把政权作为自己的工具。"〔1〕同样，卡内冈在对欧洲法学学者从腓特烈一世时代直到 19 世纪末为历代统治者服务的行为作了梳理后，也得出了"法学家往往成为当权者的仆人和工具"的结论。〔2〕

在笔者看来，并不是法学学者都是一群追逐权力的人，其近政治特性主要是受法学专业研究内容的影响。在一定意义上，政治家与法学学者所关注的问题会发生重合，比如，社会秩序，

---

〔1〕［法］托克维尔：《论美国的民主》，董果良译，商务印书馆 1988 年版，第 303 页。

〔2〕［比］卡内冈：《法官、立法者与法学教授——欧洲法制史篇》，薛张敏敏译，北京大学出版社 2006 年版，第 153 页。

只不过前者意在谋求政治稳定，后者旨在追求公平正义。在法治国家，经过法学专业训练的人往往更容易成为政治家，这方面美国的现实是最有力的证明。当下，中国的法学学者往往也较容易进入政治家行列，这正是法治中国建设过程中的一种专业关联所致。在这个互动的过程中，事实上无所谓谁是谁的工具或仆人，只不过是作为法学学者个体的人生价值取向发生了变更。

第二，与社会密切关联。因为法律是调整不同主体之间关系的规范，社会则是由各种关系所构成的人的集合体，所以社会从来离不开法律，法律也一定会从社会中提炼。法律既是法学学者的研究素材，又多是法学学者的劳动成果。法学学者研究法律问题需去社会中调查、抽象、验证，法学研究也只有在能为社会贡献智力支持时才有价值。正因为此，才在任何社会问题上都可能有法学学者的声音，甚至在奥运会、社会选秀等似乎离法学很远的话题中，法学学者都能有诸多法理解说；而任何社会热点事件如果缺少了法学学者的解说和身影，公众却似乎难以接受，每每责怪“法学家为什么集体失声?”

第三，与法律品格混同。在中国，公众的文化心理往往无法接受知识分子的知识与人格分离，知识分子自身也以为然。在成就知识的时候一定会追求成就该知识的伦理，而拥有某种知识似乎也就会在人格上完全被相应的知识型塑。法学学者与法律，前者是研究后者的主体，后者是前者研究的对象，二者处在不同的概念范畴中，但人们的心理联想决定了二者往往会被勾连在一起。法律应该是公平正义、惩恶扬善、定纷止争的，因此，法学学者似乎也应该拥有公平正义的品性，应该仗义执言、主持公道。人们当然地认为任何与法律有关的问题，都是和法学学者有关系的问题。一国的法律如果出了问题，法学学者也一定有问题、有责任。当法律受到诟病时，法学学者也一定被牵连，当然法学学者品德有问题，也一定会殃及法律。因此，不管法学学者研究的专业领域是什么，哪怕是法哲学抑或法制史，公众都会在心理上将其与所在国的法律制度、法治发展相联系。甚至，法学学者也会有这种心理认同，中国法学界对一个违法或者只是失德的法学学者见容度就很低，似乎一个学者一旦有违法违纪行为其法学思想也就不再是思想，或者就失去了价值。

在如上的心理联想背景下，一种想象的权威就可能出现。法学学者是研究法律问题的，似乎每一个法学学者就应该精通每一种法律制度，能够准确裁判每一个案件的是非曲直。公众如此认为，有些法学学者也自以为是，于是法学学者就成了想象的权威。事实上，法学学者根本不可能是法律通才，一个法学学者可能能分析清楚一种法律规定的合理与否，但不一定清楚某一部法的具体规定。就法律规定而言，一个法学学者不必须比刚通过法律职业统一考试的本科学生知道得更多。当然也可能有人会说，就某一种专门的法律问题来说，法学学者确实比司法实务界的人要更精通，但知识只在知识的领域内可作精通、权威与否的评价，在学术圈外，评价的标准就不可能只考量知识问题，此时法学学者相对于另一界别的标准又如何能确保是权威的呢？

真实的法学学者其人格是立体多维度的，受专业影响其会有理性、正直、守规则等法的人格面相，但也必然有与社会一般人相同的人格面相。人格是一个人气质、能力、性格、行为取向等特征的整体性表现，社会主体对不同的职业主体的人格定位往往带有想象成分和道德倾向。对于法学学者人格的话题，有学者认为：法学家是一群志趣高雅、学问高深、品格高尚的人，他们拥有正义精神和理性精神。[1]还有学者主张："法学家的人格，就是一种对法律学术痴迷的状态，对法学研究一丝不苟的严谨扎实的治学态度，对法和法学事业的尊敬、信仰乃至勤奋、刻苦、献身的精神，以及高风亮节、生命不息奋斗不止的法治追求。"[2]在笔者看来，这两位的观点与文献综述部分所介绍的周永坤、许章润等学者的观点如出一辙，均是从应然层面对法学学者人格的完美构想。事实上，法学学者不过是有较高法科造诣，以法学教育科研为业的自然人而已，法学学者不是圣人更不是神。

自然人的人格养成条件受制于多种因素，后天的教育和职业操守当然是重要的条件，但文化传统、社会风气、家庭环境、工作平台、人生境遇、能力高低甚至遗传基因等都会影响一个法学学者的人格形成。对于这些人格形成的影响因素，后天的教育和职业伦理并不能予以完全遮蔽。一个客观的法学学者当是一个正常的自然人，其法学的人格倾向可能很明显，比如，做事讲原则、守规矩、有底线、是非分明、正直理性，但绝不意味着其没有非法学人格的面相。七情六欲、柴米油盐、喜怒哀乐在法学学者那里一个也不会少。中国的法学学者对国家、对人生、对家庭的态度，也一定附着着中国传统文化人的特征，比如，他们大多不可能向自己年满 18 岁的孩子索要房租费，也很少会和一起吃饭的同僚们 AA 制。同时，他们待人接物的方式方法也一定会受到时代新风气的影响。有论者在讨论"法学的非学术化"时带有批判意味地描述了商品时代法学学者的形象。他说："法学家已经自觉不自觉地将自己的职业活动和商业活动、政治活动联系起来，为了更好地体面生存，他们放低了身

〔1〕王卫国："论法学家的人格"，载《民主与科学》1998 年第 4 期。

〔2〕何勤华："法学家的人格"，载《法制资讯》2011 年第 4 期。

段，端正了思想，明确了方向，上攀下达，亦文亦商，亦学亦官。”他还指出他们的学术研究，越来越多地以市场、官场需要为标准，法学学者们忙于抢课题、争信息、夺机遇、找资源等等。[1]喻中在讨论分析了托克维尔所述的“法学家精神”后，断言中国法学学者无美式的法学家精神，认为中国法学学者内部是话语分裂的，有的从政、有的西化、有的只知道申报课题作命题研究，没有可守护的贵族传统，都是民主主义者。[2]这些都是作者为了论证需要，描述或凸显了的法学学者人格的某一方面。

还原立体、真实、全面的法学学者人格，不在于批判，而在于当我们分析、判断法学学者的法治实践参与行为时能更客观、全面。法学学者追求法治的梦想，不一定非要将自己型塑为高举法治大旗，英勇壮烈、绝不妥协的形象。法治本即是一种协商、博弈的治理模式，法学学者作为社会人形象的“逢场作戏”，未尝不是其韬光养晦、点滴推动法治建设的技术之一。周旋于政、商等各界之中的法学学者，未尝不会在夜深人静时坐在书桌前思考自己的法治理想。

（三）法学学者的群体性和个体性

讨论群体当然需要提及古斯塔夫·勒庞在他的名著《乌合之众》中为我们描述的群体特征。他认为“群体最主要的特点表现为冲动、急躁、缺乏理性、没有判断力和批判精神，以及夸大情感”，群体中的个人“自我人格消失”“无意识人格起到

〔1〕胡满子：“立法的非法学化与法学的非学术化——从人生非戏说起”，载《比较法研究》2010年第6期。

〔2〕喻中：《中国法治观念》，中国政法大学出版社2011年版，第277～278页。

决定性作用”，所以群体恰似“一个原始人的乌合之众”。[1]这种分析当然凸显了群体的一些特征，并且也有一些社会事实予以印证。但这必然是一种关于群体的片面论断，其在随后的论述中事实上已经将群体的范围缩小到了“异质类群体”，并认为“同质类群体”，一旦“拥有了明确的指向性”，成了组织，特点就与上述群体特征迥然有别了。[2]同时，勒庞还论及，个体独处时，“后天的教育与内心的良知都在对他起着约束作用”，个体会对自己的本能行为加以控制。[3]当自然人个体化后是否真的会恢复其人格，不冲动、急躁，充满理性、判断力、批判力？又或者自然人的人格是否是恒定不变的？笔者以为并不尽然。群体的特征在一定程度上取决于群体的组成方式和组织人员，比如文学学者群体与法学学者群体相比，其群体特征一定会差别很大。而个体的特征表现也一定与个体所处环境、所针对的人与事有关，即个体的特征不是恒定不变的，一个幽默风趣的外交家在开联合国大会和参加朋友晚宴时的表现一定也是有区别的。当然，有一点是肯定的，即当个体处于群体中时，所表现出来的特征一般会区别于其独处时，而且在不同的群体中其特征也不尽相同。

当把法学学者作为群体去观察时，这一群体会表现出如下特征：

第一，关怀现实，积极入世。这首先体现在学术研究的选题方面。法学学者的学术研究始终紧跟着中国的社会现实发展。

---

〔1〕［法］古斯塔夫·勒庞：《乌合之众》，戴光年译，新世界出版社2010年版，第14～19页。

〔2〕［法］古斯塔夫·勒庞：《乌合之众》，戴光年译，新世界出版社2010年版，第136页。

〔3〕［法］古斯塔夫·勒庞：《乌合之众》，戴光年译，新世界出版社2010年版，第9页。

以学术研讨的方向为例，2015 年全国法理学年会的主题为“中国法治发展道路”，2014 年为“推进法治中国建设的理论与实践”；江苏省宪法学法理学年会更能反映出这种贴近现实的取向，2015 年年会主题是“全面依法治国的当下使命”，2014 年为“法治中国建设与社会治理创新”。其次表现在学术思想方面。法学学者对法学研究的贡献、使命、价值、目标、意义等不但持续反思着，基本结论也以为社会、国家、民族者居多，哪怕在论及教育、学术之余也多会将目光锁定到国家法治建设上。最后法学学者参加社会实践积极、频繁。不仅北京的法学学者们全国各地到处飞，身居各地的法学学者也多被当地相关部门列入思想库、智囊团，给以项目、课题，并经常被邀请参与研讨、座谈等。

法学学者与法律实践的关系，仅从法学学者的诸多兼职也可见一斑。从职务来看，多数法学学者除了众多的学术类兼职外，还承担着社会兼职，主要分布在各级政府及职能部门、法院、检察院、仲裁委、律师事务所等几乎所有和管理、法律相关的实体中，而且往往身兼数职。比如，出生于20 世纪40 年代的杨海坤担任的非学术类兼职有：政协委员、人大立法咨询员、人大和政府法律顾问、媒体专家顾问、中国小城镇发展研究院顾问、多家仲裁委员会仲裁员等；出生于20 世纪60 年代的葛洪义的非学术类兼职有：部级科研项目专家咨询委员会委员、检察院专家咨询委员会委员、某省开放与发展促进会理事、全国青年联合会委员、律师等。〔1〕

第二，专业自觉、群体自治。法学是法学学者的专攻术业，也是其安身立命之本，所以从 1978 年法学院校恢复招生始，法

---

〔1〕 资料均来自中国法学名家网：http://www.faxuemingjia.com，访问日期：2013 年 4 月 10 日。

学学者们就一直在为专业架构的完善而自觉努力。法学学者从来不是只关心各自的专业方向，他们思考着法学专业整体设置的合理与自洽问题，这一点经济法独立与否的争论是一典型事例。他们也思考宏观的法学研究、方法问题，西化、本土化、法学远景等均系这方面的思考。当然效果如何，非本书主题，在此不作评判。近几年，法学行业的自治在不断加强，各地甚至全国法学会的组建日渐完善，各专业方向的年会、特别群体的研讨会也走向常态化。在这种常态化的群体学术活动中，虽然有官僚化、行政化的倾向，但学术自治的特色也是非常明显的。因为学术研究群体是一个自由的群体，官僚化只能导致实体层面的自治体被虚置，同时促使法学学者们根据研究旨趣和学术思想自行群体化，形成类似当年“北朝阳、南东吴”的群体格局。此外，在群体自治的过程中，法学学者们也在自觉地进行着研究队伍的优化整合与传帮提携。

第三，少有论辩，弱于批判。所谓真理越辩越明，对法学问题开展论辩是推动法学研究进步的不二选择，但我国法学学者群体很少开展这种学术技术活动，即使有所论辩，要么无法形成往来回合，要么如周永坤教授所言缺少客观理性，往往变异为“鸡同鸭讲”“自说自话”，甚至会出现诘问“用心”的“文革”式批判。〔1〕在论辩都不存在情况下，批判更无从谈起，既少有对公权、对社会反法治、非法治化现象的批判，也少有对群体内法学学者学术思想的批判。2006 年，贺卫方发表的《周叶中教授事件及其他》一文是少见的点名道姓进行的学术批判。其实，类似该文中批判的现象在中国法学界比比皆是，一个稍有学养的法学学者以其对相关研究的现状把握，轻易即可

〔1〕 周永坤：“追求理性的学术论辩”，载《法学》2007 年第 10 期。

发现各种各样的学术研究不端行为，但法学学者们却很少提出批判。于是，法学学者群体就表现出了一派各自忙碌、和谐共处的群体形象，全然不顾法学学者对社会规则意识、权利意识的培养责任，当然也殃及了法学甚至法律的公信力。

法学学者的当下特征如上，并不意味着法学学者的个性化特征不明显，或者都有明显的群体特征。在中国的法学学者群体中，具体来看，大多数学者是个性鲜明的。有学者根据法学学者的气质和风格将中国当代一些著名的法学学者归为十种流派，即红派、黄派、紫派、灰派、蓝派、彩派、黑派、白派、变色派、绿派，〔1〕归类虽不尽工整，但也足可展示法学学者的个性化特征。正如前文论及的，每个法学学者本质上都是个体上的唯一，其性格特征、人生志向不可能是完全一致的。从表面来看，他们都以法学为职业，但是否也以法学为志业，则不能一概而论。科塞指出知识分子是为理念而生的人，而不是靠理念吃饭的人，在笔者看来，中国法学学者是为法学而生的人，也是靠法学而生活的人，为了生存（不只是生命体意义上的存在），法学学者的人生追求无异于常人，不过财富、名誉、权力、事业等。总的来说，法学学者与法学的关系大致有如下几种状态：一是视法学研究为志业，一生孜孜以求法之真谛，勇于承担作为法学知识分子的道义和社会责任；二是视法学研究为乐趣，不执着、不功利，自在为之；三是视法学研究为职业，在其岗谋其职，认真做事，无所谓喜或者不喜；四是视法学研究为饭碗，无兴趣、不关心，能做到工资养家糊口即可。这些状态与前述人生追求的排列组合就是法学学者的众生相。于是，有的法学学者表现为以法学研究为介质，直接进入政治或商业

〔1〕 匡克：“世纪之交的法学家流派”，载《当代法学》1998 年第 4 期。

领域，有的以法学为武器走向商业、政治领域或者市民社会矫正着法的方向；有的为法呐喊，有的为法流泪；有的把玩法律，有的膜拜法律；等等。

当下的法学界有的学者有典型的公共知识分子特色，他们以互联网、自媒体等为平台，时刻跟进社会热点，及时发出法学界的声音。有的学者则表现为另一种状态，他们一方面执着于法律理想、坚持着法学追求，另一方面又善于与实务部门，尤其是政府进行沟通、协调，他们或者担任院校行政领导，或者兼任涉法机构的相关职务，通过积极参与法治建设的实体性、行政性工作，为法治建设的点滴进步而努力。有的学者在法学界做出一定成绩后会彻底进入实务界，进入实务界后他们就握有了权力，他们会在管理中贯彻、推行自己的法学主张，于是，在我国就出现了独特的法学主张制度化现象。还有的学者则对实务兼职较为超脱，基本不介入，但不代表他们不关心法律实践，他们对社会法律实践一直在进行高水平的学术性关注。

三、法学学者的社会功能

（一）法学学者社会功能之具体内容

劳动分工时代的现状决定，任何个人和组织都必须对社会整体构架有特定之功能，或者说要承担相应的社会责任。霍姆斯说过：“法学院不只是机械地传授法律、培养法律人，更要以宏大深远的方法去教授法律，去教育出优秀的法律人。”〔1〕这也是法学学者需要践行的社会功能。法学学者的社会功能既可从社会的客观配置角度分析，强调法学学者在社会有机体中的作用，也可从法学学者自身的主观认知言说，意在探讨法学学

〔1〕“The Use of Law Schools”, *in The Occasional Speeches of Justice Oliver Wendell Holmes*, Mark De Wolf Howe (ed.), Cambridge: Belknap Press, 1962, p. 36.

者对自身在社会中的价值的内在体认。一定意义上这是一个问题，两者最佳的结合状态是法学学者准确把握了群体对社会有机体的价值，并积极作为，发挥了应有的作用。在笔者看来，法学学者的社会功能可概括表述为如下几个方面：

第一，创造。法学学者的创造功能主要是生产法学知识，这是最基本的功能。法学学者创造的法学知识是一国法治建设、发展的基础。法学知识的创造一般通过科研完成，其物质载体不过是一篇篇学术文章、一本本学术专著。每个法学学者都要有一定的专业方向或者研究核心，各人凭借着不同的研究工具和理念对法律现象作着不同视角的剖析，最后必然会有冲突和对立。法学知识的这种对立性存在和自然科学的不可对立性不同，在自然科学中“地心说”正确，就意味着“日心说”错误。作为人文科学的法学，各个研究者都可以有一套自己论证的真，只要研究者认可并且有自身的严密论证，我们就无法裁判谁是绝对的真，只可以说哪个更合理。比如，对于是真的存在一个实在的法律人共同体，还是只在法律帝国中保持着一个虚构的共同体，论者只可能选择一个观点去论证，或者其论证时必须有一个前提预设。两种观点取向的法学学者其实都是创造知识的，对知识的增量都有贡献。

一定意义上说，法学学者的创造在于对于法现象的不同视角的解读，只有在不断的解读中，才可能使我们对法学问题思考得越来越透彻、清晰，从而才会使人类的法文明不断走向最优。对此，仅从“什么是法”这个概念的解读上就可以看出法学学者的知识创造。时至今日，新一代的学生们再也不会只知法的“阶级意志”，而不识法的普适价值，所以知识的创造绝对不是一个单向度的状态。简言之，法学学者创造法学知识有的是从正面论证“当如何”“是怎样”，有的则是从反面论证“不应如何”“不是怎样”。法学的建构、解构类知识，都是有创造性的知识，其价值都是一致的，即都在致力于建构，只不过有解构式建构和直接建构之别。

社会财富支撑法学学者创造法学知识的目的在于弄清楚与法有关的所有问题，进而指导解决社会中各种各样的法律行为、法律事务、法律关系、法律纠纷等。在此论及指导解决问题，实际上是在无形中就赋予了法学学者另一项职能或责任，即为社会立制。

第二，立法。将立法作为法学学者功能之一来讨论时，法的概念应取其广义，指一切规范意义的制度总和，而不是只指有强制力的法律制度，但无疑，狭义法律制度的建构应是法学学者主要的功能所在。庞德对民国时的中国司法官员曾阐述过如下观点:“法律制度是由理性所发展的经验，并由经验所证实的理性而合成的，据以组织并发展法律的理性，则来自法学院校。国家立法机关所立之法，不经学术论著及司法裁判的阐扬，其影响是有限的。”〔1〕他认为“没有法学家（1awyers)，也可能有各种法律；但没有法学家，便没有法。没有法律教授及学术上的著作给予立法以生命，立法便会消失其功能。这些是法学家的工作，他们是在教学传统中受过良好训练的”。〔2〕

可见，型构一国法律制度体系，法学学者是不可或缺的一支力量，这是法学学者的重要功能之一，需要法学学者通过各种通道参与国家机关的立法活动来完成。实践中，法学学者参与立法是立体、多视角进入的。首先，为数不少的法学学者是

---

〔1〕 庞德:“改进中国法律的初步意见”，载王健编:《西法东渐：外国人与中国法的近代变革》，中国政法大学出版社 2001 年版，第 62 页。

〔2〕 庞德:“改进中国法律的初步意见”，载王健编:《西法东渐：外国人与中国法的近代变革》，中国政法大学出版社 2001 年版，第 63 页。

人大代表、政协委员，这是最典型的制度化路径；其次，基于专家身份被立法机构邀请参与立法，出席专家立法论证会、起草法律草案专家建议稿；等等。此外，还可以基于公民身份主动推动立法，比如，提交规范性文件合法性审查建议等。

除了狭义法律体系的建构参与，对于一切制度意义的规范生成，法学学者都应该积极参与，这与其创造法学知识的功能是互相促进的。法学知识的创造须有社会生活作为源泉，法学知识也要型构生活秩序与规范。经过法学学者指导或者其法学知识影响的各类规范，又可以较好地避免规范之间的相互冲突，对于社会规范整体气场的形成有重要的推动作用。以高校为例，学生守则、学位授予制度、教师职称评定制度、员工考核奖惩制度等，如果有法学学者参与指导制定，这种内部的、下位阶的管理制度，就会与现行的外部法律规范以及基本的法律理念相协调。那么学生诉学校、教师诉单位的现象就会减少，高校后勤腐败等问题在一定程度上也可以得到预防。

当然，很多的社会立法，并不是都会邀请法学学者，如果是一个公司，其内部管理制度的建构可以通过法律顾问的方式邀请到法学学者，而在没有经费支撑的场合法学学者到场的可能性就会降低。不过，功能并不一定要以到场的方式发挥，也就是说，法学学者完全可以通过主动研究的方式，发挥其准确判断、切中要害等专业特长，进而关怀社会立法。比如，一篇“中国高校学生守则的法理分析”，辅以社会学、教育学等的研究方法，或许即可对整个国家高校学生管理制度的完构形成推动。

第三，教化。教化功能于法学学者而言，首先所指的当然是如霍姆斯所称的“教授法律，教育法律人”，这是法学学者的本职，除此之外，法学学者还应承担更重要的社会教化责任。

法治是一个立体的工程，形式意义上的法律制度体系很容易集人才、物力，在短时间内成就，但真正的法治实现需要的却是文化、理念等精神、内质层面的支撑。随着中国法学研究的一步步前行，近几年法学界已经以一种群体的姿态，认识到了法治文化乃法治根本。换言之，法治文化是保证法治工程质量的根本，而文化只能通过点滴细微的说教化约而完成。也就是说，法学学者自主创造了法学理论、协助建构了法律制度，还要有意识地与其他群体协作，以承担起培育法治文化的社会责任。引导法治文化，这是法学学者最模糊但也最重要、最根本的功能，也是其创造功能的延续，立法功能的扩展。

人类复杂的社会关系网需要法学学者用高超的逻辑手段去梳理，社会主体之间庞杂的行为规范需要法学学者利用其法学思辨工具去总结，层出不穷的法律纠纷需要法学学者给予法理解析。如果法学学者的研究成果只是在法学的圈子里自行把玩，那么法学学者就缺失了知识分子的道德要素，只不过是一个“法学知识者”，难称为“法学学者”或“法学家”。分子必须与其他分子整合才可以成就完整、健康的机体。法学学者的研究成果一定要通过评判得以转化，其精神、理念一定要用来影响社会公众，一定要揭示各种非法治、反法治的文化现象，将法治文化与其他文化展示在公众面前，进行渗透和较量，去提升社会整体的理性水平。

社会中的是非曲直需要法学学者做出表态，如果法学学者总是缺场，则其功能发挥就存在瑕疵。对法学学者来说，培植社会法治文化的路径主要是评判、言说。载体则应是多元的，法学学者写专著、出论文固然重要，这种形式尤其有助于学术共同体的专业交流，但绝不意味着其他方式的思想传播不重要。就近几年来看，互联网与影视传媒对文化的引领能力显然要强于核心期刊。比如，一些知名法学学者的博客访问人次动辄几百万人，而他们的学术论文的受众则远低于此。所以，法学学者功能的发挥在理念、路径、平台等各个方面都需要认真对待。在这个问题上，法学学者群体，甚至法律人共同体的力量都可以整合。比如，国外的法律电影经典很多，法国的《Z》《落跑陪审团》，日本的《即使如此也不是我干的》《刑法第三十九条》，美国的《死囚 168 小时》《肖申克的救赎》等等。网友“十一月的雨”整理的 150 部法律电影中，〔1〕中国制造者寥寥，有限的几部如《秋菊打官司》《被告山杠爷》也已经被法学界聊了很久。中国的影视作品乡土、历史、谍战、言情者居多，涉法题材的作品少有精品。在笔者看来，为法治思想养成开展的“X 五普法”“法律人在行动”等各种声势浩大、波及全国的程式性、填鸭式活动，效果远不如利用法学精英们的智力制作一些普法类影视精品。

（二）法学学者社会功能之实现条件

从外在的角度分析，法学学者实现社会功能，践行社会责任的条件，首先是政治性条件。前已述及，法学学者有近政治的特征，而这种特征本质上与法学学者所研究的专业内容有关，而不是说与法学学者的个人性格有重要联系。法学学者实现其功能的条件，最重要者即在于政治家的执政理念与法治意识。正如费孝通所言：“法治并不意味着法律本身就能统治。法律还得靠权力来支持，靠人来执行。”〔2〕政治官员和法学学者的区别之一是他们的行业归属不同，当然，更大的区别是政治家群体内部的等级序列远大于法学学者群体，法学学者内部关系基

〔1〕“法律题材电影汇总”，载 http://i.mtime.com/mxl117/blog/5105097，访问日期：2016 年 6 月 26 日。

〔2〕费孝通：《乡土中国　生育制度》，北京大学出版社 1998 年版，第 48 页。

本是平等的，法学学者之间如果真的存在了领导与服从的客观要求，那一定不是基于法学学者的身份，而是基于政治人的身份，比如，有的法学学者兼有了院长、校长职务等。一个没有行政职务的博士生导师在行政管理关系中应当服从一个哪怕只是副教授的系主任的领导，但学养低的法学学者在学术上只能是受学养高的法学学者的影响。为什么会如此？皆因法学学者掌控法学思想，政治官员掌控国家权力。

没有政治力量的支撑和协助，法学学者能不能发挥其功能呢？当然能，但只能以思想的生效模式慢慢向社会渗透其力量。这种思想渗透非常漫长，而且在中国还要与另外一些已经渗透了几千年的儒释道等思想进行对抗、整合，法治思想的影响力见效会更慢。如果政治家的治国取向与管理理念受法治思想影响较深，则其即可将这种思想的影响力，与自身对国家与社会的强制支配力结合在一起，以法治的理念实现执政与社会事务管理，如此，法学学者的功能就会得到最大化的发挥。

可能会有人认为，依如上推论，让法学学者执政岂不是可以发挥更大的功能？问题是社会分工已然成为客观必须，如果法学学者取代政治官员，其法学贡献还会继续吗？事实上，一个法学学者一旦沾染上政治官员的思维习惯，其对法学的贡献就会大打折扣。法学学者能做的最有益的工作，不过是认真创造理论、型塑规范、扩大教化，将政治家以及其他社会群体锻造成为内心认可法治，推崇用法律解决问题，讲究实践理性、程序正义等的广义法律人。当然如此论述，并不是说反对法学学者从政。从事什么职业实在是一个公民的自由，一个曾经是法学学者的人从政当然也是不错的，因为至少其法学知识是有的。但法治理念是否具备则不能一概而论，这和一个佛学博士精通佛学知识，但不一定当佛教徒是同一道理。从另一方面来说，一个精通法学知识但却不具备法学理念，不崇尚法治理想，甚至不遵守法律规范的人，混迹在法学学者队伍中，对法学也是一种损害，对其个体的劳动力也是一种浪费。

正是从这个意义上分析，笔者并不赞同有些学者所主张的观点，即打造一个强有力的法学学者共同体或法律人共同体，最终实现法治超越政治。我们追求法律人（广义）之治，而不是法律人（狭义）的治理。法治是政治家的一种理性、功利的选择，但真正的法治不是仅将法治工具化，而是理念化、文明化，政治家能否达到如此境界，就是法学学者的功能发挥问题了。

其次是社会性条件。假设政治官员为了实现法治，给予法学学者强有力的政策支持，优化财富分配机制，让法学学者衣食无忧或者达到不少学者所提出的中产水平，支持法学学者开展自由的学术研究，不设基本原则，不设雷区，鼓励法学学者发表独特观点，推动社会法治论辩等，这也只是为法学学者功能发挥提供了最基本的条件。学者法学思想影响力的扩展，更需要社会性条件的支持。这种社会性条件也可以简单地概括为经济与文化，具体来说，则是社会公众的生产、生活和文化等发展的水平、模式。

如果人们的生产、生活水平还很低，不需要现代化的合作，人际关系则不会太过复杂，社会关系网简单，法治的效力空间就很小，风俗、习惯等足以应付社会生活的规范之需。我们的社会并不完全契合社会学家的学理划分，现代或后现代更多是一种现象归类，即使存在客观现实，也绝不是整齐划一的。其实这也恰好是法学的一个研究课题，即法治并不是一个可以纯粹构想的乌托邦社会状态，法治的理想必须落入凡间，去面对纷繁复杂的社会事实。法治是一种规范、理性之治，也是一种包容、能动之治，只不过前者是静止的法治构想，后者是客观存在的法治发展过程，我们需要警惕的是法治社会中的能动、多元纠纷解决机制哪些是法治框架下的，哪些已经冲出了法治的天空。

再论社会的文明状态。文明是多种因素结合所呈现出来的一种社会精神状态。文明与经济有很多关系，但也不完全吻合。比如，卡塔尔的人均国内生产总值不逊于美国，但两国的文明特征却有很大差别。就一个社会来说，制约文明形成的因素有很多，历史传统、全球化水平以及人们的受教育水平等都很重要。中国当下的文明水准，正如社会学家所概括的，处在转型时期。中国传统人治社会所形成的规范认知还具有很大的生命力，并且不只是对规范的认知，传统文化对政治治理理念存在更大的影响力，而对政治的这种影响又会间接地影响到政治角度对法治的支持力。其中，人治思维的影响甚至可以波及法学学者的学术研究，因为法学研究必是既要借鉴法治国家的普适性研究成果，也要结合本土社会实际。当法学学者的学术认知水平不足或研究理路走偏时，他们就或者无法将人治文化中与法治相冲突的因素剔出，或者被这些因素牵制了研究的视野。这些都会制约法学学者功能的发挥。

最后是专业性条件。这是法学学者功能发挥条件中唯一应由法学学者独自承担责任的条件。法学学者的学术研究状态是单兵作战、集团效应式的。在研究的过程中，其状态是学者所述的自治与多元的，他们能独立思考，用自己的语言表达自己的科研成果，能坚持己见而不畏强权，敢于并勇于表达。[1]个体的独立思考可以拓展问题思考的深度和广度，这种研究状态可

〔1〕谢晖："理解和解释：法学学者心境的法律图像（下）"，载《河南省政法管理干部学院学报》2003 年第 3 期。

以保证法学学者的科研发挥集团效应的力度。当然在从个体的研究到生成效应，法学学者们的专业建构合力必然形成，这就类似前述学者所言的多元整合。其认为这种整合分为两类：一是学者之间的自整合，二是程序性的制度整合。[1]其对程序性的制度整合论证并不清晰，在笔者看来，法学专业力量整合可以被细分为三个环节：一是学术共同体内部的理论整合。也就是说，法学的“真理”是必须在学术共同体中形成的共识，这种共识使法学学者产生了一种思考法律问题的前见。理论整合所依赖的路径是学术交流与论辩，法学界应在不断的交往过程中寻求共识，共同的前见越多，法学界影响社会的合力越强。法学界的共识不断地向社会输送后，就会化解因为学术多元解释而导致的混乱。二是社会的整合。学界形成共识，不代表就会当然成为社会公众的共识。法学知识转化需要通过公共舆论平台，在这些舆论平台上，法学学者作为公众会不断地与其他公众进行认识对接。在这一过程中，法学学者不断地教化其他公众，其他公众的认识也会不断矫正法学学者的认识，进而对其法学理论进行持续的修正。三是制度的整合。当法学学者的理论与公众的认识达到一定程度的契合时，法学学者就可以通过立法程序，将经由社会整合的具有规范价值的法学理论上升为规范意义上的法律制度。

法学学者社会功能的实现条件，还可从法学学者自身的主观认知角度来分析。从法学学者本身来看，作为学者的人生价值的实现，学术研究成果的效能转化，与法学学者的学术理念、性格特征、人生诉求、职业平台等都不无关系。

一个法学学者一旦出现了事关人类伦理上的学术取向错

---

〔1〕谢晖：“理解和解释：法学学者心境的法律图像（下）”，载《河南省政法管理干部学院学报》2003年第3期。

误——比如，二战时为纳粹政治服务的那些法学理论——用今天的眼光来考量，其伦理取向错误的那部分法学理论，在常态政治下就不能有发挥功能的空间。法学学者的学术理念离真善愈近，则其对社会法治建设贡献的正能量愈多，持续性也愈长。因为只有秉持恰当的研究理念所形成的法学智识，才能与其他人文学科的优质思想成果在精神上实现对接、联通，构成文化合力，最终才可能推动文明的形成。

再看人的性格。人的性格形成与历史、文化、家庭、遗传、教育、环境、性别等多种因素有关。一个人的性格虽然有无法改变的内在制约因素，但后天的养成对性格绝对可以起到很大的矫正作用，否则所谓“性格决定命运”的说辞就不会起到激励人心的作用，而只会让人相信宿命并放弃上进。法学学者后天的专业训练，对其性格也一定会产生很大的影响。一个经过法学知识和教育的熏陶与训练，并长期进行法学思考的法学学者，其性格中一定具备责任意识、权利意识、证据意识，客观、理性、是非分明，甚至保守等因素。有些性格取向甚至是法学学者必备的，比如理性。依许章润的观点，法律从业者作为“行走着的法律理性”，规则性、现实性、时代性、保守性和价值性等法律理性的内在逻辑品质，是法学家在内的法律人职业伦理的直接源泉，是类似于“摩西十戒”般的“天条”。[1]

在面对诸多社会事件时，理性等法学专业性格，能保证法学学者分析问题超脱于自身的地位、利益等，讲究推理的逻辑性与系统性，关注方案的可行性、实证性等。法学学者的专业性格是其区别于其他知识分子的特征，即使面对恶性刑事案件，法学学者也一般不会感性地提出“不杀不足以平民愤”的学术

---

〔1〕 许章润：“法律的实质理性——兼论法律从业者的职业伦理”，载《中国社会科学》2003 年第 1 期。

观点，更不会加入舆论暴力实施行列。他们会思考犯罪嫌疑人有没有刑事责任能力，能不能认定自首情节，相关判决能不能征求民意等问题。比如，身负数 10 条人命的周克华被当场击毙，百姓一片叫好，媒体集体狂欢，公安部忙于嘉奖时，法学学者则应该思考公民（而不是“悍匪”）周克华的犯罪证据是否确实充分，其犯罪的动机与成因是什么，警察的抓捕是否存在权力滥用和受害人救济制度如何建构等问题。一般来说，在一个法学学者的性格中，与专业取向相融洽的性格成分越大，其对社会的专业性贡献就越大。

最后讨论法学学者的人生诉求对其所担当的法治责任的影响。人生诉求是一个人在内心对自己人生目标的定位。一个人的人生诉求既不可能是一元的，当然也不是一成不变的，但其对个体的职业行为选择有内在的推动和制约作用。能担当起法治建构责任的法学学者，至少在其身份是学者期间，人生诉求中对法治的尊重、重视甚至追求是不能缺失的。反之，法学如果只是其谋生的工具，有用则用，无用则搁置或抛弃，其对法治建设的贡献效能也将大打折扣。

CHAPTER 02 第二章

法学学者的立法参与

此处所关注的立法参与是特指法学学者围绕国家制度规范建构活动而开展的各种参与行为。典型所指则是法学学者参与法律、法规、规章等的创制活动。在学界，江平教授是“积极倡导和力行法学学者参与立法，完善国家立法体制，提高立法质量”[1]的学者之一。在其口述自传《沉浮与枯荣：八十自述》一书中，江平教授详细地口述了从1954年到2007年《物权法》出台的六十余年中以民法典（后改为《民法通则》）为轴心的各民商事法律制度的制定过程，每次都是由全国人大组建专门班子，学者是不可或缺的一支力量，每次都有数量不等的专家学者参与其中。

事实上，法学学者之所以成为立法活动中的必有参与者，并不是立法机关的理念开明或者法定程序使然，而是由立法活动本身的特征决定的。第一，立法不只是创立法律。宪法、法律、行政法规、地方性法规、自治条例和单行条例、具有法律效力的部委规章、地方政府规章、“两高”司法解释、军事法

〔1〕 周恩惠：《走近新中国法学大家》，中国人民公安大学出版社2009年版，第55页。

规、各种条约等，以及行政规则（俗称“红头文件”）等都可被称为是广义的立法，这就决定了制度规范的数量庞大，体系复杂。可想而知，在中国，立法工作将是一项多么繁杂的工程，上下位制度规范之间的冲突、抵触，不同地域、民族之间状况的平衡、兼顾，上位法修订之后的联动制度修订工作等，没有专业的法学学者群体从理论上和技术上进行指导、协助，整个国家的制度体系将无法得到很好的协调。

第二，立法过程不同于立法程序。立法程序是我国《立法法》所规定的全国人大及其常委会行使立法权的法定步骤。然而“立法程序不是孤立的现象，不是简单、封闭的工作流程，它和立法的其他方面有着非常紧密的联系，特别是立法活动过程作为立法程序运行的场所，对立法程序有重要的影响”。〔1〕也就是说，立法活动过程是一种动态的、行进着的、有诸多工作人员分工合作参与其中的过程。在这个过程中，立法法定的步骤得以顺利完成。有学者分析，立法活动过程主要分立法准备、从法案到法、立法完善，此外还有贯穿于整个立法过程中的立法监督。〔2〕立法准备这一环节基本须由专家学者作为人力资源。人大代表则只需要完成从法案到法这一阶段的立法步骤，即提案、审议、表决、公布。而立法之后的修改、补充、废止、编纂、解释等程序的后台工作如果没有法学学者的智力支撑，立法机关也是很难完成的。

第三，立法权主体、立法者不同于立法工作者。正如西耶士所言“唯有国民拥有制宪权”，民主国家的制宪权、立法权本

〔1〕 赵颖坤：“当代中国立法的社会背景分析”，载周旺生主编：《立法研究》（第4卷），法律出版社2003年版，第37页。

〔2〕 赵颖坤：“当代中国立法的社会背景分析”，载周旺生主编：《立法研究》（第4卷），法律出版社2003年版，第37～38页。

质上属于人民，但国家作为一个政治组织体，政权需要拆分为不同权力，进而配置到特定的国家机关。仅以《立法法》为例，该法中提及的可以立法的机关至少有：全国人大和全国人大常委会，国务院，省、自治区、直辖市的人大及其常委会，设区的市的人大及其常委会，民族自治地方的人大，国务院各部、委员会、中国人民银行、审计署和具有行政管理职能的直属机构，省、自治区、直辖市和设区的市的人民政府等。这些机关都可以被称为立法权主体，尽管有的本质上是行政机关、司法机关、军事机关等。在这类机关中有法定权力参与法律制度创制的人，包括提起法案、参与审议、进行表决的代表、委员、职能机关负责人等可以被称为是法定的立法者。而立法工作者群体当然可以是周旺生所说的“不具有立法权或立法性职权，但参与立法活动、对立法能起作用，在立法主体的法制工作机构或其他机构从事立法工作的国家公职人员”。〔1〕但除此之外还存在更多的立法工作者，但他们可能既不是代表、委员，也不是国家公职人员，而是来自社会各行各业，法学学者即身居其中。2004 年，重庆市人大常委会给组成人员个人配置了立法助理，而上海、成都等地也都有类似举措。浙江、山东、湖北、广东等地则成立了立法咨询组、专家库，目的为发挥专家的智囊作用，避免立法疏误、提升立法品质、增强立法正当性。〔2〕正是在这样的背景下，法学学者参与立法实践活动才那么丰富和活跃，甚至成为社会其他行业中参与立法工作的绝对主力。如2009 年，浙江人大第二届地方立法专家库共83 人，其中法学

〔1〕 周旺生：《立法学》，法律出版社 2009 年版，第 194 页。

〔2〕 郝战红：“立法过程中专家咨询制度的多维面相”，载《法学杂志》2012 年第 2 期。

类专家达41人。[1]更早的如上海市人大第二届专家咨询组14名专家学者中，来自法学科研院所的就有10人。[2]江苏也设有立法专家咨询组，其成员2003年17人，2008年51人，2013年23人。[3]

基于此，党的十八届四中全会《关于全面深化改革若干重大问题的决定》（以下简称《决定》）指出要“深入推进科学立法”，要“探索建立有关国家机关、社会团体、专家学者等对立法中涉及的重大利益调整论证咨询机制”；修订后的《立法法》对专家参与立法论证作出了诸多刚性设置；全国人大常委会提出要“健全立法机关主导，有关部门参加，专家学者、企业事业单位、人大代表和人民群众共同参与的立法工作机制”，研究落实“立法专家顾问制度”。[4]专家学者成了型构中国特色社会主义法律体系不可或缺的一支力量。

法学学者的立法参与行为，可见于立法活动过程的每一个环节和时段，方式方法也表现得相当多样化。他们可以参加任一立法环节的立法论证、听证，可以协助完成立法规划与计划，可以代为起草法律草案或提供专家意见稿，可以提出规范性文件合法性审查建议以促进法律完善等。对此，曾有学者作过归纳，指出我国法学学者参与立法的实践形式有：召开座谈会、论证会，委托专家开展立法调研，专家起草建议稿，立法顾问

---

〔1〕柴燕菲、赵晔娇：“地方立法专家库：科学立法的‘创新之举’”，载《中国人大》2009年第3期。

〔2〕“发挥专家学者的智囊参谋作用——第二届市人大常委会立法咨询组日前成立”，载《上海人大月刊》1996年第7期。

〔3〕江苏人大“立法专家库”栏，载 http://www.jsrd.gov.cn/lfgz/lfzjk，访问日期：2016年6月26日。

〔4〕“全国人大常委会2015年立法工作计划”，载 http://www.npc.gov.cn/npc/xinwen/lfgz/lfdt/2015-05/25/content_1936926.htm，访问日期：2016年6月26日。

或咨询团队，专门的立法研究机构，聘请立法助理。[1]这些参与行为有的是法学学者主动为之，有的是应立法机关邀请而为之；有的学者将这种参与理解为民主参与，有的则理解为专业技术参与；有的是短时间、偶发性参与，有的是长期职业化的参与；有的高调宣示参与，如有的科研院所一旦有研究人员入选专家库，即大为宣传，以为荣誉，有的则低调介入；等等。

在本章中，笔者将以法学学者开展的三种主要的立法参与行为作为标本进行全面分析。一方面意在展示法学学者在立法参与过程中的多维面相，另一方面也将剖析各种参与行为背后存在的问题。

一、专家立法论证

（一）由来和发展

对立法论证问题，前已述及，党的十八届四中全会《决定》指出要“深入推进科学立法”，要探索建立立法中涉及的重大利益调整论证咨询机制。为落实中央的这一部署，修订后的《立法法》对专家参与立法论证作出了一系列可操作的程序设置。《立法法》第34条规定：列入常务委员会会议议程的法律案，法律委员会、有关的专门委员会和常务委员会工作机构应当听取各方面的意见。听取意见可以采取座谈会、论证会、听证会等多种形式。法律案有关问题专业性较强，需要进行可行性评价的，应当召开论证会，听取有关专家、部门和全国人民代表大会代表等方面的意见。论证情况应当向常务委员会报告。法律案有关问题存在重大意见分歧或者涉及利益关系重大调整，需要进行听证的，应当召开听证会，听取有关基层和群体代表、

---

〔1〕朱力宇、熊侃：“专家参与立法的若干问题研究”，载《法学杂志》2010年第2期。

部门、人民团体、专家、全国人民代表大会代表和社会有关方面的意见。听证情况应当向常务委员会报告。常务委员会工作机构应当将法律草案发送相关领域的全国人民代表大会代表、地方人民代表大会常务委员会以及有关部门、组织和专家征求意见。《立法法》第67条规定：行政法规在起草过程中，应当广泛听取有关机关、组织、人民代表大会代表和社会公众的意见。听取意见可以采取座谈会、论证会、听证会等多种形式。行政法规草案应当向社会公布，征求意见，但是经国务院决定不公布的除外。从如上规定我们可以探知，立法者对立法论证的定位如下：①立法论证的本质是立法机关在立法过程中听取意见的形式；②虽然听取意见是必经程序，但立法论证只是备选形式之一；③如果法律案所涉问题专业性较强、分歧较大、涉及利益关系重大应进行听证或论证，听取包括专家在内的各方意见，结果必须报告常务委员会；④立法论证会召开与否、组织何人参会由立法机构决定；⑤立法机构即使不召开立法论证会，专家意见也是必须征求的立法意见之一。

从理论上来看，立法论证是针对立法工作中的相关问题而开展的，以专家学者为主要参与者的分析与论证活动，目的在于为立法者的立法工作提供参考与决策咨询信息，协助其制定出高质量的法律。立法论证与立法听证严格来说是有区别的：论证强调专业性、技能性，听证强调代表性、民主性；论证目的在于让所立之法更合理，听证价值在于让所立之法更合法。汪全胜在《制度设计与立法公正》一书中专章讨论了立法论证问题。其指出“立法论证贯穿于立法的整个过程”，“可以发生于立法之前，对立法的必要性与可行性提供论述与证明；也可以发生在立法过程中，对立法运行中出现的有关内容与形式方面的问题提供论述与证明；还可以发生于立法完成之后，对立法的实际可操作性以及立法的质量评价提供论述与证明”。[1]也就是说，《立法法》只是呈现了从法案到法这一法定立法进程中的立法论证，事实上，立法论证在整个立法过程中都是存在的。

虽然我国立法工作总体上表现出了由权力主体推动的特征，但从知识占有角度来分析，随着立法门类的增多和技术的发展，一些专业性要求很高的、以体现民主为主要追求的立法工作，身兼数职的中国人大代表及其常委会委员可能难以胜任。他们的立法行动在本质上受制于研究相关问题的专家学者，专家学者可以通过学术文章、会议宣讲、立法建议稿等多种形式完成立法论证。一个立法议题如果没有专家学者的研究推动是不可能在立法工作中得到凸显的，也很难被立法者列入立法规划之中；即使因社会管理所需列入了立法规划，没有专家学者的论证，所立之法也很难体现出良好的法的风貌，最多也不过作为有效的管制之律而已；即使通过移植、抄袭先进的立法版本，使其与本法域、本地域、本系统其他法律法规规章的协调统一，也是一项专业性很强的工作，没有法学专家学者的研究论证，依然难以实现立法体系的协调与立法质量的优化。

法学学者参与立法论证，最集中体现在立法准备阶段。在这个阶段，无论是立法议题的确立，还是立法规划、计划的制定，又或者是法律草案体系、条文的起草，无不贯穿着相关的论证。每一个问题的论证都是一个小的研讨专题，法学专家学者必然是其中之主力，多数立法学学者在论述立法准备程序时，都提及了立法助理制度，即表明这一点。美国国会有立法助理人员三万余人，他们的工作职责有：帮议员个人拟定讲话稿、处理选民来信来访等；帮参众议院委员会委员拟定日程、组织

---

〔1〕汪全胜：《制度设计与立法公正》，山东人民出版社2005年版，第155页。

听证会、起草报告等；就国会立法等工作提供信息和调查研究、咨询服务等。[1]这些事务在中国立法程序中事实上是由负责各项具体事务的幕后的立法机关工作人员和专家学者共同承担的。其中，立法机关工作人员负责程序性事务和一部分简单的立法实质事务，专家学者则承担了很大一部分确定立法内容的隐性责任。对这一群体在立法中的价值，有研究者曾作过专门的探讨。尽管其主要论述的是法律工作委员会中的工作人员，但从对这一群体的定位来看，其显然已经将作为智囊团意义上的、独立于立法机构之外的法学学者包括在内。其指出这一群体"是立法资源议题的组织者，是立法文本的起草者、立法进度的调节者、立法争议的协调者和立法意义的阐释者"[2]。立法机关对法学专家学者的立法论证也无不寄予期望。如济南市成立立法咨询委员会时，即通过章程明确规定该委员会的职责有：为地方立法的项目的确定和规划、计划的制定进行调研论证；经委托负责和参与地方性法规的起草；对提交常委会讨论的地方性法规草案和已经实施的地方性法规提出修改建议和意见等。[3]重庆在2004年实行立法助理制度时，规定立法助理的任务是：就重庆市地方性法规草案提出审议建议；就全国人大常委会征求意见的法律草案提出意见；针对地方性法规草案开展调查研究，查询相关资料，收集各方面意见，以及提供与地方立法工作有关的其他法律服务供委托人参考。[4]可以预想，随着地方

---

〔1〕 蔡晨风："美国国会助理人员及机构"，载《人大研究》2000年第6期。

〔2〕 卢群星："隐性立法者——中国立法工作者价值重估"，浙江大学2012年博士学位论文，第2页。

〔3〕 "济南市成立地方立法咨询委员会"，载《人大工作通讯》1994年第12期。

〔4〕 "立法助理制度在重庆市正式建立——立法助理上任"，载 http://news.sina.com.cn，访问日期：2016年6月26日。

立法主体数量的陡增，立法要求逐渐提高，法学专家参与立法论证将不可或缺，立法实务部门与科研院所的联系将更为常态化。

当然，参与立法论证的专家不只是法学专家，经济学家、社会学家、人口学家等都有可能身在其中。但从频率和作用来看，法学学者因为精通法律术语，对立法技能熟稔，加之熟悉整个法律体系的内在结构，也了解相关法律制度的全球化趋势，而必然是参与立法论证的当然主体，也是发挥作用最为明显的群体。

（二）内容和作用

法学专家参与立法论证的作用可以从两个视角来分析：一是立法，二是法学知识增量，此处笔者主要关注前一视角。论及立法论证的功能和意义，汪全胜列举如下：①启动立法，即只有论证了立法的必要性，立法才可能提上日程；②确保条件，即只有经过可行性论证后才可能确保立法之条件具备；③促进立法进程，即只有对立法进程中出现的任何问题及时论证解决，立法程序才可能顺利推进；④保障立法实施，即立法实施的外在条件也需要进行论证。[1]他认为，共性的立法论证内容包括对立法的必要性、可能性、合理性、合法性、可行性等的论证。[2]

结合这一理论前提，法学学者的立法论证内容和作用大致如下：首先，法学学者是论证立法必要性和可行性的主控者。这类论证行为处在立法的准备阶段，而立法准备阶段在中国的

---

〔1〕 汪全胜：《制度设计与立法公正》，山东人民出版社 2005 年版，第 156 页。

〔2〕 汪全胜：《制度设计与立法公正》，山东人民出版社 2005 年版，第 160 ~ 164 页。

立法中少有规定。《立法法》对行政法规立法准备有如下规定：一是国务院有关部门可就行政法规的制定，报请立项；二是国务院法制机构应拟订国务院年度立法计划，报请审批；三是行政法规在起草过程中，应当广泛听取的意见。起草工作完成后，起草单位应当将草案及其说明、各方面的不同意见等送国务院法制机构进行审查。实践中，第九届全国人大常委会首次提出立法工作要有年度计划、五年规划、长远纲要。学界则早有关于立法预测的研究结论。〔1〕事实上，对立法准备于立法的重要价值，正如赵颖坤所分析的：因为正式立法阶段在一定程度上的仪式性色彩，多数法案是以压倒性的多数通过，使决定法案命运的阶段前移，立法准备阶段于是在不知不觉中起到了实质性的决定作用 。〔2〕

那么，下一个问题即是“谁是立法准备阶段的主宰者”？有论者认为是“立法工作者”，即各人大法制工作委员会中的工作人员。该论者以自己多年工作的亲身经历说明立法工作者对“制定立法规划与年度计划的最终确定起着实质性的作用”。作为隐性立法者，他们是立法资源的守护者和分配者，是立法蓝图的重要设计者。〔3〕但从职业地位分析，该研究者所称的立法工作者一种是单纯的人大工作人员，一种是兼有代表、委员身份的人大专职工作人员，真正法制意义上的决策权并不在“工作者”这一身份上。所以他也指出：“立法必然存在严格的体系与规范标准，亦存轻重缓急之分，这就要求立法工作者收集各

〔1〕 早在1988年倪建民、沈志坤、公丕祥即著有《法律预测的理论与方法》一书。

〔2〕 赵颖坤：“立法过程与立法程序”，载周旺生主编：《立法研究》（第2卷），法律出版社2001年版，第237页。

〔3〕 卢群星：“隐性立法者——中国立法工作者价值重估”，浙江大学2012年博士学位论文，第59页。

种立法思想和主张，必要时进行论证与取舍，并将相关的信息进行汇总后提交立法者供其参考，协助立法者决定对特定的社会领域是否立法、立以何法、以何立法，据此，立法工作者具有了调查的权力和便利。”〔1〕法学学者作为社会法治现象的分析、概括者，立法思想和主张的供给者，分析立法信息与调查材料的方法论提供者，理所当然地成了该研究者所称的立法工作者这一隐性立法者背后的更大隐者。他们的研究成果直接或间接地影响着立法的进程，一个规范议题能否进入立法的界域，法学学者的知识权威地位，以及他们中为数不少的作为立法机关立法咨询员的影响至少是不能忽视的。立法工作者尽管具有立法的经验与技术技能，但却只能是立法理论、规范知识的消费者而不是生产者。即便在有些立法程序中立法工作者表现得如同生产者，其生产过程中的原材料配比、产品质量也须由法学学者主宰。这一点，《民法通则》的立法过程最可体现。该法由全国人大法工委直接来负责起草，但佟柔、王家福、魏振瀛、江平等则担任顾问，负责立法把关，保证立法质量。

其次，法学学者是论证法案与制度体系协调性的工程师。法学学者在进入专业的纵深研究前，其相关专业基础知识是经过系统训练的。换言之，其相关研究是在掌握体系的情况下，至少是对体系熟知的情况下展开的。这样的论证参与者可以较准确地把握拟立法案与现行《宪法》及其他法律的协调性问题。比如，在2007年通过的《突发事件应对法》的立法过程中就出现了制度协调方面的问题。一方面，该法最初的设想是立“紧急状态法”，但因2004年以前《宪法》依据缺失，所以不能立“紧急状态法”。2004年第四次修宪后因有了宪法依据，“紧急

---

〔1〕卢群星：“隐性立法者——中国立法工作者价值重估”，浙江大学2012年博士学位论文，第58页。

状态法”立法即刻提上日程。另一方面，在具体立法过程中，又因学者论证了紧急状态法的适用背景与宪法运行的冲突问题，最后将具有宪法意义的立法，次而定位为制定一部行政法意义上的《突发事件应对法》。〔1〕再如，关于《物权法》如何通过宪法之门的问题，从问题的发现到问题的辩论及解决无不借助于法学学者之智力支持。

也许有论者会说，事实上很多与制度体系不相协调的法律草案条文也都是由法学学者本身起草的。在笔者看来，这其中存在着个体与群体、小群体与大群体之间的力量整合问题，如果能保证法学研究的自由和立法过程的民主，这一点是可以弥补的，对于立法的贡献应以法学学者的群体贡献为考量。立法是一个民主协商的过程，法学学者参与立法论证也应是一个群体辩论的过程，最后在不断的辩论过程中，去寻找最佳的或者最不坏的立法方案。比如制定民事法律，民法学学者主导的立法进程可能忽视宪法、行政法的协调问题，但宪法、行政法学者的参与，就可能化解这一问题。

最后，法学学者还是立法过程中具体问题最佳解决方案的提供者。具体的立法过程不可能总是一帆风顺，尽管在中国法案三审过后，一般都多数会高票通过，但在拟订草案、提交审议等过程中，立法的进程总会遇到突如其来，但又合情合理的问题。这时，解决问题的方案多数由法学学者提供，决策者可能会表现出最终解决者的姿态。但在笔者看来，其更多是在法学学者提供的多种方案中作出抉择而已。比如，《民法通则》这一取代民法典的法律的制定和通过过程就体现了诸多法学学者的智慧。又如行政立法领域，立法机关领导最初的设想是制定

〔1〕吴晓杰：“突发事件——从热词到写进法律”，载赵信主编：《片断－细节：60年60部法律》，中国法制出版社2009年版，第92～94页。

“行政法大纲”。但在推进的过程中，曾任行政立法研究组组长的江平教授的论证思路最后得以落实，即行政法大纲的制定不现实，应先程序后实体，所以《行政诉讼法》得以顺利出台。〔1〕《行政处罚法》第一次在中国法律中规定了听证制度，但当时对选用“听取意见”“公听会”，还是“听证”出现了争议。最后，罗豪才的主张，即用“听证”的观点被采纳。〔2〕《著作权法》立法时，关于叫“版权法”还是叫“著作权法”的问题，最后亦是江平、刘春田、郑成思的观点被采纳。诸多立法细节问题的存在极有可能阻止立法之进程，而解决这些问题的智慧往往属于法学学者，这些细节的、具体的问题的解决论证，正是建构法治大厦的重要推力。

在《突发事件应对法》的首次审议期间，草案中规定：“新闻媒体违反规定擅自发布有关突发事件处置工作的情况和事态发展的信息或者报道虚假情况，情节严重或者造成严重后果的，由所在地履行统一领导职责的人民政府处以五万元以上十万元以下罚款。”这立刻引起了媒体界的强烈抗议，一时舆论哗然，专家学者也纷纷撰文批评，各种解决方案被汇总到了立法机关那里，最后，中国社科院的法学学者们的观点被采纳。他们的意见是“我们现有的媒体管理规定比草案更为全面、严格，许多其他法律责任形式都比罚款更为有效”，因此建议取消这一规定。〔3〕其实在立法过程中，引起很大争议的往往也是各方主体的利益冲突所在。就《突发事件应对法》的这一规定来看，政

〔1〕 江平口述，陈夏红整理：《沉浮与枯荣：八十自述》，法律出版社2010年版，第299、337～339页。

〔2〕 李国民：“行政处罚法：因处罚‘乱象’而生”，载赵信主编：《片断－细节：60年60部法律》，中国法制出版社2009年版，第45页。

〔3〕 吴晓杰：“突发事件——从热词到写进法律”，载赵信主编：《片断－细节：60年60部法律》，中国法制出版社2009年版，第94页。

府关心的是国家管理秩序和应急效率，媒体关心的是传媒人的新闻自由权，一般公众关心的是公民的知情权。法学学者作为社会中人，尽管也会有一定的倾向，但长期的学术训练和劳动分工决定了只有他们才能相对中立且快速地从法律体系中寻找到解决方案，并说服立法机关通过法律，从而保全民众诉求，满足媒体所愿。

此外，一部法律实施后，在运行的过程中必然存在废除、修改等问题，这些问题多数会在法学学者进行学术研究的过程中得以发现和归纳，进而被放大并引起关注。可以说，这类论证是法学研究的副产品，但对法律制度的完善却是极为重要的。

（三）可能存在的问题

（1）地位的被动性。论证是一个只要能保证言论自由即可开展的行为，因此似乎没有什么能阻挡法学学者参与立法论证，也就不存在所谓的被动性问题。因此，此处的被动性是指那些法学学者不能自由控制的参与部分。简单来分析，其表现在如下两方面：

第一，在形式上，由立法机关在立法过程中主动召开的座谈会、论证会等，法学学者是被动的，未受邀请则无法参与其中。而在这种特定机关组织的于特定时间、地点召开的论证会中，由于主办方的宣传行动高效有力，论证观点的社会关注度和影响力都很大，一般学者的主动式立法论证行为根本无法与之相比。这种被动性，决定了参与论证的法学学者的多元性会受到冲击，主办方会根据自身所需，选择参会法学学者，那么，其他法学学者论证观点的表达平台则会受限。这样的论证极有可能异化为对立法机关已然设定的立法内容的合法合理性论证，从而在本质上背离立法论证的价值追求。

第二，在内容上，法学学者在进行立法论证时有时也无法完全基于专业知识而知无不言、言必达意。这是一种论证思维的内在被动性。这种被动性既可能是当事者基于人所共知的习惯忌讳而理性地选择规避一些论证观点，也可能是一种当事者自身也不易察觉的个体思维体系的内在被动性。我们在阅读各类立法札记、学者回忆录时，时常会看到一些法学学者会陈述其立法论证主张、观点形成与修正的心路历程，如江平教授曾描述说“中国的立法中，行政主导的色彩很重，上面的领导既然决定了，下面无论是立法机构还是学者，都只有照办。”“无论是过去还是现在，中央领导人的言论、观点和态度，对于一部法典的生死成败，都有着极为重要的影响。我觉得我们民法典起草五十多年来，可以说跟领导紧密地把握方向有关，几乎完全按照领导意志立法。”〔1〕还有学者曾怀着“无限敬佩及至仰视”的情愫对民国时期的法学学者吴经熊进行过专门研究，但针对吴1946年的“立宪”参与行为，也不得不评价为“经历过岁月的沧桑，他的棱角几乎被磨平，昔日的意气风发已不复存在，他基本上是在秉承蒋介石的意旨下工作。”〔2〕虽然这种类似立法中学者无用论的观点值得商榷，但也可以窥见法学学者在参与立法论证过程中可能面临的思维制约，至少能够让我们看到做为一些积极并长期参与立法工作的法学学者，其内心深处的那种被动感。

（2）来源的集中性。这种集中性，一是人选的集中，二是地域的集中。作为立法论证的人选控制者：一方面，立法机关多会将目光锁定在学界中有较高造诣者，或者较高知名度者身上。同时，江平曾言：“作为一项政治和学术荣誉，老师也都很

---

〔1〕 江平口述，陈夏红整理：《沉浮与枯荣：八十自述》，法律出版社2010年版，第299、309页。

〔2〕 孙伟：《吴经熊与近代中国法制》，中国法制出版社2012年版，第282页。

希望能有机会参与立法工作。但通常只有社会上有些名气的老师才有资格参加，因为名单是立法机构确定后，才逐级通知各个法律院校，最终由学校通知相关老师的。”〔1〕另一方面，通过参与立法论证，这些法学学者就与立法机关工作人员建立起了一种关系，这些和立法机关逐渐熟悉并且合作融洽的法学学者，往往也较易成为参与立法论证的权威者。比如，张教授和李教授都是某市立法咨询委员会专家，张教授性格随和、为人宽厚，每次参加立法论证都能拿捏有度、张弛有致。李教授则性情急躁、为人耿直，每次参加立法论证都和别的参与者争得面红耳赤。如此，正常情况下，立法机关的工作人员会更喜欢张而忌讳李，在下次再组织论证时，作为人选控制者，他们多会请张教授而尽量不请李教授，多次的立法论证参与就会使张教授积累起高于李教授的知名度。加之，我国当下的学术环境中荣誉、利益的连带关系，张教授可能很快就具备了成为权威的权力、声望和财富，进而对立法论证构成垄断，其身体和思想在相关的立法论证中都会少有缺位。这种现象的存在，一定程度上会稀释立法论证的专业浓度和多元性，同时也不利于学术研究的繁荣。

此外，我国专家立法论证参与者还有一大特色，即地域特征非常明显。首都学术界法学学者参与法律、行政法规的立法论证机会显然要多于京城外的学者，而地方的立法论证也多以驻在当地的科研院所的法学学者为主力。在起点上，京外的学者学术水平未见低于京内的学者，但因参与高位阶立法的机会缺乏，加之法学研究中资源占有又非常重要，京内外学者的学术水平和社会声望就会很快拉开差距。

〔1〕江平口述，陈夏红整理：《沉浮与枯荣：八十自述》，法律出版社2010年版，第283页。

很多知名学者如江平、王立明、梁慧星、刘隆亨、巫昌祯、高铭暄等的立法参与履历最能说明以上问题。以江平教授为例，其1983～1985年参与了经济立法工作；1985～1986年参与了《民法通则》的制定过程；1986～1988年承担行政立法研究组的工作；1988～1993年担任全国人大法律委员会副主任、常委会委员及人大代表。[1]1993年后，又介入了《合同法》《信托法》《公司法》《国家赔偿法》《证券法》《票据法》《合伙企业法》《个人独资企业法》《物权法》《民法典》等一系列法案的立法工作。[2]尹田教授也是一个例证，其在西南政法大学时和在北京大学时的学术水平并无明显差别，但因为参与立法机会增多，个人声望提升也很明显。

（3）专业的单一性。此处所言专业单一性可以从两个方面理解：一是在参与立法论证的专家人选中，法学专业是绝对多数，或者专家库中虽然列入了一些其他专业的学者，比如，管理学、经济学等专业的学者，但其利用率和重要性也远低于法学学者。事实上，对于立法，法学学者自然是很重要的，因为无论在立法技术上还是在法学理论方面，该专业学者都是没有问题的，但其立法经验并不一定高于实务立法工作人员。其对制度规范对象的熟悉程度，以及对社会现实的把握精准度也未必优于其他专业的学者。因此，立法论证参与者的专业配比理应注意专业的多元化。立法毕竟不同于做学问，可专业单一且越专越好。二是参与立法论证的法学学者专业方向单一。表现为制定民事法律，则只有民法学者参与论证即可，制定刑事法

〔1〕 江平口述，陈夏红整理：《沉浮与枯荣：八十自述》，法律出版社2010年版，第366页。

〔2〕 周恩惠：《走近新中国法学大家》，中国人民公安大学出版社2009年版，第56页。

律，则只请刑法专家。在立法过程中，不但官方主导的立法论证在邀请参与者时有这种倾向，学术界似乎亦同意这一倾向。比如，对于民事立法，有的民法学学者，容不得刑法学学者发表任何关于民事立法的论证观点，有的刑法学学者也容不得行政法学者发表关于刑事立法的法学观点。这种现象在《物权法》立法过程中可以窥见。对此，童之伟教授指出：一部分民法学者对宪法学者提出的可能违宪的论证观点，表现得就不甚宽容，有少数人更是不做论证回应，而是“变相扣帽子、使棍子”。〔1〕立法论证过程中这种不同类型的专业偏执，在一定程度上会影响立法的质量，也可能阻碍立法的进程，还可能使法律的修改淘汰率增大。

或许有人会认为，不管存在怎样的问题，一个本质的前提是立法论证毕竟是可以自由开展的，即便未被邀请参加论证会，即便尚不是法学权威，即便专业不对口，任何法学学者依然可以对立法内容进行意见表达，并且在自媒体时代，载体也并不是问题。问题在于合理的论证结果如果仅停留在外围而无法影响立法内容，这样的论证对提升立法水平与质量并无意义或者价值将大为折损。

二、法律草案专家建议稿

（一）历史与现状

立法起草是立法工作中的重要环节，一部被立法机关列入立法计划的法案，很多基本的内容在立法起草过程中，即已伴随着持续开展的论证工作定型了。一旦法律草案起草完成，在立法审议与表决程序中，法案的通过是极为容易的。这种现象在那些由全国人大常务委员会所立的，规范对象相对单一的法

〔1〕 童之伟：“物权立法过程该如何做恰当评说”，载《法学》2007年第4期。

案创制中表现得更为明显。

按照国家机关职责履行的正常安排，法律草案起草的当然主体应是立法机关。而我国立法起草的惯常实践做法则是由业务关联或主管部门负责组织起草。负责组织起草者的起草操作模式主要有两种：一种是组织专家学者等其他主体一起参与起草，一种是组织机关工作人员负责起草。法律位阶的法案起草因为涉及面比较广，利益冲突较大，多为前一种。比如，《劳动法》由劳动部负责牵头组织人员起草，《人口与计划生育法》则由国家计划生育委员会牵头起草等，而诸多的专家学者如关怀、湛中乐等都参与了起草工作。而对于法规规章位阶的法案起草，政府主管部门则成了主要起草主体。以地方性法规为例，有学者论及政府部门“起草的法规占到八九成，人大只占到一成左右，而其他主体基本不参与”，“政府作为主体起草地方法规时，其起草班子成员主要是政府部门的工作人员，专家学者、行业组织或者其他组织的人员参与很少”。〔1〕在前一种模式中，尽管有法学学者身处其中，但起草的主导权在职能部门手中，参与者的选取和起草内容的取舍都由其主导，这就无法避免部门本位主义的弊端。而在后一种模式中，在法治社会初创，法律总体上还是以管制为主要取向时，草案的起草由擅长管理工作的机关工作人员起草尚能应对。但随着法律体系的精致化、法治理论的国际化以及立法内容的协商性背景的出现，机关工作人员起草法律草案的能力、资历和人力等都无法再满足需要。

人大作为中国的立法机关，是当然的立法起草负责机关，其对部门起草法律草案的立法弊端早有认识，立法机关在十多年前即指出要加强对法律起草工作的组织和领导。认为“有的

〔1〕刘莹：“论法案起草方式”，山东大学2011年硕士学位论文，第6页。

法律草案是由主管部门起草，带有较强的部门利益和局限性；有的法律的立项及草案起草缺乏事前的充分论证，一些重大问题缺少实践经验，客观条件不够成熟；有的法律草案涉及重大的体制改革和深层次问题，起草单位缺乏深入调查和全面把握，无力从全局上进行研究和提出带有决策性的方案”。〔1〕为了改进法律草案起草工作，人大工作者也提出对重要的立法项目，应当实行立法工作者、实际工作者和专家学者三结合的起草模式，以求取长补短，集思广益。〔2〕这种认识和努力体现出了新的法案起草景象，即人大“加强了自身的起草工作”。据统计：“全国人大常委会工作机构和专门委员会起草的法律由七届时的25%，提高到八届时的33%，九届时达到42%。”〔3〕但同时，研究者却向我们揭示了另一种立法景象，即人大的立法起草权收回，促使人大的专职立法工作者——主要是法制工作委员会工作人员——在起草法案过程中事实上具有重要的影响。当然，该学者的论断主要是针对地方性法规，因此并不能反映法律草案起草的全貌，同时该研究者的人大工作人员的职业身份，可能也会影响其对该群体在立法过程中作用的判断。

从法学学者角度来看，大致从市场经济在中国形成共识的20世纪90年代初期开始，我国的立法草案起草模式就发生了很大的变化。法案起草由过去国家机关全权负责，法学学者等被动参与、有限论证发展为法案草案外包格局，即立法机关组织或委托或招标，为数不少的法案草案开始由科研院所中的法学

〔1〕 全国人大常委会办公厅研究室编：《全国人大常委会法制讲座汇编》（第2辑），中国民主法制出版社2000年版，第58页。

〔2〕 全国人大常委会办公厅研究室编：《全国人大常委会法制讲座汇编》（第2辑），中国民主法制出版社2000年版，第59页。

〔3〕 卢群星：“隐性立法者——中国立法工作者价值重估”，浙江大学2012年博士学位论文，第63页。

学者直接承担起草任务。近几年则出现了法学界主动起草的模式，即学术群体在捕捉到立法信息后开始自行起草，然后通过各种途径，被立法机关相关人员获知，在舆论和各种心理因素制约下，立法机关主动整合学术群体的草案内容，形成最后的法律草案。

当然，法学学者参与法律草案的起草工作在实践中则是很复杂的。有学者曾从世界立法史的角度，归纳了法学学者与立法起草的关系，表现在三个方面：一是直接参加国家立法起草工作，如法国民法典、德国民法典、日本民法典、意大利刑法典均系由大学教授、法学专家学者作为主力起草完成。二是法学家草拟法律草案学者稿被国家立法主体确认，如1966年，德意志联邦共和国法学家联合发布的《供选择的刑法典草案》，后被法律采纳了诸多内容；又如20世纪30年代美国法律协会的学者草拟了《模范刑法典》，后成为多个州的立法蓝本。三是法学家的学说直接被国家赋予法律效力，这就是我们所熟悉的古罗马的学说《引证法》。〔1〕在我国当下的立法体制中，可以存在和讨论的类型主要是第一类，即法学学者直接参与国家立法起草工作。尽管仅此一类，但在实践中，法学学者与立法起草的关系却也表现出了复杂的面相。这种复杂面相成因之一，即在于法学学者与立法起草的关系有时会表现为糅合了前述学者所归纳的第二、三类类型的成分。首先，有的法学学者系因受正式委托而参与法案起草。这时，该起草行为已经具有了立法上的效力，全国人大常委会委托梁慧星、王利明等组织起草《物权法》草案建议稿即是此类。这是立法史上众多法学学者参与起草法案文本的最典型形式。其次，有的法学学者则本着学术

---

〔1〕 郝铁川：“论法学家在立法中的作用”，载《中国法学》1995年第4期。

自由，自行起草“法律草案”。这种草案本质上是一种立法建议，与学者发表学术文章并无差异，所不同者在于将其法学思想条文化表述而已，但不排除起草者有影响立法者的初衷和企图。比如，由中国国际私法学会起草的《中华人民共和国国际私法示范法》即声明：示范法是学术性的，可供“立法、司法机关或其他从事涉外事务的政府部门以及法学院校、法学科研单位参考使用”。[1]再次，近年来还有一种立法起草官方、民间花开数朵的模式出现，几乎每一个重要法案的起草都可见这一现象。应松年教授的研究组受托起草了《中华人民共和国行政程序法（试拟稿)》，姜明安教授的研究组则出台了民间版的《行政程序法（试拟稿)》；梁慧星教授和王利明教授的研究团队受托起草《物权法》草案建议稿，张玉敏教授和徐国栋教授的研究团队则贡献了《继承法（草案)》和《绿色民法典（草案)》的民间版本；等等。

从起草法律草案和最终立法的关系来看，正常情况是立法机关有了立法动议，于是组织起草法案，起草结束，交付表决，通过者成为法律，未通过者，结束立法议程。但现实中，有的法律草案起草后，甚至会经过数次起草，然而最后依然不能进入立法表决环节，其中最典型者莫过于民法典。我国于1954年《宪法》通过后即开始第一次起草民法典，后因“反右”停止；1963年第二次起草，又因“四清”停止；1979年民法专家学者又一次被调集开始起草，历时3年，四易其稿后，依然止步。1998年全国人大第四次会议任命了九人民法起草小组，中国的民法起草工作继续前进。2002年草案起草完成，之后十多年内，中国民法典连诞生前的胎动都没有，直到十八届四中全会决定

---

〔1〕“中华人民共和国国际私法示范法”，载 http://www.cuplfil.com/ziliao_detail.asp? infoid=77，访问日期：2016年6月26日。

明确提出要加强重点领域立法，编纂民法典工作的大幕才再次拉开。这在一定程度上反映出长期以来我国立法起草工作的随意性，以及立法起草与立法本身之间关系的一种非规范性。这种非规范性的表现是多元的，最根本的原因即在于作为中国立法基本法的《立法法》对立法起草问题并没有做任何规定。所以，立法机关对于立法起草有时交由业务相关部门起草法案，有时由立法机关工作人员起草，有时起草外包交由科研院所起草，最后起草的草案就会出现部门利益制度化，民主性与专业性欠缺，理论有余、操作不足，缺少连续性等缺憾。

这其中的多数人似乎认为，由科研院所的专家学者起草为最优，可以兼顾民主、专业、中立。如有些学者所描述的：专家参与立法可保持自身的独立性，能超脱于各方利益之外，保有学术良知和对社会负责的精神，公正地规制相关主体间的权利义务，具有代表性，能使民众的诉求得以体现。〔1〕在笔者看来，另一研究者的分析显然更有道理，即无论是部门起草、国家权力机关起草，还是“专家立法”“委托立法”，这些多元的起草经验或设想，重要的是纳入制度化、规范化的轨道。“一条得到法制确认和保障的立法起跑线，也会督促立法者坚守应有的精神品质，为社会造就民主公正可操作性强的良法。”〔2〕在反思第四次民法典的起草工作时，曾有学者专门讨论了起草班子的组织问题，最后开出的药方之一即“应以人大常委会颁布的法令的形式直接任命新的民法典起草委员会”。〔3〕普通民众

〔1〕吴加琪、周林兴：“试论专家参与档案立法的途径及其保障机制”，载《档案管理》2012 年第 4 期。

〔2〕阿计：“法案起草，坚守民主公正的立法起跑线”，载《楚天主人》2007 年第 2 期。

〔3〕徐国栋：“认真地反思第四次民法典起草的组织方法”，载《法律科学》2003 年第 5 期。

不是天使，公职人员不是天使，法学学者同样也不是天使，一旦其参与到立法过程中，并且有力地主导了法的制定进程，他就成了一个权力者。所不同者其支配力是隐性而非显性，是话语掌控权而非政权掌控权，如果没有制度约束，所有权力的弊端在法学学者这里都不能避免。何况有时即使不考虑权力的弊端，仅从人性来说，也不能保证法学学者的中立与理性。当前，我国的学术资源分配愈来愈行政化，并且与权力的结盟对学术权威的形成有决定性作用，而不只是学术研究能力本身。毕竟，谁能识别并保证参与法案起草的法学学者全部或永远是无私、理性、中立、高尚的呢？谁又能保证法学学者永远不会成为乌合之众之一分子呢？

正是基于这样的思考，后文中，笔者将从表面和深层两个视角对法学学者参与起草法律草案可能存在的问题进行分析。

（二）法学专家参与法案起草的表面问题

中国当下法学学者参与起草法律草案的现状，从表面来看存在的问题与前述专家立法论证的问题是相似的。只是所有的问题在起草阶段造成的影响将更大，因为在论证阶段，其他主体的意见进入的通道并未堵塞，但在起草阶段则极有可能将其他主体直接架空。在此，对相关问题须作进一步分析。

在笔者看来，最大的问题在于参与者构成单一。这首先表现为专家立法。国人看问题有一种不绝对但有倾向的表现——凡事非此即彼。专家要么什么都不是，要么什么都正确，而只要正确就拥有了当然的合法性，所以立法起草工作会被完全委托或交由科研院所起草。当法律草案起草出来后，审议的代议机关成员根本无法也无力展开审议，更遑论推翻。事实上，这是对法律制定的狭隘理解，立法是在为社会生活中的重要关系进行规则设置，专家所擅长者在于理论的把握与概括，在于立法技术的熟练与精准。但其对制度实践操作性的把握并不必然优于法官，对制度可能引起的社会动荡的警惕性并不必然高过政府官员，当然其对各种利益的感受也没有所在阶层者那么真实。所以，立法起草是要考虑地域和界别的代表性的，一般来说，起草小组成员至少应由一定比例的专家、法官、律师构成。

其次表现为法学专家立法。起草的专家以法学学者为主，这一现象的心理基础是以为法学学者研究法，所以法的起草法学学者最适宜。法学学者在立法语言、技术、体系的把握上可能胜人一筹，但对社会关系的熟知程度和剖析深度则并不必然优于其他专家，所以立法工作理论供给也绝不是单单只有法学学者群体就可以胜任的。其他专家也应参与其中，如社会学、政治学、管理学、心理学、行为学等方面的专家都可以考虑纳入，至少可以成为顾问成员。只有法学学者起草的法案对社会多元情感的把握不能保证敏感度。

最后还表现为单一方向性专家立法。参与起草法案的法学学者专业研究方向单一。制定民事法律，就请民法学者起草，制定刑事法律，就请刑法学者起草。如此，不同专业方向的法学学者就无法在立法起草中形成高度整体的合力。研究不同问题的法学学者都有相应的专业特长，但某一方面特长，可能就意味着另一方面的欠缺。在当下这个社会分工无比细密的时代，我们并不会因为一个法学学者“四体不勤，五谷不分”就指责他不是法学学者。但立法不同于学术研究，不是单纯体现术业专攻的场域，而是一项体现协同配合的工作。所以，参与法律草案起草的法学学者即应注意专业配比，比如，起草民法类草案，民法学学者自然应是主力，但相应的其他必要专业的学者也应在其中，否则所立之法极可能与其他法律冲突。如果说只是立法论证，其他学者还可以通过其他平台表明不同意见，校正立法过程中的这一问题，但在草案起草这一环节，因为其具有相对的封闭性，有些法案往往直到生效，其他学者才能见到“庐山真面目”，此时再批评已经为时晚矣。

此外，如同立法论证一样，首都法学学者参与立法起草的频率同样明显高于其他地域的法学学者。无论是全国人大及其常委会的立法，还是北京市地方立法，抑或是其他各省市的立法都以请在京法学学者起草法律草案为一种追求趋向。比如，1988 年至 1990 年间，刘隆亨、谢怀栻等在京法学学者即主持或参与了几十部海南经济特区的地方性法规的起草。[1]这可能有几个方面的原因：一是中国的全国人大及其常委会立法活动多只在北京开展，在京法学学者参与立法起草成本小，行动方便。二是因为上位法即由这些人起草，他们更清楚立法内容的真实内涵，下位法立法时为了避免对立法内容的误读而请其参与起草，这是非常有合理性的一种立法技术。三是因为有才华者大多云集京城，并且在京学者接触的学术研究素材、机会、平台不同，参与的学术交流机会、层次不同，其科研水平本就高于京外法学学者。四是一种根深蒂固的传统心理，以对“京官”的态度一样对待京城学者。

前已述及，我国关于法案起草制度规范的建构是不足的，即便制度存在，在当下这种立法起草的模式下也无法保证起草者行为能严守规则约制。本质上，法案起草的行为约束，更多地来自学者个体的学识与良知，而这些制约力量，是极易被人情、面子、强权与利益冲击的。对此，笔者将在后文分析法学学者法治建设参与行为效能的影响因素时，展开详细论述。

---

〔1〕 周恩惠：《走近新中国法学大家》，中国人民公安大学出版社 2009 年版，第 36 页。

（三）法学专家参与法案起草的深层问题

法学学者参与起草法律草案背后的问题，最大者是民主性与专业性在立法中能否兼得。2008 年 2 月，太原市人大向专家招标起草《太原市文化产业促进条例（草案建议稿）》。对此，有论者指出“任何团体和个人都会有自身的私利，连政府部门都不能例外，高等院校、科研院所等自然更不会例外。当他们超然于利益之外时，他们可能充当着‘社会良心’的角色；可一旦他们陷入利益的漩涡，他们对自身私利的眷顾和偏爱丝毫不会亚于政府部门”，从“过去立法政治家说了算，法学家说了不算；现在是法学家说了，政治家点头了就算”，虽然立法工作进步不小，但本质上却“忽略了更广泛民意对于立法意见的自由表达”。〔1〕法学专家作为知识精英，对其参与立法存在的“民主短腿”问题也有诸多分析。20 世纪末，季卫东即指出立法程序中的民主主义原理和职业主义原理之间的张力问题。〔2〕新近又有一些研究者更通俗地论及：专家习惯于将利益和价值冲突转化为法律技术来处理，从而可能过滤掉普通民众的利益诉求；专家对社会实际情况缺乏实际的感受，从而可能偏离社会实际；专家的意见有可能限于自己所代表的阶层之利益和意志。论者指出这种民主性与专业性的矛盾是专家参与立法的一个“固有矛盾”。〔3〕

法学学者在参与立法起草过程中专业性和民主性难道总是矛盾地存在吗？在笔者看来未必，当然，笔者也并不认为二者

〔1〕舒圣祥：“立法招标要避免搞成‘专家立法’”，载《政府法制》2008 年第 9 期。

〔2〕参见季卫东：《法治秩序的建构》，中国政法大学出版社 1999 年版，第 33 ~ 35 页。

〔3〕朱力宇、熊侃：“专家参与立法的若干问题研究”，载《法学杂志》2010 年第 2 期。

之间没有任何矛盾，或者说法学学者参与立法起草并不存在民主性缺位的问题。事实上，在立法起草过程中，专业性与民主性的排列组合关系是多样的，如民主性与专业性冲突、民主性与专业性共在、民主性与专业性俱失等。如果虑及参与起草法律草案有法学学者主导型、非法学学者主导型等不同类型的话，民主性与专业性在一部法律草案中的幅度、比例等也会差别很大，这将使二者的组合关系更为复杂、多元。

从专业性角度来看，法学学者参与立法，无疑是可以肯定的，较之于一般公众与其他专业的学者，法学学者对法律语言、法律技术、法律体系的把握和运用无疑是最为熟稔的，这种专业能力对于立法自然是一种很重要的协助力量。但是我们也应该注意到，就对法律语言、法律技术、法律思维等的专有能力来说，绝不意味着本书语境内的，在科研院所中从事学术研究和教学的法学学者是唯一拥有者。法官、律师群体中的不少杰出者的专业性素养并不弱于法学学者，甚至在立法机关中长期从事立法工作的公务人员，其专业功底也相当扎实。事实上，在不少地方的立法中，对这些群体中人们的依赖心理，是完全类同于对法学学者专业性的期待的，而且实务中有不少法案事实上也是交由这部分群体起草的。早在十几年前，《重庆市物业管理条例》的起草，即系委托律师事务所完成的〔1〕，并且这种做法在山东、山西等地产生了示范效应，律师及律师事务所也渐生为一支重要的立法参与力量。

当然相较于律师，法学学者接受的起草委托数量依然还是最多的。很多的法律草案都以研究项目的形式交由一些科研院所的研究群体负责起草，如中国社会科学院法学研究所电子政

---

〔1〕 秦力文："透视重庆律师受地方人大委托起草地方法规"，载《法制日报》2002年10月9日。

务法研究课题组受委托起草《中华人民共和国电子政务法》，中国人民大学宪政与行政法治中心课题组则受委托起草《中华人民共和国紧急状态法》等。那么，这其中的原因仅仅是因为法学学者更专业吗？显然不是，当然还有其他的因素促使立法机关选择法学学者作为起草者，其中最主要者即为其所处的社会地位，法学学者至少在形式上系中立的社会地位。这是律师、法官等群体所不具备的，而这恰好是一个立法参与者最应具备的品相。

值得认真追问的是，法学学者能否做到环视多维诉求，彰显立法中立性，其专业性能否达到兼顾民主性的境界。法学是人学，真正的法学专业性一定是在对各类人的利益进行综合度量后对平衡点的最精准靠近。越能更准确地把握这种利益平衡之度者，法学的专业性水平越高。倘如此，法学学者的专业性与民主性并不冲突，反而能使民主得到最优的兼顾。但如下一些现象却会影响这种专业性与民主性最佳状态的达致：首先是本职与兼职的兼顾。能参加法律草案起草的法学学者多为年富力强者，他们是社会的栋梁、单位的骨干、家庭的支柱。他们往往身兼数职，对法案起草能投入多少的专业性深入思考是应该反思的事。可想而知，因为事务繁杂，他们中的一些人不可避免地会存在敷衍了事，应付交差的现象。这种情况下，专业性和民主性必尽失。其次是责任者与行为者的分离。当法案的起草以项目形式交由相应的课题组承担时，立法课题多由有资历的教授、博导牵头获取。这些人拿到课题后，又将相应研究任务切分，交由各个下属或研究生分块包干。下属因为各自的本职工作不同，且参加项目获益不均等原因，会存在依赖责任者、不深入思考研究、敷衍了事现象；研究生的学术素养正在长成，其对问题的研究深度不足，掌握信息亦难全面且多为二手资料，故最后的成稿极有可能是拼凑、抄袭之作，专业性和民主性只是随机结果而难成必然结果。再次是应急性对专业性的淡化。在法律草案由立法机关主导进行时，邀请一部分法学学者以民主主体之一分子参与立法。此时，民主性或可保证，但专业性很难实现。因为在这种情况下，立法机关工作人员事实上主导了草案起草的内容、节奏等各种相关事务，法学学者多数为临时性受邀请以开会的形式参与起草。这种场合下，法学学者的观点、意见多为未及深入思考的应急性观点，其专业性的严密逻辑是很难保证的。

事实上，任何单一群体起草的法律草案都存在民主性缺失的问题，而不唯法学学者。相比较而言，法学学者不是最好的起草主体，但可能也是最不坏的法案起草者。如果立法机关在挑选参与起草的学者人选时，能做到以专业能力、法学素养为要，并且使时间得到保证，同时使法学学者仅限于起草，在整个立法程序中可以进行解释、论辩但并不运用权威或优势条件去推动自身理论入法，这可能会使法学学者的立法起草状态达到最优。

三、规范性文件合法性审查建议

（一）现象概述

法学学者参与立法，除上述立法论证、立法起草之外，还有一种形式也值得关注，这就是法学学者依《立法法》第 99 条第 2 款规定，以公民身份向立法机关提出的旨在推动立法的规范性文件合法性审查建议（以下简称“审查建议”或学界俗称“上书”）。该款规定：社会团体、企业事业组织以及公民认为行政法规、地方性法规、自治条例和单行条例同宪法或者法律相抵触的，可以向全国人民代表大会常务委员会书面提出进行审查的建议。

以这种方式参与立法肇始于“孙志刚案”。2003 年，3 名法学博士和 5 位法学教授通过向全国人大常委会提交审查建议，参与并推动了《城市流浪乞讨人员收容遣送办法》之废与《城市生活无着的流浪乞讨人员救助管理办法》之立。[1]继 3 名博士上书后，法学学者以上书方式推动立法的现象开始频频出现。有学者统计，2003 年，除 3 名博士上书外，还有 4 件类似的上书，2004 年和 2005 年各有 4 件，2006 年有 15 件，2007 年有 9 件，2008 年有 10 件。[2]并且，随着一次次的实践，这种特殊的立法推动方式得到了改进和发展，法学学者的上书行为越来越专业，越来越有技巧、讲策略。2009 年，5 位法学教授联名上书全国人大常委会，要求对《城市房屋拆迁管理条例》进行合法性审查。在之后的一年多的时间里，为了让被上书者有所作为，上书学者又通过再次聚首，重谈城乡征收、补偿、拆迁法律问题，联系其他行业举办与上书主题相关的研讨会，发布立法建议稿等各种方式跟踪、“督办”，直至 2011 年初《国有土地上房屋征收与补偿条例》设立，《城市房屋拆迁管理条例》废止。[3]

伴随学者以上书方式提交立法审查建议的是媒体的“热炒”和舆论的“热议”，几乎每次上书都会引起社会的强烈反响。学者对此种现象态度不一，有的认为上书对于推动表达民意、制

---

〔1〕“孙志刚事件”，载 http://baike.so.com/doc/5406405 - 5644251.html，访问日期：2016 年 6 月 26 日。

〔2〕黄金荣：“‘公益上书’的行动逻辑”，载《法制与社会发展》2010 年第 4 期。事实上，如果将针对行政法规、地方性法规等法律渊源的上书活动也计入，必然更多。

〔3〕“北大教授上书修改拆迁条例满一年，不满没有下文”，载 http://house.focus.cn/news/2010 - 11 - 17/1102970.html，访问日期：2016 年 6 月 26 日。

度变革、法治进步有巨大作用；〔1〕有的则认为上书是法治社会的一种病态而不是常态；更有学者认为上书不但不是一种法治的方式，反而是一种反法治的方式，上书背后的思想是“人治”。〔2〕

在笔者看来，学者向国家机关提交审查建议行为本身无疑是正当的。从政治、法律伦理角度分析，人民作为国家权力之源，在信守契约的前提下，对国家事务提出建议是没有任何问题的。且引起上书者上书的事项往往与公民的基本权利相关。基本权利是被一国法律，尤其是宪法所确认保护的那部分人权，为了自身的基本权利，公民在尊重法律的前提下，提出建议也是没有任何问题的。从具体法律依据分析，除上述《立法法》规定外，《宪法》第41条、《信访条例》第2条等亦有明确的授权规定。从效果来看，学者上书一则推动了法律制度的废立；二则传播了法学理论和具体制度；三则弘扬了法治精神，促进了法律权威的生成。此外，学者上书对法学研究也是有促进的，每一次学者上书，都会引起学界对相关法律问题的持续关注和探讨，会产生一批有见地的学术成果。

学者上书既合理又合法，并且亦有成效，而研究者却有截然不同的态度，究其原因即在于各自的研究视角和方法有异。从纯粹法学的角度，利用法制的标杆去衡量，法学学者上书推动立法没有任何问题。然而从法社会学的视角，结合实证哲学、

---

〔1〕 如下两文的作者持此观点：黄金荣：“一场方兴未艾的法律运动——对当代中国公益法实践的观察与评论”，载贺海仁主编：《公益诉讼》（第1辑），中国检察出版社2006年版；柏钦涛：“‘公益上书’：实践、功能及其改进”，载《重庆社会科学》2010年第2期。

〔2〕 如下两文的作者持此观点：杨涛：“‘全民上书’不应是法治社会的常态”，载《人大研究》2007年第4期；老方：“‘上书’热的冷思考”，载《创造》2007年第2期。

社会学、历史学等的研究方法去探视，就会发现学者上书推动立法背后的非法治化面相。特别是当学者上书每每作为“事件”出现时，通过仔细分析事件的发酵过程，就会发现这一表面合理合法的行为反映了很多非法治化的问题。

（二）行为背景分析

前已述及，法学学者最本质的归属当是学者，而在中国，学者上书行为史不绝书。古有诸子周游列国上书言政，近有著名的“公车上书”。[1]南朝颜之推总结说“上书陈事，起自战国，逮于两汉，风流弥广”（《省事第十二》）。古代学者为什么会选择上书？笔者以为学者上书与学者的阶层特征有关，更与学者所处的社会政治、经济等背景有关。

在中国古代，学者阶层一方面致力于构筑精神、道德及理论学说，所谓“士志于道”（《论语·里仁》）、“士穷不失义，达不离道”（《孟子·尽心上》）是也；另一方面又心怀天下，积极介入社会事务，推行自己所构筑的各种“道”，所谓“正心、修身、齐家、治国、平天下”即反映出这种阶层特征。同时，古代学者所处的国家模式是“普天之下，莫非王土；率土之滨，莫非王臣”。在这种模式下，他们“没有独立的私有经济地位，为了生存，需要依附于掌握经济特权的君主或贵族大官僚，而成为其政治上的附庸”。[2]他们既入世又出世，但入世是目标，出世是无奈，或者出世也是为了入世，所谓“终南捷径”是也。“学也，禄在其中矣。”[3]学者的这种生存状态决定

---

〔1〕 1895年康有为率同梁启超等来自各省的数千名举人联名上书清光绪皇帝，提出反对在丧权辱国的《马关条约》上签字、变法图强等主张，影响朝野，史称“公车上书”。

〔2〕 杨永明：“士者何为——近三十年来知识分子题材小说研究”，武汉大学2008年博士学位论文，第13页。

〔3〕 杨伯峻：《论语译注》，古籍出版社1958年版，第176页。

了其人格独立性不强，甚至完全混同于其他阶层。其“济天下”的方式与权势集团必然是合作的、柔性的，上书无疑是这种生存方式的一种体现。学者通过上书向权势集团抒发政治见解的行为更多的是寻求“致仕”，以期在保证生存的同时与权势结盟推行自己的“道”。

与中国学者有所不同，生活于“民主原教旨主义”〔1〕发源地的古希腊学者有的是富有的奴隶主贵族，有的是自由民，总之其在政治上有原始民主思想指导，在经济上又是自立的，因而其人格也是独立的。他们自认为其地位即使不是高于权势集团，至少也是等于权势集团的。如柏拉图就认为“哲学家应为政治家”，“有哲学头脑的人，要有政权”。〔2〕再如，在古代犹太人的心目中，学者要远比国王伟大。因此，自古希腊智者始，西方学者绝大多数都“终身研究学问，很少去担任官职而从政，这后来成为西方社会的一种文化传统”。〔3〕有学者总结20世纪前西方知识分子：“具有天然的反叛性，独立于权力结构之外并批评现存的社会秩序。他是现存价值的怀疑者、批判者、反对者，他处处怀疑人们习焉而不察的价值体系，并对流行的风俗习惯提出质疑和判断。”〔4〕西方学者对现实的批判是强硬、尖锐和不妥协的，这种批判精神与中国古代学者建议者、支持者、合作者的行为特征构成了鲜明的对比。

---

〔1〕［美］乔·萨托利：《民主新论》，冯克利、阎克文译，东方出版社1993年版，第294页。

〔2〕［古希腊］柏拉图：《理想国》，张斌和、张竹明译，商务印书馆1986年版，“译者引言”。

〔3〕杨永明：“士者何为——近三十年来知识分子题材小说研究”，武汉大学2008年博士学位论文，第14页。

〔4〕杨永明：“士者何为——近三十年来知识分子题材小说研究”，武汉大学2008年博士学位论文，第17页。

当下，中西方知识分子的群体面相都发生了一些变化。在西方，有的学者接受了政治的邀请，“玩起政治激情的游戏来了”。[1]有的则在职业化后，“获致管理方面的或技术官僚性质的职能”，[2]从而在一定程度上影响了其阶层的独立性。然而在长期的民主实践过程中，西方国家的民众已经清楚地认识到，对现实的不妥协的批判精神是建构现代意义民主法治国家不可或缺的条件。所以，整个社会对学者的批判价值已形成了习惯性认同。正如熊彼特所分析的，批判比“阿谀奉迎和奴颜婢膝”更能为西方学者带来荣誉和报酬。[3]另一方面，学者群体为了保持独立性，本能地也对自身批判精神的弱化比较警觉。如面对上述的这些新变化，英国学者质问“知识分子哪里在去了”？[4]美国学者一直挣扎于对权势的“远离与顺从”之间，[5]法国学者则疾呼以捍卫诸如正义和理性等永恒不变的和大公无私的价值为己任的知识分子，不能为了实际利益而背叛自己的使命。[6]

这种社会背景和自我反省保证了西方学者对批判精神及传统的延续。民众的支持、执政者的宽容和学者的坚守，维护和

---

〔1〕［法］朱利安·班达：《知识分子的背叛》，佘碧平译，上海人民出版社2005年版，第79页。

〔2〕参见［英］弗兰克·富里迪：《知识分子都到哪里去了》，戴从容译，江苏人民出版社2005年版，第37页。

〔3〕［美］熊彼特：《资本主义、社会主义和民主主义》，绛枫译，商务印书馆1979年版，第186页。

〔4〕［法］朱利安·班达：《知识分子的背叛》，佘碧平译，上海人民出版社2005年版，第37页。

〔5〕Richard Hofstadter, *Anti – intellectualism in American Life* , New York：Alfred A. Knopf，1963，pp. 393 ~ 432.

〔6〕［法］朱利安·班达：《知识分子的背叛》，佘碧平译，上海人民出版社2005年版，第5页。

提升了学者的批判自由和批判能力，进而又推动了民主法治的进步。在民主法治运作良好的政治组织中，学者很少以学者的身份去直接对法律事务进行主动式参与，上书这种社会参与的方式更是鲜见。在这种政治组织中，包括学者和学术群体在内的不同个体或利益群体只是从学者的理论中汲取营养，或者通过公共舆论平台直接表达、讨论诉求，或者通过选举间接控制代议者去实现这种诉求，同样通过选举让那些不考虑大多数公众诉求的机关或个人承担反民主的政治后果。

在中国，自清末始，学者的知识体系受到了西方文化的强烈冲击，西方学者阶层的独立性及批判性对中国学者必然会产生一定影响。对民主法治社会中学者的价值体认，中国学者也是清醒的。如邓正来教授即认为，中国法学或者中国学术在当下的首要任务是对“世界结构中为人们视而不见的极其隐蔽的推行某种社会秩序或政治秩序的过程或机制进行揭示和批判”。〔1〕那么，为什么我国的学者没有取用西方学者的济世模式，用普适的民主和法治理念对社会进行不妥协的中立批判呢？为什么中国当代的学者继续沿用了中国最为集权时代所普遍采用的上书模式去参与民主法治国家的法律制度建构呢？

在笔者看来，最根本的原因就在于中国学者的独立程度不足以支撑其开展西式的民主参与行动。因为公民实现民主参与，最基本的条件是经济上独立、自足，法律上有充分的言论自由，政治上有人人平等的参政议政机制。正如马克思主义的观点：经济基础决定上层建筑，在这三个条件中经济独立又是最基本的。科恩在讨论民主的物质条件时，虽然并不完全赞成这种观点，但也承认“没有一套经济上的安排，民主是不可能成功

〔1〕 邓正来：《中国法学向何处去——建构“中国法律理想图景”时代的论纲》，商务印书馆2006年版，第14～15、23页。

的”。[1]经济上不独立，就意味着存在一种基于生存的生物性人身依附关系，而一旦有了这种人身依附关系，就决定了人格的不独立，人格的不独立就意味着政治参与的能力受制于被依附的力量。虽然，当代中国学者有了相对独立的职业领域，他们一般就职于教育机构或科研院所。但可惜的是这些机构并不是桑德罗·斯奇巴尼教授所言的具有自治精神的机构。[2]中国的科研院所行政化色彩相当浓厚，学者的职务职称、工资待遇、项目经费等都要受制于政府管制。简言之，职业化尽管在一定程度上淡化了学者对执政主体的依附性，但中国现实的国家所有制的本质延续，决定了学者的社会地位并不会有根本的改观，群体的独立自治更无从谈起。正如有学者分析的，职业化后的知识分子努力建构“学术社会”，“其初衷是要摆脱政治的纠缠，重新确立读书人在现代社会的位置，但最后的定位却仍旧是一个依附性阶层，并没有真正摆脱传统‘士大夫’角色的暧昧性”。[3]

所以，中国的法学学者只能在济世情怀中有限地融入一些批判精神，其在对社会控制的参与过程中，一方面继续延续传统的被动、从属、配合式的参与路径，如参与媒体、担任社会兼职、参与国家政策讨论和推进社会现实改造等。[4]另一方面也清楚地知道作为学者“必须有自己独立的人格与学术良知”。[5]

---

〔1〕［美］科恩：《论民主》，聂崇信、朱秀贤译，商务印书馆1988年版，第110页。

〔2〕［意］桑德罗·斯奇巴尼：“法学学者：法的创立者”，载《比较法研究》2004年第3期。

〔3〕章清：“‘学术社会’的建构与知识分子的‘权势网络’”，载《历史研究》2002年第4期。

〔4〕刘亚秋：“声望危机下的学术群体当代知识分子身份地位研究”，载《社会》2007年第6期。

〔5〕王利明：“什么是法学家的社会责任?”，载《法学家》2006年第3期。

他们自然不会错过这种具有相对主动性的民主参与方式。审查建议在本质上即是不具有强制性的民主性建言献策行为，在程序的启动上是完全自主的，并且经过专业的推动可以对立法机关形成足够强的制约，对社会生活产生足够大的影响。这恰好是以济世为当然担当的，在经济、人格上独立性不足的现代中国学者，是实现其批判价值能够选择的一种最佳的方式。

概言之，虽然1999年依法治国入宪，法治正式替代了人治成为不争的治国原则，建构民主法治社会成了国人的基本共识。但中国当下民主法治运行并不顺畅、任重道远，这种背景决定了中国学者阶层在经济上、人格上独立性欠佳，进而又决定了其只能延续历史性的社会参与方式，直接上书建言而不是间接指导批判。反观之，即使学者选择了一种法定的参政议政通道，如审查建议去实现对社会的参与，这种参与也因不具备前述的民主参与之基本条件，而不能当然归类为真正的民主参与。也就是说，因为上书者并不具备政治上的民主参与条件，所以即使其上书合理、合法、有效，也不能保证这种行为是真正民主的，更不能用来证明行为的背景是民主法治的。事实上，可能恰好相反，学者上书推动立法的行为本身就说明行为的背景法治水平较弱。

当然，今天的学者上书与古代的学者上书也是有区别的，彼时的上书行为与现代意义的民主法治没有任何关联，当下法学学者的立法审查建议本意是对法治的一种追求，对民主的一种实践，更是学者对社会责任的一种自觉担当。

（三）行为效果的影响因素分析

从学者启动或参与的众多上书事件来看，有的很快产生了社会效果，有的产生效果则需要经过进一步的“推波助澜”，有的从表面来看则没有产生任何效果。2003年，因“孙志刚事件”而引起的3名法学博士和5位法学教授之上书（以下简称“2003年上书”），效果可谓立竿见影，从启动上书到新法公布，不过月余。2009年北京大学5位教授《关于对〈城市房屋拆迁管理条例〉进行审查的建议》（以下简称“2009年上书”），则历时1年，经过各种途径的推动才有了结果。2007年，69位学者要求废止劳教制度的上书（以下简称“2007年上书”），一直没有任何实质性立法进展，直至2013年11月15日，中共中央公布《关于全面深化改革若干重大问题的决定》，提出废止劳动教养制度，当年12月28日，全国人大常委会才通过了关于废止有关劳动教养法律规定的决定。

综合分析众多的学者上书事件，大致可以发现，影响行为成效的因素主要如下：①上书是否有法律依据。有明确法律依据的上书，会使被上书主体，特别是拥有制度创制权的全国人大常委会、国务院等，一开始就陷入被动，即要么积极回应上书，要么将承受不民主或不履职的伦理压力和公众指责。②行为内容是否具有公益性。事关公益的制度性问题，当立法不立法，则存在巨大的权利保护漏洞，当废不废则会严重侵犯人权。作为政治构架中的立法者或者行政者，不可能对这种影响巨大的制度问题一无所知，而且一般说来，这些问题会实在地存在着现实的治理困境。一旦这一问题通过学者上书，引起了媒体关注并产生了足够影响力，就会形成舆论漩涡，从而对被上书主体形成外部压力。如此，内外力双重作用，被上书主体就不可能对上书行为置若罔闻，甚至会推动其内部已经开展的制度变革进程。所以，上书极有可能产生实质性效果。③相关问题学界是否形成共识。如没有共识，学者之间的事前争论会影响上书行动的启动，事中争论会影响上书直接目的的实现。④上书者是否有较优势的社会身份。以学者的身份上书会使人们认为其上书是相对专业的。同时，学者的上书在一定程度上减少了公众对上书公益性的质疑，因为学者所处的社会阶层及职业位格决定了其没有必要为求“出位”而搞炒作或作秀。⑤有无典型的突发社会事件发生。一方面，典型的社会事件客观上会促使学者开展上书行动；另一方面，有典型的突发事件出现，学者的上书行动会更容易引起公众、媒体的关注，也给媒体进行话语放大提供了条件。⑥上书行动能否与媒体成功结盟。上书行为受到媒体关注，才能引起社会高度关注，也才能形成舆论压力，从而促使被上书者有所回应。

这些影响因素有的与法治精神是相契合的。比如，法治的形式意义表现在法律的普遍性，即人人都应当遵守法律。学者上书寻求法律支撑的做法，正体现了对法律的遵守。同时，上书行为有现行法律支持，则可在道德上占据制高点，而有道德优势的行动，往往也是民众支持的行为，行为的民主基础也就得到了充实。次如，为公益上书则夯实了上书行为的伦理正当性。如果上书者与上书事项有直接利害关系，或利益集团借上书之力为其不当利益张目，则是一种“意见暴力”，是对上书这一民主参与路径的“滥用和异化”。[1]再如，富勒认为法律的不矛盾性是法律的内在道德之一。立法部门的粗心大意造成了法律的矛盾，如果对法律之间相互抵触的现象又不在意，则会对法治造成严重的伤害。[2]学者上书立法的目的即在于推动立法部门消解这种矛盾。学界形成共识则可给立法实践以明确的理论指导。如果学者之间对法律规定是否矛盾，如何协调无法形成共识，或者说还存在根本性的学术争论，就必然使立法部

〔1〕子灿：“民意，何其神圣，何其沉重”，载《民主与法制》2007年第4期。

〔2〕［美］富勒：《法律的道德性》，郑戈译，商务印书馆2005年版，第77~83页。

门无所适从，进而无所作为。

另外一些影响因素则具有非法治化倾向，甚至与法治精神背道而驰，强化的是非法治化意识，但在众多法学学者上书事件中，真正起作用的往往恰恰是这些非法治化的影响因素。具体表现为：

（1）身份因素的作用导致了法治平等性的阙如。每个人都有许多身份，这是客观事实，但在上书的行动中，上书者的学者身份往往被重点提及、广泛关注。一定的身份就意味着相应的地位，一定的地位就意味着一定的特权，身份与民主法治所追求的平等正义有着天然的对抗性。学者打着公民的名义作出行为，但其学者的身份却被不断地提及，正是因为各方主体都确知，在立法机关那里人与人并不平等，同样的行为不同身份者为之，后果大相径庭，以一个普通公民的身份上书几乎不可能有任何效果。

不但学者与普通民众之间不平等，学者之间也不会平等。因为并不是所有学者都适合上书。从实现上书目的的功利角度考虑，学者在上书时，最好有不同于一般学者的身份特点。比如，业内的地位，包括职称、行政职务和学术水准等等。2003年上书"3博士"后来又受助于"5法学家"；2009年上书，参与者姜明安教授对在署名处拟将其安排在第一位解释说"他们都说我是老师，希望我可以打头阵"。〔1〕一般说来，学者的任职院校最好是知名的，如北京大学；学位最好是全世界最高的，如博士；职称、职务最好也是很高的，如教授、院长之类。正因为此，有学者对2003年上书评价如下：能够诉诸上书的并不是普通民众，而只能是一些"超级公民"。这次上书既是一种特

〔1〕"北大教授上书修改拆迁条例满一年，不满没有下文"，载 http://house. focus. cn/news/2010-11-17/1102970. html，访问日期：2016年6月26日。

权行为，又是一种超常规行为，引起巨大社会反响的重要原因是博士和教授身份所代表的权力，而不是知识。[1]

（2）学者与媒体的结盟导致了法治民主性的削弱。近年来，对学者上书媒体给予了越来越多的关注。如前所述，学者上书所涉事项往往事关国家重大制度、公民基本权利。这类事项的立法工作，一般牵涉面广，影响巨大。如2003年的上书关系到被收容者的人身自由、生命权，关系到流浪乞讨人员的获得救济权，还事关政府对社会的管理权。这就需要社会的广泛讨论。传媒对上书事件给予深度报道，使信息透明、意见交互，最终将民意传导到立法主体那里，进而对立法工作形成合理影响，是一种民主法治社会最正常不过的立法推动模式。

也就是说，正常的立法上书与媒体结合关系应该是“学者上书→媒体客观报道→公众讨论→立法主体回应”，或者“媒体客观报道→学者上书→公众讨论→立法主体回应”。然而，实践中，二者的关系有时却表现为“学者上书 + 媒体倾向性报道”。这是一种结盟式的关系。学者通过媒体扩大并引导上书行为的舆论影响，给立法部门施加压力，追求上书目的的实现；媒体则借助于学者的身份优势，对上书行为推波助澜，在扩大影响的同时，也提高了发行量、收视率、点击率，实现了传媒力量从柔性向刚性的变异。媒体最基本的职能自然是客观报道事实、传播信息，但一则传媒本身就具有立场预设的特性，不可能有绝对价值中立的传媒；二则在市场经济条件下，传媒成了相对独立的一个个的利益单元，有了自身的利益倾向；三则在我国，传媒又必须挂靠在具体的党政机关名下，被无形地赋予了一些

〔1〕 凌斌：“赛先生、德先生与蜜思劳：解读贺卫方的‘上书’——以孙志刚案为契机”，载苏力主编：《法律书评》（第2辑），法律出版社2004年版，第35～36页。

“权力”，所以当下对“媒治”“媒体审判”“媒体干政”的批评之声一直存在。所有这些都决定了中国当下的媒体本身有时并不是很好的舆论交互平台。

当与如此状态的媒体结盟成为制约学者上书效果的影响因素时，学者上书所彰显的民主蕴涵就可能被削弱。民主最重要的是利益的多元表达，即使事关立法亦然，各种利益群体的制度诉求一定要得到充分协商、交互，才可能制定出饱含民主价值的法律。达尔认为一个民主政府应当为人民设置这样一种立法程序：“这个程序必须保证，在一项法律生效以前，所有的公民都有机会表达自己的观点。必须保证人们有讨论、协商、谈判、妥协的机会，这么做，在最好的情形下，就可能产生一部人人满意的法律。但全体缺乏一致是更常见的情形，这时，在提议的各种法律中，拥有最大多数支持者的法律将获得通过。”〔1〕法学学者提交审查建议不过是学者群体对国家立法活动一种观点表达，本质上具有非强制性、民间性，没有任何理由支撑在民主协商的过程中，应该给法学学者加权。法学学者向媒体抛出各种优势标签，吸引其炒作、关注，大张旗鼓地展开行为。新闻媒体则会按需取意，对一些法学学者的观点作为新闻事件，“热炒”“热议”。这不过是在精英意识支配下，学者与传媒互相借力，在构造各自的权势网络罢了。如果强权存在，法学学者可能打通了上层的制度变革渠道，推动了立法，但却没有顾及人民性的正当伦理，则法学学者参与立法，据以占据道德高地的民主也将只能是一种说辞。“民主与法治是一体两物，从政

〔1〕［美］罗伯特·达尔：《论民主》，李柏光、林猛译，商务印书馆1999年版，第61页。

治上观之为民主，从法律上观之则为法治”，[1]民主不存，焉有法治？

也许有人会认为，学者是知识和理性的承载者，由他们上书制定的法律一定是最有利于大多数人的利益的。在笔者看来，这不过是一种贤君明主式的人治思维罢了。更何况，学者的知识和理性都是相对的。学者的知识在事关多数人基本权利的立法领域，值得重视，但并不可迷信。因为尽管学者是有知识的，但并不表示其所掌握的知识永远是正确的。现代社会专业切割越来越细密，学者学术研究的工具、理路、对象各不相同，一个专业中的“真”在另一个专业看来可能恰好是“伪”，特别是有别于自然科学的法学，其实是无关真伪的。“法律是人际交往的规则，建立在法律规则之上的法律理论也就只不过是一种解释而已。这种解释可以根据解释者自己的立场、观点加以诠释以求获得他人的认同，并期望对立法与司法施加影响。”[2]学者选择秉持公益之心，利用专业优势通过上书推动立法本是无可厚非的，因为上书的立法建议经过媒体客观报道，公众必然会展开讨论，民意在立法的过程中可能被引导、说服，但不可能被遮蔽。如果学者上书直接与媒体结盟，则会使公众讨论无法有效展开。立法的民意也便成了学者之意、媒体之意或者学者与媒体之意。

理性亦然，在信息的传播过程中，媒体往往裹挟有非理性的倾向。以理性为自身内在追求的法学学者，在推动立法的上书过程中，一旦与媒体结盟就极有可能迷失理性，而任何非理

---

〔1〕 周永坤：“依法治国建设社会主义法治国家理论研讨会述评”，载《法制与社会发展》1997 年第 2 期。

〔2〕 周安平：“法学与科学及逻辑的纠缠与甄别”，载《江西社会科学》2008 年第 8 期。

性因素的介入，都会影响学术群体对事务的判断力和理性思考的控制力。没有人怀疑学者之善，纯学术层面的讨论也无关紧要，但在将学术的期望转化为现实的上书去推动立法的时候，学者知识与理性的局限性，会在一定程度上使他们偏离大多数民众去判断问题。“结果精英们通过所谓的理性裁剪了生活，其制定的法律背离了公众的真实生活，这种现象反过来却被法学精英们指责为公众对法律的背离。”〔1〕事实上，到底是民意背叛了法律，还是学者的学术思想或其所眷顾的法律规定背叛了民意，还需要充分论证。

如此看来，学者的知识与理性的局限决定了他们并不当然就能代表民意或者很好地代表民意。同时，即使学者上书的民主诉求是纯粹的，也会被缺乏客观、自主品性的舆论交互平台所弱化或异化，学者上书立法对法治的促进作用同样会打折扣。法学学者上书如果仅仅“是希望通过权力或者社会舆论的压力来强行而迅速地推行自己的法律观而不是通过论证、说服、协调、妥协持不同意见者，那么中国的司法独立和依法治国的前景都将成为空谈”。〔2〕

（3）突发事件的诱发导致了法治普遍性的丧失。典型的突发事件发生也是学者上书成效的一个重要助推器。2003 年上书的助推事件是孙志刚的惨死。〔3〕推动 2009 年上书的是一系列强

〔1〕 周安平：“许霆案的民意：按照大数法则的分析”，载《中外法学》2009 年第 1 期。

〔2〕 陈村子：“对法学学者上书行为的法理学思考”，载《华中师范大学研究生学报》2010 年第 9 期。

〔3〕 2003 年 3 月 17 日晚，在广州打工的孙志刚因未携带任何证件上街，被错误作为“三无”人员送至收容遣送中转站。3 月 18 日晚，孙志刚称有病被送往市卫生部门负责的收容人员救治站诊治。3 月 20 日凌晨，孙志刚遭同病房的 8 名被收治人员两度轮番殴打，于当日上午 10 时 20 分因大面积软组织损伤致创伤性休克死亡。

制拆迁典型事件，特别是“唐福珍事件”的发生。[1]因此，这些学者上书都或多或少地取得了较显性的效果。2007年上书，上书的学者阵营，无论从人数还是资历来看都不可谓不强大，但在上书期间，因为只有恶劣的现象，但没有非常恶劣的突发社会事件暴露，媒介找不到话语放大的“焦点”，这在一定程度上削弱了事件的影响力。同时，典型的社会事件发生，客观上也会促使学者开展上书行动。2011年“7·23”动车追尾事故发生后不到一周时间，北京的5位学者即联名上书，建议废止《铁路旅客强制险条例》。[2]

然而，突发事件毕竟是偶发的、个案的。学者上书推动的往往是已经明显与现行法律体系不适应的立法，某一规范性文件的这种不相适应是在社会的实践过程中不断被证明的，而不是在某一突发性事件中偶然被发现的。如果有突发事件就提出立法建议，无突发事件则不采取行动，有突发事件即可引起法律废立，无突发事件则不解决问题，显然不是一种正常的立法机制。学者上书推动立法本质上是一国公民对立法的民主参与行为，这种行为选择应在任何时间对所有社会主体开放，是常态性的。影响上书成效的关键应是上书建议的合理性、专业性等，而不应是有没有突发社会事件作为推动因素。如果必须有此条件才能实现立法的推进，则废立法律其实并不是为了法律更完善，而是为了应对突发事件。

更何况，众多法学学者上书的目标不只是为某一个体的利

---

〔1〕 2009年11月13日，成都市金牛区城管执法局对一处违章建筑进行强拆，为了阻止拆迁，公民唐福珍在楼顶天台自焚，后医治无效死亡。

〔2〕 “五学者联名上书，建议废止《铁路旅客强制险条例》”，载http://news.jcrb.com/jxsw/201107/t20110729_582681.html，访问日期：2016年6月26日。

益在呼吁，也不只是期望废除一部有争议的法规，而是要通过个案的审查开创一个先例，促成一个违宪审查的经常性机制。〔1〕即他们希望由被上书者全国人大常委会来废除争议法规，从而启动法定的规范性文件合法性审查机制，激活其潜在的宪法功能。可以说，这些深层效果至今并没有实现。原因之一即在于突发事件在本质上是一种对正常秩序的破坏，应对突发事件启用的是应急法制，但我国当前不少相关机关在应对突发事件时，坚持的却是"搞定就是稳定，摆平就是水平"的原则，这是典型的运动式治理路径。法学学者的违宪审查期望，恰恰随着相关部门主动地启动中国式的应急机制而被化于无形。即表面上纠正了个案，实现了法律废立，但立法的深层机制却因没有启用常态制度而并不会被触动，最终导致上书表象目标的实现恰好阻却了深层目标的实现。如此状态下的法治不过是一种"应急法治"而已。

学者上书存在如上问题，并不表示笔者在批判学者们的行为，事实上，能够上书的法学学者一定是勇于担当公共责任的知识分子。只是我们不应该仅因主体有良好的担当精神，就不去揭示和思考行为背后可能遮蔽的问题。事实上，除如上的分析，学者上书还可以反映出更多的问题。

比如，学者需要造势，说明立法的民意表达机制不畅。2003 年上书的上书者在后来的一篇文章中写到"我们也无法排除最坏的可能性：媒体不合作、网络遭封杀、个人被找去'喝茶'，那么我们三人也做好了承担一切后果的准备"。〔2〕梁治平

---

〔1〕 滕彪："孙志刚事件：知识、媒介与权力"，载 http://blog.sina.com.cn/s/blog_4466474001009cyg.html，访问日期：2016 年 6 月 26 日。

〔2〕 滕彪："孙志刚事件：知识、媒介与权力"，载 http://blog.sina.com.cn/s/blog_4466474001009cyg.html，访问日期：2016 年 6 月 26 日。

教授在评价这次上书时，认为法律精英们“把道义上的冲动隐藏在专门化的知识当中，而将社会不满和政治抗争转化为对法律的诉求”。[1]在一个民主的社会，提意见、建议为什么需有英雄、壮士式的情绪？道义为什么要隐藏表达？为什么要将对社会和政治的不满进行转化才能表达？

学者需要借力，说明立法的民意反馈机制缺失。现实中法学学者为了推动立法，不但积极、热切地参与立法，而且在参与的过程中往往表现得如明星般热衷“炒作”，主动与媒体结盟，借力于公共舆论平台。其原因之一即在于我国的立法程序设计中不但缺乏民主参与的管道预设，而且有限的制度安排也没有明确规定立法主体应当如何对待或回应公民的民主参与。《立法法》规定在立法过程中应当听取民众的意见，“听取意见可以采取座谈会、论证会、听证会等多种形式”，但最终的形式完全由立法主体自由选择，并且每一种形式如何运作也由立法主体决定，是否回应、如何回应均由相关机关决定，这样的民意表达机制设计，极有可能虚置民意。

如果隐性的、非法定的立法者积极，那么法定立法主体一定存在惰怠现象。中国常态的法律审查程序是机关职能型的主动模式，而不是社会非特定主体型的被动模式。也就是说，人大机关、人大代表等是法定的立法职责承担者，其应主动在立法程序中发挥作用。如果立法主体将这种审查法案的法定职能予以搁置，那么以法治为志业的法学学者自然会寻求通道，努力去激活程序。久而久之，立法机关就会表现出一种过分依赖外力推动法律创制的倾向，而这种倾向一旦强化，则可能会破坏一个已有的、运行良好的立法制度，也可能会影响、矫正一

---

〔1〕 梁治平：《法治十年观察》，上海人民出版社2009年版，第192页。

个已有但运行不顺畅的立法进路，又或者会影响建立一个正常的立法制度。法定的职能承担者也会在这种惯例的形成过程中，偏离自己的职能履行常态，甚至已经失职而不自知。[1]

---

〔1〕 如贵港闹市区一标志性违章建筑，存在3年而无人监管，职能部门工作人员面对民众的指责却说："市民有举报义务，是不是？但是到目前为止，还没有市民来监督和举报""没有群众和单位举报，所以这建筑一直没有查处"。"广西贵港惊现'最牛楼加加'，政府称未接举报未查处"，载 http://news.xinhuanet.com/politics/2011-05/12/c_121409211.htm，访问日期：2016年6月26日。

第三章 CHAPTER 03

法学学者的司法参与

司法的特质在于个案式的处置，因此学者参与司法活动最主要的或最有代表性的形式，就是对司法案件的个案式关注。这种关注有的是学者主动而为的关注，如开展司法案例学术研讨；有的是应司法机关邀请而为的参与，如疑难案件论证；还有的介于主动与被动之间，如向法庭就个案提交专家法律意见书。此外，司法机关、法学科研院所、律师事务所等作为不同类别的法律人任职单位，在人才交流上也时有举措。四中全会《决定》更提出要建立从符合条件的法学专家中招录法官、检察官的制度。2016 年 6 月 2 日，《从律师和法学专家中公开选拔立法工作者、法官、检察官办法》施行。该办法规定：鼓励法学专家到人民法院、人民检察院等机关挂职锻炼，相关机关应当为法学专家挂职锻炼创造条件。这就又为我们提供了一种不同于个案式的，学者参与司法活动的行为样本。本章中，笔者根据法学学者对司法介入的不同程度，选取了司法案例研讨，出具专家法律意见书，兼职从事法律服务或司法工作，挂职担任司法官员等几类行为，展开对法学学者司法参与现象的研究。

一、参与司法实务研究

伴随着审判、检务公开，信息发布平台的多元化、自主化，公众对司法活动的积极关注，以及当事人对舆论力量的期盼与能动利用，一些司法实践中已决或未决案例，可以轻易地被包括法学学者在内的案外人获知，司法案例研讨条件极为便利。司法案例成了法学学者的研讨焦点，原因或有如下几方面：一是科研的需要，即法学学者的研究方向恰与相应司法案例有紧密的关系，故而参与或组织了与此案例有关的案例研讨活动。二是教学的需要，即为了向学生传授法学知识，通过实案研讨的方式展开，自然也涉及案例的研讨活动。三是司法的需要，即司法机关在审判、检察工作的实践中，遇到了疑难案件，或者需要总结审判和法律监督经验，需要理论概括，主动邀请学术界参与研讨与论证。四是当事人的需要，即当事人为了实现自己的权益或诉讼请求，无论是想厘清问题，还是拟扩大舆论影响，都可能邀请法学学者参与由其组织的相应司法案例研讨会。五是扩大学术影响之需要。这一诱因与前述几方面可能是交叉的，是法学学者参与司法案例研讨背后的一种动因。这种需要的主体可能是法学学者个体，也可能是其所服务的机构，即教研室、研究院所，甚至法学院系等。当然，法学学者参与案例研讨，特别是热点案件的讨论，还可能旨在通过发言而成就名利，或者推动国家的法治建设。不同的动因在一定程度上影响着法学学者参与案例研讨时的观点取向、论证坐标甚至学养水平等。后文中，笔者将对法学学者的司法案例研讨行为进行分类型分析：

（一）司法案例学术研讨

此处所讲的司法案例学术研讨主要是指非国家机关组织召

开的，围绕社会中出现的各种热点司法案例进行研讨的学术会议，实践中多由学术科研机构组织。这种司法案例研讨很多时候恰是这些科研机构常态的研究内容，即这些科研机构本身即以司法案例为研究对象，当然也可能是因为司法案例本身比较特殊，引起了相关学术机构的注意与研究兴趣，更多的是两者兼有。比如，2005 年成立的南京大学中国法律案例研究中心的宗旨即“以案例收集为基础，联合各级法院、检察院及其他实务部门，进行系统的案例汇编和研究工作，为实务部门和科研机构提供丰富的案例资源及法律实务与理论研究的互动平台”。〔1〕所以，当出现热点案例时，该中心不可能不予以关注。成立以来，该中心对“高淳无名流浪者死亡赔偿案”“三鹿奶粉案”“天价过路费案”“彭宇案”“许霆案”“泰州天价环境污染赔偿案”等在社会中引起热议的案件都曾开展过学术研讨活动。

这类司法案例的研讨活动的发起者可能是司法界或者当事人及其律师，但不管发起者是谁，其目的都应在于理论上的厘清、交流与提升，着重点都应在于“问题的研讨”。案例只是一个引子或缘由，通过研讨发现法律规定合理与否、司法裁判适当与否、法学理论完善与否等，进而对立法、司法、法学等法治界域形成促进，最终提升一国的法治水平。正如定期举办刑事法专题论坛的北京师范大学刑事法律科学研究院在第 30 期论坛所表示的。该期论坛以“天价过路费案”为标本案件展开，目的则在于“促进刑事法律制度完善”。〔2〕

这类司法案例研讨活动如欲增强学术性，避免对法治建设

---

〔1〕“南京大学中国法律案例研究中心简介”，载《南京大学法律评论》2006 年第 1 期 。

〔2〕“刑法专家辨析‘天价过路费案’涉罪要点”，载 http://news.xinhuanet.com/legal/2011 -02/01/c_ 121046069.htm，访问日期：2016 年 6 月 26 日。

产生反推的可能性，则应关注以下四方面：一是研讨活动的组织者；二是案例研讨的时间点；三是研讨的参与者；四是研讨之立场。试想，一个由一方当事人及其律师发起召集的，在审的，有各级各类司法、科研工作者等参加的案件研讨会，即使发起人申明不设立场，只讨论相关法律问题，是否就意味着没有任何问题呢？事实上，如何控制和防止研讨观点被媒体选择性地报道，以及被案件当事人选择性地使用甚至歪曲使用都是可能存在的问题。

就组织者而言，司法案件研讨会的组织者最好是科研机构，其次是司法机关。如果是一方当事人及其律师发起，则被邀请的法学学者即应注意，防止研讨变异为“声援”，影响学术研究的中立性。就司法案件研讨的时间选择来看，只要是在审的案件，不管是一审、二审还是已经开始的再审案件，在参与研讨时法学学者即应注意识别“事实研讨”与“法律研讨”。在这一时间段内进行研讨，恰当的是“就法论事”而非“就事论法”。因为对于法庭未决的事实，任何非参与审判的讨论者都只能假定是不知事实真相的。反之，如果是对已经审结的司法案例进行讨论，则要宽松得多，既可以“就法论事”，也可以“就法律事实论法”。至于立场问题，真正的法学学者在进行案例研讨的时候，一定是倾听他人立场，并且论证自身立场。因此，如果法学学者们在开展对某些热点在审案件的学术研讨活动时，真正承载的任务是替某些立场作声援，则背离了学术研究的本来追求，这甚至比一些科研机构明码标价，直接接受一方当事人委托进行的专家论证还要不妥。因为后者的立场选择是明示的，即提供法律论证服务，而前者是打着中立的、学术研讨名义，臣服于一种立场，一定意义上，这是一种利用知识优势地位的欺骗。

任何一种针对司法实案进行的研讨，特别是对上述注意事项忽视的研讨，即便参与研讨的法学学者一贯具有良好的学术形象和人格魅力，也无法避免人们的质疑与批判。如学者张利春即以“以子之矛攻子之盾”的论证方法批评一向主张司法独立的法学学者在“许霆案”研讨过程中的言行。其认为参与研讨的学者应该能预见到自己的言论会给法官带来压力，却“乐见并积极促成这一局面出现”，因此“他就如‘和尚得性病’般地用自己的行为彻底粉碎了自己的信仰”。〔1〕此外，张利春在文章中还指出两种更为不当的司法案例研讨行为：一是法学学者们在评论案件时“对法官、法律所表现出的种种嘲讽与不屑”，认为该种行为“不利于民众建立起对法官、法律的尊重，甚至还会让他们对法官、法律原本就少得可怜的尊重，也丧失殆尽”。〔2〕如此，法学学者即以法律形象代言人的姿态，架空了法律人共同体中应然意义上的法律形象代言人——法官。二是不少法学学者在评论“许霆案”时，根本不具备法律人应有的能力、思维，他们不用法律理论讨论问题，也无视现行法律的规定，更不会顾及既往判决。尽管在“许霆案”的研讨过程中，是否真有此种情况，又是否真的会导致“中国民众经过30年艰难的法治建设，好不容易建立起来的对法治原本就少得可怜的信仰”，“几乎被消费的一无所有”〔3〕，但论者提及的问题本身则是值得警惕的。

（二）司法案件专家论证

当下法、检两院对于邀请专家参与案件或其他方面工作论

---

〔1〕 张利春：“欢愉还是悲哀——评法学家对许霆案的评论”，载《云南大学学报（法学版）》2009年第5期。

〔2〕 张利春：“欢愉还是悲哀——评法学家对许霆案的评论”，载《云南大学学报（法学版）》2009年第5期。

〔3〕 张利春：“欢愉还是悲哀——评法学家对许霆案的评论”，载《云南大学学报（法学版）》2009年第5期。

证，已经实现了制度化、常态化。最高人民检察院颁布有《关于设置最高人民检察院专家咨询委员会的决定》(高检发［1999］16号)、《最高人民检察院专家咨询委员会工作办法》(高检发研字［2008］1号)。该《办法》第2条对专家咨询委员会的工作内容有明确的规定，即“对检察工作中遇到的重大问题开展咨询活动，包括对检察工作中重大理论问题进行研究，对重大疑难复杂案件的相关问题进行论证，对最高人民检察院起草的工作报告、司法解释和有关规范性文件提供专家咨询意见”等。据统计，截至2013年初，最高人民检察院、27个省级检察院、80个地市级检察院、61个区县检察院共聘请专家咨询委员1426名。[1]实践中，无论是参与频率还是活跃程度法学学者都更为突出。

同样，各地法院也纷纷宣布设立专家咨询委员会，各法院对专家咨询委员会的作用，设想得不尽相同，但都较为宽泛。较早成立专家咨询委员会的郑州市中级人民法院规定，委员的职责是“参与法院重大的改革措施的论证，负责对法院审判工作中疑难案件和与审判相关专业领域的问题以及其他审判委员会认为需要咨询事项的咨询”。[2]杭州市中级人民法院则提出要“把专家智慧嫁接到审判资源上，对案件审判中遇到的具有典型性、普遍性和疑难性的专业问题提供意见，同时借助专家们的广泛社会影响，构建司法裁判与民意沟通互动机制”。[3]可见，河南市中级人民法院只关注了专家的专业性，而杭州市中级人民法院则不仅注意到了专家的专业性，还认为专家可以

---

〔1〕郑赫南：“专家咨询委员：‘外部智力’拓宽检察视野”，载《人民监督》2013年第1期。

〔2〕“案情复杂，咨询专家，郑州市中级人民法院成立专家咨询委员会”，载《大河报》2003年7月3日。

〔3〕“市中级人民法院聘任咨询专家”，载《杭州日报》2009年8月21日。

同时实现民主性。更有法院工作人员透露出专家的参与还有另一种作用，即“当前一些社会因素对法院办案干扰很大，希望咨询委员会的论证能起到‘解压阀’的作用”。〔1〕

从以上对法、检两院专家咨询委员会制度的分析可知，他们并不把法学学者的参与行为定位在疑难案件的论证上，对法学学者还有民主性、解压阀等期望。然而，法学学者参加司法案件专家论证实现的只能是专业性这一种作用，通过其论证以发挥其他作用的能力实在太过微弱，或者说如果一个法学学者在对司法的参与过程中，发挥的是或主要是民主性等作用，则其已泯然众人矣。因此笔者认为，事实上，实践中亦是如此，法、检两院在更多的时候只有在遇到复杂、疑难案件的情形下，才会邀请法学学者参与论证。法学学者在参与这类案件论证时与纯粹的学术研讨是有区别的，这种类型的案件研讨主导者是司法权主体。检察院就某被告人应以此罪还是以彼罪起诉可以邀请有关法学学者参与分析，法院也可以就一些案件如何裁判邀请法学学者到场论证。这种论证会的着重点在于案件的解决，对于邀请者来说，他们希望专家不仅只是讨论，还需要协助证成相关观点，因此结论应该明确并且可操作。基于这些特点，案件专家论证会的组织者和法学学者就应注意以下几点：

第一，应突出法学学者之专。司法与立法不同，立法是制度规范的创制，强调民主性、科学性、多元利益协调性等。在制定规则的时候法学学者的专业方向虽然重要，但却需要兼顾多元。当规则被制定并实施之后，就是应用的问题了。在这一场景下，案件论证的参与人，应该是那些对规则的把握和理解更有深度的人，以便有能力协助裁判者更好地解决实践中遇到

〔1〕“法院首设审判专家咨询委员会”，载《北京青年报》2012年5月7日。

的疑难案件。也就是说要强调法学学者的术业问题。然而实践中，司法机关却似乎更关注便利性、代表性甚至权力性。比如，从2008年最高人民检察院公布的专家委员名单分析看，26名委员中，只有四川大学的左卫民、西南政法大学的龙宗智、中南财经政法大学的吴汉东、复旦大学的谢佑平等4位京外学者，不过占到15%左右。〔1〕而从最新一批增聘的专家咨询委员会委员名单分析来看，这种地域性差别似乎大为改观，22名增聘的专家委员分别来自清华、北大、西南政法、中国人大、北师大、复旦、南大、南师大、武大、华政、中央党校、国家行政学院、吉大、厦大、中南财经、中政等十几所分布在全国各地的大学。〔2〕但笔者又注意到，这一次的受聘法学学者中又多数是拥有较高领导职务者，主任、院长、校长、党委书记者占绝对多数。而且尽管高检院在上述［2008］1号文第8条中规定“专家咨询委员会委员每届任期为5年，可以连续聘任”，但需要读者注意的是，在2008年公布委员名单时，文件末尾注明的“以上专家咨询委员聘任期为5年”在2011年公布的名单中却并没有出现。当然，其文件使用了“增聘”一词，可能的设想有二：一是前一批委员自然续聘，二是为了照顾面子，新委员名单公布，旧委员自然解聘。如果是后者，则一定意义上可推知聘任者的选聘标准并不是以专业能力为主，因为一批法学学者不可能在5年前专业水平是一流的，而5年后却全部不入流。司法机关如不能以专业能力为主要标准去选聘法学学者参与司法疑难案件的论证，则即便请来了法学学者也意不在发挥其专业性，

〔1〕参见“最高人民检察院增聘专家咨询委员会委员名单”，载《检察日报》2008年1月31日。

〔2〕“关于增聘王亚新等22名同志为最高人民检察院专家咨询委员会委员的决定”，载《检察日报》2011年12月30日。

而是其他。如此便与法学学者的社会功能发生了背离，对于法学学者的法治建设功能也就造成了减损。

第二，应把握论证对象。首先，必须是疑难案件。常规性的案件，不管标的多大，影响多广，都不是邀请法学学者参与论证的合适理由。法学学者群体不是备用法官，也不是法官助手，既不应将其作为挡箭牌，也不应将其作为解压阀。其次，邀请法学学者参与论证的，应是与法学理论有关的案件事实本身的定性与法律适用之疑难，而非事实的认定与裁量把握。因为一般来说，司法经验是法学学者的“短腿”，司法人员对案件客观事实的认定与裁判幅度的把握要有足够的自信与担当。再次，法学学者参与案件论证也应彰显其学者姿态，应体现法律的精神，即便是受邀参与针对具体案件的论证，法学学者依然应坚守自己的身份与职业伦理。正如强世功在一篇文章中谈到的，法学学者不是政府官员，也不是法官和律师，法学学者思考得更多的不应是“国情”，也不应是如何解决具体的案件。〔1〕当然“当事人利益最大化”、社会和谐稳定等也不应作为重要关注内容。法学学者参加论证，思考的内容应该是法律的理性、公平正义的实现等。当然，论者也并不是说其他问题不重要，但考虑到社会分工是如此细致，其他问题自有其他界别之主体进行关注，而法学学者本即应关注法律，如果法学学者越俎代庖，则不但虚化了学者的作用，更会误导其他主体的决策与选择。法学学者参与司法系统的疑难案件论证，就应该极尽所能地展示对相关问题的法学支撑。如此，针对疑难案件的处理，只有政党的、国家的、司法者的、当事人的、学者的等各方观点悉数呈现，协商沟通、融合调和，才有可能达到对相关问题解决

〔1〕 强世功：《法律人的城邦》，上海三联书店2003年版，第51页。

的最佳状态。

第三，应遵守必要的程序性规范。司法机关主导召开的案件专家论证会，与法学界主导的司法案例学术研讨会在性质上是有很大区别的。前者有司法辅助行为的特征，对司法可能产生实质性的影响，而后者本质上则是学术活动，对司法的影响是间接的；前者参加人员多为封闭性的，未被邀请者一般无法参加，也就对论证话题无从获知，而后者一般是开放性的，对参与者多不设限，即便有所限制也无法起到有效的制约作用。比如，南京大学中国法律案例研究中心在研讨“高淳无名流浪者死亡赔偿案”时，正值该案二审期间，所以对该案一、二审法院的法官是均不作邀请的，但研讨现场并不会去真正查验参会者的身份。根据程序正义的基本原则，当某一主体事实上可能对诉讼当事人的权利义务产生本质性影响时，当事人的知情权即应获得保障，以便其能及时行使回避申请、对等抗辩等诉讼权利。简言之，笔者认为司法机关组织针对个案的专家论证会时，应在程序上公开透明，而参加论证的法学学者应该遵循基本的回避原则。比如，在未结案前不得在课堂或学术论文中透露论证情况，也不得再参加由一方当事人组织的案件研讨会，更不得担任一方当事人的代理人。

（三）指导性案例的研讨论证

案例指导制度是最高人民法院所推行的一项重要的司法改革创新举措。根据最高人民法院的《关于案例指导工作的规定》可知，“指导性案例”与一般案例不同，这种案例必须经由特定机关特定程序去编选，在效力上各级人民法院在审判类似案件时则应当参照，可以作为裁判文书的说理依据加以引用。似乎可以这样理解，为了保证统一司法、公正司法而提炼出来的指导性案件，一定意义上具有了规范价值，尽管语词上表示指导性案例只是作为“说理依据”。法学学者在如此重要的法制行动中的地位如何呢？根据最高人民法院的规定及相关负责人的解答可知，法学学者可能的参与途径有二：一是学者可以主动向“作出生效裁判的原审人民法院推荐”备选的指导性案例；二是有权机关在编选指导性案例时，“可以征求专家学者”的意见，[1]故学者可以借此发表针对指导性案例编选的专家意见。对此，有学者撰文阐述了对该制度的担忧。他说：“学者对此制度建设的贡献难道就应当止步于抽象理论的讨论吗？在具体的判例或者指导性案例的形成上，就应当完全由法官，甚至最高人民法院的专门机构独担重任吗？”[2]该学者进而在文章中论证认为，在此制度中，学者需要“扮演极其重要的角色——抽取先例性的规范并担保其妥当性”。其核心观点即指导性案例制度重要的是先例性规范的确定，而确定主体最合适者为法学学者，因为“法官职业群体的法学研究能力”整体不可被高估，更关键的是法官埋头于实务的职业特点限定了其视野和理论深度。因此“职业的分工决定了学者群体在判例的最终形成上能够扮演法官群体难以替代的重要角色”。[3]

在笔者看来，职业的分工问题决定了指导性案例的清理、编纂、公布等日常职能性工作只能由相应的职能机构来担任，但这并不意味着学者作用不重要，或者说学者作用不能发挥。根据最高人民法院的规定，指导性案例，一般是社会广泛关注

〔1〕《最高人民法院关于案例指导工作的规定》第5条及“最高人民法院研究室负责人就案例指导制度答记者问”，载 http://www.court.gov.cn/search.html?content，访问日期：2016年6月26日。

〔2〕解亘：“论学者在案例指导制度中的作用”，载《南京大学学报》2012年第4期。

〔3〕解亘：“论学者在案例指导制度中的作用”，载《南京大学学报》2012年第4期。

的、法律规定比较原则的、具有典型性的、疑难复杂或者新类型的生效裁判。可想而知，这种案例在裁判形成过程中即可能已经有了法学学者的参与，在前期的参与过程中，法学学者对相关的规范内涵或者已经进行了阐述或提炼。而且指导性案例的生成只是一个起认证或赋予效力价值的程序性工作，在这一环节中，对有权主体的法学理论要求并不太高。换言之，法学学者的参与行为是前移的，即在日常的学术研究时关注司法实践，发现已有规范的法理硬伤、制度漏洞，论证疑难案件如何裁判。在这个过程中，发现具有规范价值的案例并推送至法定的生成程序中，使其成为指导性案例；或者通过学术讲座等科研途径，使相关裁判扩大影响，并对司法实践产生事实影响，这也许就是法学学者对指导案例制度最大的贡献。也就是说，问题不在于职能配置，而是学者的研究旨趣、能力与整体的学术氛围，这一点可能也正是前述文章作者的期望所在，即激发学者的参与热情。当然参与还应是以学者的姿态去参与，比如，提升判例研究在学术评价体系中的地位、在学术期刊中设置判例研究专栏、学者们撰写案例评论时要有发现续造之法的意识等等。

二、出具专家法律意见书

专家法律意见书是指以法学学者名义出具的，被提交至纠纷裁判机关的，针对具体个案的书面意见，最典型者莫过于2003年“刘涌案”中曾经广受关注的那种专家法律意见书。〔1〕

---

〔1〕 2002年4月17日，刘涌被辽宁省铁岭市中级人民法院以多项罪名一审判处死刑。2003年8月15日，其又被辽宁省高级人民法院以近乎相同的罪名改判死刑缓期二年执行。判决结果出来后，舆论哗然。后有一种说法称，是一份《沈阳刘涌涉黑案专家论证意见书》在此案中起了比较关键的作用，该意见书由当时国内十多名知名法学专家签名出具。参见林楚方：“沈阳刘涌案改判调查”，载《南京周末》2003年8月28日。

这是法学学者以专家名义深度介入司法案件的一种典型的自发式行为。浙江省高级人民法院研究室在2004年曾对此种现象作过专题研究。[1]对法学学者的这一法律实务参与行为，论者观点冲突很大。反对者有之，认为专家法律意见书是"施向法庭的无影神掌"，是"射向法庭的暗箭"[2]；支持者亦有之，认为这是一种意见表达，体现的是司法民主，专家论证意见退出市场应在"中国法治化程度较高，法官素质、法官职业化、法官独立性得到大幅度提升的情况下"；[3]也有不少折衷者认为该现象有其存在价值和合理性，但也有一些问题应在制度和技术层面进行改进。[4]

（一）专家法律意见书的正当性分析

人的行为与法律的关系可以有如下几种：一是合法的行为，即行为有明确的法律论据，如律师在法庭上发表辩护或代理意见之类。二是不合法的行为，即法律明确禁止的行为，如辩护律师帮助犯罪嫌疑人、被告人隐匿、毁灭、伪造证据或者串供的行为。三是法不禁止的行为，即法律对行为不置可否。针对第三种情况，不同的主体有不同的法律适用原则，对公权者

---

〔1〕 叶向阳："关于'专家法律意见书对审判工作影响'的调查"，载张启楣主编：《司法热点问题调查》（2004年第1辑），人民法院出版社2004年版，第79~88页。

〔2〕 何兵：《利害的分配：我们身边的法律》，生活·读书·新知三联书店2005年版，第141~148页。

〔3〕 参见周光权："专家论证意见的现实合理性"，载http://news.sohu.com/57/01/news212740157.shtml，访问日期：2016年6月26日；萧瀚："也谈司法过程中的法律专家法律意见书"，载http://news.sohu.com/67/18/news212681867.shtml，访问日期：2016年6月26日。

〔4〕 张泽涛：《司法权专业化研究》，法律出版社2009年版，第269~287页专门讨论了"法学学者参与司法：专家法律意见书的现实合理性及其规范"问题；赵秉志主编：《中国疑难刑事名案法理研究》（第2卷），北京大学出版社2008年版，第254~321页，"刘涌黑社会组织犯罪案法理研究"一文中，专门讨论了"专家法律意见书的性质、作用及发展趋势"。

“法不授权不可为”，对私权者“法不禁止即可为”。就法不禁止行为而言，在宪法理论上一般即被称为“自由”。自由不同于权利，权利须有义务与之配比，而自由的边界只在于不侵犯他人之权利。法学学者就司法机关正在处理的案件提出个人观点，进行学术论证，召开案例研讨会进行讨论，这些都是毫无疑问的学术自由范畴内的行为。如前所述，南京大学中国法律案例评论中心的研讨活动即是如此。在“药家鑫案”一审过程中，犯罪心理学专家李玫瑾就药家鑫连扎受害人8刀的行为进行了自己专业领域内的学术分析，网友纷纷“拍砖”，质疑其观点、动机，但没有人质疑其作出分析的自由。依如上分析，法学学者对热点案件提出个人意见，这是一种自由。意见的表达形式可以是口头表达，也可以是时评短文，甚至可以是学术论文。传播途径可以是上节目、写博客、发微博、登报纸、期刊刊载等等，当然也可以是A4纸打印互相传阅。

那么，为什么当专家法律意见书出现在法庭上就引起争论了呢？依如上分析可知，专家法律意见书经由当事人或代理人之手传阅至法官当然不存在合法与否的问题，因此解释引起争论的内因，或者说讨论此种行为的正当与否，只能从合理与否层面展开。如下的分析可以判明：一定意义上，专家法律意见书进入法庭，法不禁止但并不合理。

首先，学者出具署名专家法律意见书，有时并不只是自由行为，而是一种义务行为，即相关专家法律意见书的生成可能有其契约关系为基础。实践中，确有法学学者有偿出具专家法律意见书的情况，据称往往是以“3万元”“5万元”作为议价起点。〔1〕这就使得获取专家法律意见书极有可能成为只有有产

〔1〕 孙海龙、姚建军：“实践与理论互动的智慧——专家法律意见书对审判权的影响”，载《全国法院系统第二十二届学术讨论会论文集》，第9页。

者才能消费得起的服务行为，而当专家法律意见书裹胁着后文中将详细阐述的其他因素进入法庭时，则极有可能对法庭最后的裁判产生影响，这对消费不起的当事人就是不公平的。当然，这一点本质上只能对出具意见的法学学者的道德评价产生影响，但并不能影响其出具意见书的自由和愿意承担此种义务的权利，以及可能的法律责任、行为后果等。

其次，专家法律意见书的实质内容与其专业素养和能力可能并不相匹配。不反对专家法律意见书进入法庭的论者所持的一个重要理由就是法官专业化水平不高，专家意见“使得判决更具准确性和权威性”。〔1〕也就是说，专家意见介入司法应凸显其专业性，但这一点事实上并不能保证。一是当下中国的法官职业群体的生成过程与学者并无不同，他们都经过大致相当的知识训练，在大学毕业后同一班级的同学进行了第一次职业分流，进入法院系统的成为法官，进入科研系统的成为学者，之后两者在各自的职业化道路上前行，所追求的直接目标有差异，但终极目标又是一致的，即追求法治，追求实现社会公平正义。目标的关联，以及法律职业国家统一考试和后期的职业培训制度，决定了两者在一定的场合又会发生交叉甚至角色互换。如成为学者型法官、实践型学者，或者学者转行进入司法系统，法官转行成为学者等。二是专业性是一个相对的概念。在职业分工如此细密的时代，专业化也可以更细密。正如有学者在讨论“法律思维与法律职业”时所论及的，法律职业内部的分工更专业化、专门化，法律共同体有共同的使命，但“他们又必须在共同目的之外，立足于各自的角色，实现自己的角

〔1〕 孙海龙、姚建军：“实践与理论互动的智慧——专家法律意见书对审判权的影响”，载《全国法院系统第二十二届学术讨论会论文集》，第1页。

色目标”。[1]法学研究和司法审判未尝不是有关法律科学的一种更细化的专业区分。如此，基于专业目标的差异，对法律专业的多元价值的取舍也会有正常的差异，而这种差异决定了在对参与者的行为进行专业性评价时标准应更加细致。三是司法场域的专业性要求论者对所论证的问题应充分了解。专业性如果是指对法律理论的熟稔程度或逻辑推理能力的高低，则专事研究的法学学者可能高于法官，但就具体案件来说，特别是对有关事实的认定、裁判尺度、社会效应等问题的分析能力，法学学者未必高于法官。在很多国家，初审法院对案件事实具有绝对确定权能，上诉审可能只是法律审，其原理之一即认为初审法院是更接近事实者，特别是通过言词审理的法官才更清楚事实问题。[2]法学学者作为案外人，其在全部卷宗的阅知可能性都无法保证的情况下，很难对案件事实作出确知的判断，而如对案件事实本身都不甚明了，则其判定极有可能有失公正、中立。何况如刘星所分析的：理论中的法律知识，其实不是一个科学化、中立化的知识系统，而是一种或张扬或隐蔽的规范化、立场化知识主张，理论立场并不存在优于实践立场的合理性。[3]受单方邀请而出具的意见，其客观性和中立性更是存在着天然的缺憾。

再者，法律意见书进入法庭，但出具意见书的学者无须承担任何诉讼责任。拥有专家法律意见书的当事人或代理人并没

---

〔1〕 刘治斌：《法律方法论》，山东人民出版社 2007 年版，第 97 页。

〔2〕 在 2012 年西安举行的全国法理学年会上，有学者对此处的观点曾提出不同看法，认为学院的学者在专业上肯定比法院的法官要更精深。笔者以为该学者没有注意到法学专业性以及法律专业性的区别，也没有领会专业在研究中和在实务中的作用，更没有注意到专业的相对性，一个有多年审判经验的知识产权法官和一个学养尚浅的学者相比，后者的专业性未必高于前者。

〔3〕 刘星：《法学知识如何实践》，北京大学出版社 2011 年版，第 22 页。

有将专家意见内化为自己的思想和言词，而是将专家法律意见书直接提交至法庭，说明他们并不是将重点放在“专家意见”上，而是在乎“专家法律意见书”这种材料的外在形式。换言之，对他们来说，更重要的可能不是内容而是这个载体本身。专家法律意见书本身并没有以物质形态进入诉讼程序的通道，但却能借着当事人或代理人之手进入诉讼。我国的诉讼程序采用直接审理主义和言词主义，多数进入诉讼中的材料，都应经质证或辩论。如果专家意见融入代理、辩护意见中，对方就可以在当事人或代理人陈述时知晓并寻求其他专家意见佐证自己的主张。以专家名义进入诉讼程序中的法律意见书不属于法定的诉讼材料，法庭无须向当事人公开，因此进入诉讼程序的专家法律意见书极有可能影响当事人的实体权利。但做出这个“文书”的主体既不向当事人负责，也不向法庭负责，他们的意见书在法庭上不经受质疑和挑战。“他们的意见很可能真实地左右了法院的判决，但那个因此而落败的当事人甚至不知道他们的存在，不知道自己最终败在谁的手里。”〔1〕因此，有学者指出，这是专家法律意见书存在的悖论之一，即“基于对实体正义的追求却忽视了程序本身的价值”，建议“法院对于专家法律意见书应一律拒绝接收”。〔2〕

事实上，法院根本无法拒绝接收，因为提供任何材料都是当事人的权利，当事人可以提交任何他认为对自己有利的东西。证据、红头文件、最高人民法院的指导案例、学术著作等均可，

〔1〕何兵：《利害的分配：我们身边的法律》，上海三联书店2005年版，第143页。

〔2〕柳砚涛、刘孝堂：“‘司法权威’与‘学术权威’的竞存——由‘专家法律意见书’存在的几点悖论引发的思考”，载《河南公安高等专科学校学报》2008年第2期。

甚至如果他认为法官已经孤陋寡闻到了可能根本不知道相关法律规定的时候，他也可以提交法律条文给法庭。前文将专家出具意见书的行为界定为法不禁止行为，主要是基于意见书是通过一方当事人或者代理人进入法庭的这一角度考虑的，这种情况下，专家和法官事实上并不直接联系。如果有这样的法学学者——他非常热心地关注着法院对具体案件的审判，经常针对在审案件出具自己的意见书，直接寄送审判法官——又当如何？一个简单的三段论是：《宪法》第 41 条规定公民对任何国家机关和国家工作人员有提出批评和建议的权利，任何人不得压制和打击报复。法学学者是公民，司法者是国家工作人员，那么法学学者通过出具意见书的方式对司法者提出批评和建议就是一种正当的行为。难道法官能出具一个不许法学学者寄送意见书的裁定么？当然不能，但如果这样，人们也大可不必担心法官受到学者的强制，因为专家法律意见书本质上不是辩护意见，不是证据，而是一种学理解释、一种社会舆论、一种建议和意见，其效力也就不言而喻，即对司法者的约束力不是强制的，而是柔性的。法官有相应的职业保护机制，如独立性，这种独立性至少保证了一点，即无论有没有专家意见，法官都可以独立裁判。

如此看来，即使专家法律意见书进入法庭存在如上所述的诸多不正当之处，将这种不正当效应放大的主要责任者也不应是法学学者，而只能是裁判者或者其他利用专家法律意见书的人。换言之，重要的是追问专家法律意见书，对法治特别是对法官产生了何种影响？为什么会产生如此影响？当事人和代理人为什么要寻求专家法律意见书，他们如何利用专家法律意见书使裁判者在自觉或不自觉中受到影响？后文的分析或可在一定程度上回答这些追问。

（二）专家法律意见书的效应分析

（1）扭曲了学术品格。专家法律意见书现象出现后能引起各方争论，说明在一定程度上，法学学者的这种法律参与行为已经引起了人们对法学界的特别关注，法学学者的这种行为的影响可能已经超出了行为本身，人们的解释范围已经放大。但不管是正确的还是错误的解释都会扭曲法学界的学术品格，要么是法学界确实出了问题，要么是法学界的形象在大众眼中出了问题。法学界作为创造并维系法治国家法治文化的核心主体，一旦扭曲了的学界品格或形象，对法治的冲击将是致命的。专家法律意见书对法学界的影响具体说来，至少表现为如下几个方面：

第一，可能导致法学学者失去创造法治文化的独立性和主体资格。法治文化依刘作翔的“中义文化观”来看，应该包括“法律制度结构和法律观念结构”。〔1〕在中国的实践中，无论是法律制度的建构，还是法律观念的建构无不与法学学者有密切的联系，特别是在法治文化的培养及法律职业群体的素养提升等方面，法学学者都是中流砥柱。然而，法学学者作为自然人，在社会这个大的系统中，有专业创造和职业分工的一面，也有柴米油盐、衣食男女的一面，在其参与的各种活动中，哪怕是那些与法治建设有密切关系的行为，也都不能保证对法治文化是确定有益的。郑也夫在分析知识分子与市场的关系时认为，社会由政治、市场、文化三大系统组成，政治和市场都是文化的买主。〔2〕孙笑侠认为“在中国传统文化熏陶、培养下的‘法学人’，本质上都是搞政治或热衷于政治的一群”，他们崇拜权

〔1〕 刘作翔：“法治文化的几个理论问题”，载《法学论坛》2012 年第 1 期。

〔2〕 郑也夫：《知识分子研究》，中国青年出版社 2004 年版，第 190～193 页。

威、成为附庸。[1]因此，在市场经济背景下的法学学者，也极有可能成为热衷于追求金钱之人。他们崇拜财富、已然沦为附庸。从前述分析来看，专家出具法律意见书虽然有不少为正义请命的例证，但也极有可能存在这种附庸的现象。

同时，笔者认为，尽管非自然科学的事物很难非此即彼，在不同的时代，法学学者文化贡献的立场总是隐在的，但以法学学者身份展示的言行，也要尽可能不对群体所真正承担的社会法治文化建构大业形成反推。如果专家法律意见书在司法中的作用被证明甚至放大，影响的绝不只是个案，其效应不仅是对司法本身的影响，对社会公众、当事人也有巨大的暗示效应。换言之，可能的结果是司法的程序遭到破坏，影响的是整个机制。如果这种影响与公民理解的公平正义相去甚远，则会使社会公众对法学学者这一法治理论供给者的信任也受到冲击。法学学者自认的形象是“以关注人的权利，检验实在法的合理性，研究社会管理的最佳模式等为己任的独立的公共知识分子”。[2]公众认为法学学者“凭借自己特有的教授或研究员身份，游走于司法机关与商界巨贾之间，甚至甘心充当钱权联姻的媒婆”，“人格双重化倾向严重”，“借助自己是某部门法学会会长、某大学法学院院长、某学术委员会主任所拥有的权力，压制、排挤、打击与其学术旨趣相异的法学学者。更有法学学者利用招收博士的机会，大搞庸俗社会关系学”。[3]亦即因为社会公众一般认为法学学者拥有更多、更合理的法学知识，认为法学学者应该

---

〔1〕孙笑侠等：《法律人之治——法律职业的中国思考》，中国政法大学出版社 2005 年版，第 68 页。

〔2〕孙笑侠等：《法律人之治——法律职业的中国思考》，中国政法大学出版社 2005 年版，第 69 页。

〔3〕戴福：“我国法学家的道德危机”，载《民主与科学》2004 年第 6 期。

掌握关于规则、权利义务、公平、正义等与法治有关的话语权，但当法学学者不当使用话语权甚至滥用话语权时，其社会公信力自然会降低。一旦人们不再信任法学学者，那么，对法治文化的培养大业来说就是致命的，因为法学学者对于法治的解读影响力将大跌，人们将更信任自己的感官体验，更倾向于以人生的传统经验指导自己的行为。而在中国传统文化中与法治相对立的文化因素，诸如请客送礼找关系等，就会乘虚而入，最终严重影响中国法治文化的建构。

第二，可能导致法学理论的生效路径，偏离文化形成的规律。在社会生活中，每一个界别都有自己的活动场域和限度，否则都会导致专权。政治会专权、司法会专权、学术界的作用无限放大也会产生知识专权。学术研究的目的不是具体地参与司法，而是一般地提供理论与方法，学者对社会的作用模式整体上应该是气态式的无处不在、无形无色，但不可或缺。即便是针对个案式的介入，也只能是液态式的弱性浸入，而不可是固态式的强行掺入，否则不但导致自身迷失，也会摧毁其他角色的形象。同时更应当注意到“学术研究的局限性和法官职业化进程的重要意义，因而不应一味地借揠苗助长的冲动去取代法官的角色。况且，法官的角色是专家所无法取代的，因为法官在‘以大量实践的、具体的知识或保密的信息作为其专业知识的基础上’从事着‘一种特殊的艺术’创作”。[1]专家法律意见书一定意义上反映的主要是法学学者对法官的知识压迫，一旦法官真切地受到了知识权威的压迫，或者法官屈从了知识权威，则其职业独立性和专业性将受到冲击，这对社会整体的法治建设是不利的。

当然，法学是一门与实践紧密结合的学科，正如田涛先生

---

〔1〕 宋冰：《程序、正义与现代化——外国法学家在华演讲录》，中国政法大学出版社1998年版，第294～301页。

所言“要想成为真正的法学家，必须要知道外面的世界很精彩”〔1〕，但其意并不是指“送法下乡”，而是指“下乡寻法”，这是一种学术研究的可行路径。同样为了研究，对于司法实践，法学学者当然也应关注，但关注的目的应在于研究而不在于教导。对学者而言，所谓参与司法，主要是指其可主动开展的针对各种司法现象，甚至案件的学术研讨会、专题讨论会、热点案例分析沙龙等。学者作为知识群体因无公权力在身，其所做的思辨讨论也就未出言论自由范畴。其研究成果，不是强行灌输给司法者，而是志在让法官信服而内化为裁判指导。换言之，法学理论的正当生效路径是通过学术成果的精神内化，从而开发民智，引导司法裁判水平，最终最大化地实现公平正义，这也是法治文化走向强大的基本路径。

第三，可能强化了身份文化而弱化了职业伦理。根据社会学学者的研究，身份内涵丰富，既可指基于血缘的先天身份，也可指人在后天的人生积累中成就的客观存在的职业、收入等特点，不同的特点代表特定的人在社会上或法律上的地位、资格和声望。〔2〕身份与地位是紧密联系的，而地位是不平等的，地位往往会产生权力、威望和特权。〔3〕有学者指出身份社会是一个人治社会，讲究身份是为了维护少数人的特权，身份是特权的渊源，是特权的实质根据。〔4〕身份文化是一种与法治文化

---

〔1〕 何勤华、贺卫方、田涛：《法律文化三人行》，北京大学出版社 2010 年版，第 84 页。

〔2〕 李强：《当代中国社会分层与流动》，中国经济出版社 1993 年版，第 243～249 页。

〔3〕 参见［美］乔尔·M. 卡伦、李·加思·维吉伦特：《社会学的意蕴》，张惠强译，中国人民大学出版社 2011 年版，第 63～65 页。

〔4〕 刘秀：《转型期人的个性与社会秩序关系研究》，天津人民出版社 2008 年版，第 277～281 页。

不相融洽的存在，其与法治文化中的契约精神的背离已为众多学者论及，而当事人提交专家法律意见书恰是意在凸显法学学者的身份。

人类关系的复杂性，决定了每个人都有许多身份，而身份又与职业有极大关联，每种职业都有其伦理要求，比如，知识分子是社会的良心、律师要充分维护当事人的利益、法官应居中裁判等。因此，有一种情况我们应警惕，即身份兼占，如学而优则学且裁判。尽管能者多劳，横跨理论与实务两界可能有诸多的优越性，甚至对法学学者来说是一种必要。如江平在其口述自传中谈到的："人是要担任多重角色的，只有担任多重角色才能体会各自分工、责任的不同。我担任教授，一生离不开的是讲坛；我担任过校长，离不开的是行政权力；我担任过两级（最高的和最低的）人大代表，行使的是民意代表的职能；我担任过全国人大法律委员会副主任，行使的是全国立法职能；我担任过二十多年的仲裁员，行使的是司法的职能，我从中学到了如何行使审判员的权力。只有参加多种社会活动，担任多重社会角色，才能使自己避免成为关在象牙塔内的封闭学者。"〔1〕但我们也必须注意到，在一个社会组织体中，学者与司法者的社会定位和存在价值是不同的，并且对于一个社会来说，两者是缺一不可的。一个人不可能在同一个问题上同时坚持两种价值。江平教授在谈到其卸任大学校长职务变成了普通的教授时说："我开始从学者的角度出发思考问题"，"我的立场有点不太一样了，我可以就我了解的问题发表独立的看法。这跟我当校长的时候完全不一样了。从这一点来说，我已经变成了自由之

〔1〕江平口述，陈夏红整理：《沉浮与枯荣：八十自述》，法律出版社2010年版，第426页。

身，能够自由地表达自己的看法”。[1]因此，法学学者在为法不禁止行为时，如果意在让自己的观念强行影响司法，则一定要切换身份，比如，可以代理人、陪审员、人民监督员、人大代表等身份出现，甚至如果志在裁判，最彻底的身份转换就是脱离学者队伍，进入司法系统，而不能利用其他身份或混同其他身份，又或者以此身份之名义为彼身份之行为。

（2）异化了诉讼程序。当前，对程序的价值社会各界已经基本有所认知，至少在理论层面争议的内容已经得到提升，即不再争论程序是否有助于公平正义，或者应否予以重视，而是如何发掘程序的更大价值，以及怎样设计程序才能达到价值最优。程序的价值实现有赖于对立两造，在居中裁判者那里对信息和证据进行公开、平等、透明的交流、辩论与对话。一旦这种基本的行为要素无法得到保证，程序就极有可能被异化。最常见的异化方式不外两种：一种是压缩程序，一种是扩张程序。压缩程序主要表现为法定的程序仪式化，不充分关注程序之中的实体行动，或者滥用法律授予的程序自由裁量权。比如，法院过分强调速裁，往往会忽视最基本的审判程序、事实调查和告知义务，从而在事实上给当事人带来更大的讼累和损害。孙笑侠在讨论司法程序与司法权时谈到“法官的职业特点决定了他们常与案件发生关系，并基于人的思维惰性，他们往往极容易对法律适用的根据发生疏忽心理，所以每每不假思索地进行法律适用”，而程序正是法官理性选择的有效措施。[2]这种程序如被压缩则会使程序促进理性裁判的价值得不到实现。扩张程序则表现为在现有程序中增加程序，或者扩大程序漏洞，或

[1] 江平口述，陈夏红整理：《沉浮与枯荣：八十自述》，法律出版社2010年版，第213页。

[2] 孙笑侠：《程序的法理》，商务印书馆2005年版，第29~33页。

者将程序中的幅度用尽。

专家法律意见书出现在个案的审判过程中，对诉讼程序的两种异化都有促成可能。一方面，其为法官提供了一种裁判论证，可能使法官忽视言词听审，自主判断。另一方面，如果在这个案件中专家法律意见书起到了立竿见影的效果，这种行为在法律人那里必然会有示范效应，这就使得法定程序中事实上增加了一种特殊程序，而且这种程序的决定权还在当事人手中，这与裁判者控制程序的基本法理是不符的。同时一种对实体有影响的程序如果存在，则必须对双方都平等适用，如此，则社会学家的分析就不无道理，即法学学者参与法庭审判将成为一种新的时尚和流行，当事人可以请法学学者来论证，也可以请政治学家、社会学家来论证，法庭庭审将大乱。〔1〕也许有人会质疑，法学学者的行为不是法不禁止吗？诚如此，但法学学者的行为法不禁止，不代表法官的行为以及当事的行为法不规范。专家法律意见书本质上不过是一种学理解释，这种解释一般可以是分散地反映在著作、论文中，也可以相对集中地反映在案例研讨会上。相关学理解释即使学术群体不去积极呈送司法群体，同样也可以影响司法群体。也就是说，法官、律师、当事人等从其他途径受到了法学学者的学术影响无可厚非，但在程序中，在法庭上，学者的学术意见以一种“准文书”的形态出现，则是对原有法定程序的一种冲击和破坏。

也正因为此，支持专家出具法律意见书的学者多会提出应在程序上进行制约，如认为专家法律意见书应当表明专家受哪一方当事人的委托，专家阅读了哪些案件材料；法院收到专家

〔1〕 邵道生：“对《沈阳刘涌涉黑案专家论证意见书》的‘社会学论证’”，载 http://www.people.com.cn/GB/guandian/1036/2088195.html，访问日期：2016 年 6 月 26 日。

法律意见书后，应告知对方当事人，并允许其查阅和复制；经当事人申请并经法院同意的，可以让专家出庭，接受双方当事人交叉询问；判决书中应当提示一方当事人向法院递交专家法律意见书的事实，叙明参与论证的专家姓名及其核心观点；专家法律意见书应当收入案卷，以备查阅等。[1]

（3）扩大了裁判法源。法律渊源的内涵较为复杂，从法官裁判所受影响的规则理念来源来看，制定法、先前判（案）例、学术理论、风俗习惯、道德教化等均可被称为广义之法源，这在各类裁判者那里并无不同。从作为裁判依据的角度来看，在当下中国，制定法是唯一正当的法律渊源。事实上，中国实践中影响法官裁判的因素并不少于英美法系国家的法官，甚至更多。以判例为例，当前判例除了在国际私法中作为渊源予以关注外，主流依然认为这不是中国法律的形式渊源。但事实上，自 1982 年起，最高人民法院即开始以公报的形式每年刊登为数众多的案例。2011 年以来，最高人民法院更是推出了一系列指导性案例，这些案例的裁判对法官们都起着类似司法判例的效力。还有各种政策，在我国几乎是仅次于法律的形式渊源；舆论或者所谓民意在中国当下对法官的制约作用也颇为强大，诸多的诉讼裁判都受到舆论的挤压即是证明，如“药家鑫案”“许霆案”“天价过路费案”等等。在如此众多的裁判法源实质存在的情况下，专家法律意见书的出现，对法官来说不过是又一种绝不柔性而是直逼眼前的渊源。

专家法律意见书在本质上是法学学者针对在审个案的学术理论、观点。对于法学学者的理论之于法律渊源的关系，不同的国度、时代和法系各不相同。正如周永坤教授梳理法律渊源

---

〔1〕何海波：《实质法治：寻求行政判决的合法性》，法律出版社 2009 年版，第 414 页。

时所分析的“权威的理论在不同时代、不同法文化传统里的法源地位不同”，罗马法中法学家的权威理论是重要的法源；中世纪的德国更出现过“遇到疑难案件，法官就求教于法学教授，当地法学院的全体教授的决议就是法律”的现象；在中国“法律是权力型的法律，权威性理论的法律地位较低”，“中国式的权威理论作用的传统在现代化过程中转换成了人治的形式”。周教授认为这种转换与法学研究落后，法学理论只是政治权威理论诠释，却自以为系法学权威理论有密切关系。[1]更何况，所谓法的渊源，应是对同类案件都有普适性的规范类别，专家意见书却是针对个案的，因此其根本不是完整的理论学说，更不应是法的渊源。如此，专家意见书本质上即是披着法源的外衣干扰司法裁判的意见载体，而不是规范。如果这种意见在实践中对法官的裁判产生了类似渊源性质的影响，则会使更多人去模仿，这就会加速律师跟法学学者的联盟，而律师是不应掩饰利益诉求和立场的职业法律人角色，与之结盟，法学学者的专业性、中立性和公正性便无法保证也无法取信于人。

（三）专家法律意见书出现的原因分析

（1）当事人：意在专业还是身份。催生专家法律意见书出现的当然主体是当事人。当事人因个体利益之争运用私力无法协调，才诉至法院，寻求第三方的最终裁判。司法是一个通过程序正义实现实体正义的纠纷解决机制。在司法的过程中，法官从来不是唯一角色，而是三方的“对话与交流，是建议与回答的提出和采纳，是起诉与答辩、攻击与回应、主张与反驳的互动”。[2]但在这个程序中，法官是裁判者，正如作为法官的卡

〔1〕 周永坤：《法理学》，法律出版社2004年版，第51~53页。

〔2〕［意］皮罗·克拉玛德雷：《程序与民主》，翟小波、刘刚译，高等教育出版社2005年版，第55页。

多佐分析的，作为裁判者，在对诉讼双方利益进行衡量时，“他必须像立法者那样从经验、研究和反思中获取他的知识”，“简言之，就是从生活本身在获取”。[1]因此，在诉讼的进行过程中，当事人会抓住一切的程序和程序漏洞为法官创设获取知识的情境，以遏制对方当事人利用诉讼机会获取利益进而保证和促使自身利益最大化。

面对诉讼，当事人一方面会请教专家、聘请律师，从法律依据上寻求自己利益的最佳支撑点。另一方面在法律规定并不清晰使得有裁量、解释空间时，甚至当规定对己方不利时，当事人一定会寻求法庭之外的力量来影响法官，这就是关系。这里的关系当然不是指建立在权利和义务约定基础上的现代契约关系，而是指那些基于血缘、人情、面子、习惯等的关系，如亲缘关系、朋友关系、邻里关系、师生关系等传统关系。这些会被当事人充分利用、挖掘甚至制造的社会关系都是与现代法治精神不相契合的影响因子。周安平教授曾分析道：面子、人情的“对人不对事”，关涉的是人的身份、地位、威望，其模糊性、特殊性、连续性的特征与法律精确性、普适性、即时性的“对事不对人”的运作机理构成了对立。[2]所以，有学者认为这种关系关联使得在正式制度之外还有另一套非正式的运作法则，它使正式制度在实际运作中不断发生变形。[3]

换言之，当事人在面对诉讼时，事实上是同时面对现代契约关系和传统人情关系，而有力地调动任何一种有效的关系资

---

〔1〕［美］本杰明·卡多佐：《司法过程的性质》，苏力译，商务印书馆 1998 年版，第 70 页。

〔2〕周安平：“面子与法律——基于法社会学的视角”，载《法制与社会发展》2008 年第 4 期。

〔3〕李琼：《政府管理与边界冲突》，新华出版社 2007 年版，第 185 页。

源，都会有利于自身利益最大化。所以尽管律师制度本意是弥补当事人能力之不足，但当事人聘请律师时一定不会只考虑律师的专业能力，他们还期望律师名气大、有关系、有路子。当当事人或者代理律师发现其专业的知识不足以支持当事人胜诉，其面子不足以影响到法官时，必然会寻求、拓展和制造其他关系，而作为法学专家的法学学者则成了他们的最佳选择。法学学者是以法学研究为本职的知识分子，一般推定专门研究法律问题的法学学者，一定比依照法律规定裁判案件的法官更懂得法；学者的社会定位是中立、客观、超然的，他们的意见往往更符合伦理期望，容易获得认可和共鸣；同时也是最重要的，他们又往往有极好的地位、声望和资源，他们与法院和法官有着无法割裂的关系关联。而这种诉讼策略无疑是有效的，来自法院的调查显示，专家法律意见书会通过多种因素对法官产生影响。其中包括：专业因素，因为出具法律意见的专家多是有一定法学造诣者，甚至是学术权威。人际因素，因为法学专家有着广泛的社会关系，如师生、同学等。权力因素，专家可能是兼职官员，人大、政协领导。此外，还有媒体因素。〔1〕

（2）法学学者：意在公义还是私利。从专家法律意见书的制作主体——法学学者——的角度来看，其提供专家法律意见书可能的原因不外如下几方面，一是法学学者有担当意识，愿意为社会正义而代言；二是法学学者有知识优势，可以补司法者能力的不足；三是法学学者作为理性的“经济人”，有其利益追求，或者追求名或者追求利。在此，我们并不能武断地得出只要法学学者有利益诉求就是非法治的，而只要秉持公义之担当意识，就一定是有利于法治的。但可以肯定的是，不同的行

〔1〕叶向阳：“关于‘专家法律意见书对审判工作影响’的调查”，载张启楣主编：《司法热点问题调查》（2004 年第 1 辑），人民法院出版社 2004 年版，第 86 页。

为动因，以及这种动因的主观构想与客观落差，都会直接影响和决定该行为对法治是促进更多，还是反推更甚。

首先，来看意识问题。意识是一种主体主观上对客体的认知，在心理学中也叫“觉知状态”。这是一种极具主观能动特性的现象。从意识内质来看，人的意识有核心意识也有边缘意识和潜意识，因此，人的自以为是的表层意识未必就等同于深层真实的意识。从外部来看，法学学者的意识也只能是对某一事物的一种意识，其他社会主体未必有同样的觉知。如果法学学者秉持公义精神追求社会公平正义，并且在这种核心意识的推动下实施了诸如出具法律意见书等具体行为，那么这种形而上的个体性意识就外化为了客观行动。这种客观行动在不同的主体那里再生的意识必然不尽相同，进而对各个主体又会产生不同的影响。换言之，即同一个行为在不同主体那里可能会产生不同的效果。法学学者出具法律意见书，这种客观行动因为介入了一种法律关系，那么，只要这种行为对关系的各方作用不同，就很难使所有主体都认为这是公平的；且在诉讼中程序正义亦是重点追求的正义面相，案外人的法律意见书较生硬地介入程序，或许会使正义打折扣。

其次，分析法学学者的知识优势。苏力在一本译著的代译序中谈到过一种观点。即认为职业制法官社会地位较低，缺乏社会、政治经验，缺乏对其他学科和法科其他专业的了解，所以其思维方式是法条主义的，基本工具是法律教义学，因此，擅长教义的法学学者就会对法官有较大的影响。〔1〕从这个角度来说，似乎法学学者的知识优势通过法律意见书的方式进入司法，对当下中国的审判实践是大有裨益的。然而，如果注意到

〔1〕［美］理查德·波斯纳：《法官如何思考》，苏力译，北京大学出版社2009年版，第6～7页。

中国的法学学者也是职业制的话，那么，这种知识优势对司法裁判未必会有很大帮助。前文在讨论专家法律意见书的实质内容与其专业素养和能力可能并不相匹配时，我们已经对知识优势作了一些具体的分析，即中国的学者与法官职业群体的生成过程并无二致；就具体案件来说，特别是有关事实认定、裁判尺度、社会效应等问题的分析能力，法学学者未必高于法官；更主要的问题在于专业性是一个相对的概念。何况法条主义所需要的法律教义内容根本就是低知识含量的，专业性甚至无从谈起。

在此，我们可以更进一步分析，法学学者的知识优势未必就是对法官最为重要的优势。波斯纳认为，在美国，教授是专才，而法官则是通才，“法律学术的日益专门化”，是法律学界与司法界日益走远的因素之一。〔1〕中国法官的任用机制、培训机制决定了司法界和学界关系不可能疏远，但关系的亲密不代表两者之间美式的疏离因素不存在。法学学者和法官沿着大致相同的路径进入各自的职业序列，法学学者致力于学识积累，法官致力于实践积累，法学学者的专业知识越精深，意味着其对其他知识面的兼顾越少，这一点在部门法学者那里尤为明显。而在我国，法官的角色定位是“一专多能”的，经过长期的实践历练，他们裁判纠纷时考虑的因素有公平正义，也有制衡兼顾，他们要依法办案，也要钝化社会矛盾，甚至还要为地方经济保驾护航。他们不能让法的专业性固执束缚了手脚，他们一般掌握有法律教义的基本工具，但思维方式却不能是法条主义的，而是要精通历史的、哲学的、政治的、社会学的、心理学的等各种技能去能动地司法。在这种司法环境中的法官看来，

〔1〕［美］理查德·波斯纳：《法官如何思考》，苏力译，北京大学出版社2009年版，第197~198页。

过分强调专业知识的原教旨主义，反而会阻碍司法功能的实现，因此，其对法学学者的知识可能并不深以为然。可以揣度，即使其采纳了旨在承载法学学者知识的专家法律意见书之意见，其关注的也可能不只是知识本身而是另外的一些东西，如舆论、身份等。

最后，谈法学学者如果有名利等利益追求时，其出具法律意见书行为对法治的影响。法学学者因追求个人名利而出具法律意见书，至少意味着拿到法律意见书者必然是能给予其名或利的主体。那么，能供给法学学者所要之名与利的主体，不外乎一是有权者，二是有钱者。前者控制着名，如职称、称号的供给，后者直接控制着金钱。从直接的证据来看，不少法学学者出具法律意见书，都是有偿的。如此，专家法律意见书便存在几个值得思考的问题：一是供给对象很有限。一般来说，有足够的经济、资源实力的有产者和有权者更容易获得法学学者的知识供给，而进城务工人员、未成年犯、下岗职工等弱势者，获得专家法律意见书这种形式的知识支持之概率，要比前述两者小得多。当然，其原因并不全在法学学者，当事人会不会或者能不能积极推动、促成也是重要原因。二是利益决定立场。无论是法学学者，还是当事人，甚至法官在处理法律实践问题时，都是有立场预设的。刘星教授论及：立场和目的，总是针对某方面或某群体的利益的。其在论证了实务界的实践法律知识的立场后，同时也论证了法律知识者在思考实践问题时，其知识路向与实践立场及目的也存在着某种直接相通的关系。[1]更何况，专家法律意见书即使不全是明码标价、按劳取酬式地支付酬金，但因为多是当事人有意获取的，所以多会主动提供

〔1〕 刘星：《法学知识如何实践》，北京大学出版社 2011 年版，第 8 ~ 13 页。

酬金。在这种情境下，法学学者代理人的身份特征就颇为明显，此时的立场不再是隐性的立场，而是显性的立场。如果没有这种立场，专家法律意见书根本不可能抵达法庭，因为任何人都不会以主动积极的行为追求可能于己不利的东西。三是本质是代理为何不以代理人身份出现，或者让专家意见从代理人口中说出，而一定要有意地以专家的名义将意见呈现于法庭？可想而知，当事人必然另有他图。他们重视的不是或不只是学者的意见内容，所以当事人和代理人不会将意见内容纳入代理词或辩护词。代理人的职业伦理在于最大化地维护当事人权益，当事人所期望达到的状态正是学者以专家的身份行使代理人的责任。当法学学者以隐性代理人的状态出现，当事人即一方面拥有了优质的代理意见，另一方面又开拓了意见不被质疑的介入通道。当其意见抵达法庭后，还会携知识权威、民意等无关法律的因素对法官产生压力，进而更有力地影响到裁判，对另一方当事人的不公平显而易见。

（3）法官：取理于学界还是借力于专家。孙笑侠教授在分析法官权威时，谈及了我国法官缺乏生成权威的三大基础，即“独立的地位、法官职业技能和法官职业伦理”。[1]这种职业现状决定了司法者的能力不足，既包括专业能力的不足，也包括执业能力的不足，前者是客观不能，后者是主观不能或不敢。当然，这一问题随着新近开展的法官员额制改革，或许会有好的改观。

当事人为了能使法官作出正确的或有利于己方的裁判，于是求助于专业素养较强的人对案件进行分析论证，但同时也意在利用学术权威逼迫缺失权威的裁判者。从法官视角分析，前

〔1〕 孙笑侠等：《法律人之治——法律职业的中国思考》，中国政法大学出版社2005年版，第143页。

文述及，我国法官的职业制任职模式决定了其职业技能在任职后需要不断地进行提升。从中国实践来看，这种提升的路径较多地是回炉再造式的，这从数量庞大的法官在职攻读学位现象可见一斑。这就决定了，面对法不禁止的专家法律意见书进入法庭，法官们出于对学界师长的尊敬而少有置之不理者，而多数会阅读并重视专家意见。对专业法律意见书的内容，有许多法官是当成教科书或专著来读，当自己的裁判意见和专家不谋而合时，则会借鉴专家的表述方式和论证方法。〔1〕甚至当法官有了自己的判决思路后，还会乐于促成法学学者给他们提供理论响应，如此，法官的裁判惰性就会表现得非常明显，因为专家法律意见书事实上只是加强了法官的裁判意见，甚至直接出具了裁判理由，而不是促使其慎重地思考。

而同时，因为司法独立性不足，法官的抗干扰能力也不足。为了补足法官的这一项能力，法官也会乐于借助至少表面来看相对中立的力量予以支撑，以期既实现自身职责而又避免不当的或其不愿面对的指责。如苏力教授所言，法官希望“法学人可以协助抵抗一下或至少不参与民粹主义大合唱”。〔2〕如果裁判有失偏颇，法学学者就需要和法官一起承担指责，甚至如果法学权威与法官地位绝对悬殊的话，法官就可将裁判的伦理责任全部推卸给法学权威，如此，虽然不存在法学学者体制内的责任承担机制，但至少可以削减法官的体制内责任承担。

有学者曾警告，法官“最严重的危险是：冷漠无情、官僚

---

〔1〕叶向阳：“关于‘专家法律意见书对审判工作影响’的调查”，载张启楣主编：《司法热点问题调查》（2004 年第 1 辑），人民法院出版社 2004 年版，第 81 ~ 82 页。

〔2〕［美］理查德·波斯纳：《法官如何思考》，苏力译，北京大学出版社 2009 年版，第 14 页。

主义的麻木以及匿名的不负责”，“司法是警醒且敏感的人类良知的创造，必须有一种对自身责任的自觉，此即通过他的活力和人性的贡献而使法律完善”。〔1〕在有专家法律意见书存在的案件中，如果法官因为惰怠或推卸责任而不加思索地接受专家的意见，或将法学学者当作挡箭牌，那么就不只是弱化自己的责任或者匿名的不负责，而是在有意地逃避责任。

三、其他涉及司法的参与行为

（一）从事法律代理服务

法学学者作为法律服务者可能是基于律师身份的职业行为，也可能是基于公民身份的个体行为；可能是收取费用的有偿法律服务，也可能是无偿的法律援助性质的公益法律服务。法学学者以这一方式参与司法，只要具备法不禁止、任职单位允许、当事人委托几个条件即可。〔2〕然而，法律界依然有不同意见，特别是针对法学学者兼职当律师这一现象一直存在着较为激烈的讨论，观点对立较为明显。

赞成者的理由主要有：①法学是应用性学科，从教者通过从事兼职律师工作，可以加强法学教育与法学研究的实践性；②就维护社会正义来说，律师与法学教师是殊途同归的，甚至因其有超脱的地位，更易超越具体代理关系，推动法律实践的发展；③兼职律师因为有固定的工资，经济压力小，更能关注一些专职律师所不愿关注的问题，如法律援助等；④就全国总体来看，律师从业人员依然偏少，需要兼职律师扩充队

---

〔1〕［意］皮罗·克拉玛德雷：《程序与民主》，翟小波、刘刚译，高等教育出版社2005年版，第25页。

〔2〕为了叙述的方便，文章重点以法学学者兼职律师展开讨论。

伍。〔1〕

反对者的理由主要有：①从事律师业务会影响法学学者的教学科研本职工作；②师生关系会影响到法官的公平判案；③法学教师未经过律师职业培训，实践经验少，多从理论出发办案，不适合司法需求，导致简单案件复杂化，甚至使当事人利益受损；④公立大学的老师具有准公务员性质，由国家财政承担工资，做兼职律师存在利益冲突与身份冲突；⑤教研群体介入律师行业冲击了律师的谋生机会；⑥兼职从事律师职业，影响教师的德行养成，制度应将教师设计成为一个纯粹超然的思想阶层。〔2〕

就法学学者兼职从事律师职业，上文列举的论辩双方所关注的焦点问题不外是如下几方面：

第一，兼职对法学学者的教学与科研的影响。对此，赞成者从法学学者所从事的学科内容出发考虑，认为兼职可以使法学学者具有丰富的实践体验，使其对法学的教学科研更生动、真实，更有针对性。反对者则从时间保证的角度考虑，认为在精力总量不变的情况下，投入律师职业的时间多，投入教学科研的时间必然少，因此法学学者兼职不利于其教学科研之“正业”。这一问题如果从法学学者的本职工作特点来分析，可能并不成为一个问题。一方面，法学学者的教学工作从来不是全天候的，而是以课时计的，多数为一周固定的若干节课。他们的

〔1〕 王俊秀、杨微：“法学教师兼职做律师影响司法公正吗?”，载《中国青年报》2009年6月3日；吴法天：“教授为何不能当律师?!”，载《法制资讯》2008年第1期。

〔2〕 参见吴越：“凭什么允许法学教授当律师?”，载《法制资讯》2008年第1期；王俊秀、杨微：“法学教师兼职做律师影响司法公正吗?”，载《中国青年报》2009年6月3日；“法学教师律师有违公平?”，载《上海法治报》2009年6月29日；王新环：“法学教授不宜兼职律师业务”，载《检察日报》2007年7月2日。

科研工作也不总是坐书斋、读死书的，他们会参与各种与社会法律实践相关联的活动，诸如研讨、论证、调研、挂职锻炼，外出授课、演讲，担任人大代表、政协委员，各类监督员、观察员等。另一方面，即便身在书斋也可心知天下，在互联网时代，他们可以在电脑面前敏锐地捕捉到任何可论的法学题材。一个志在从事教学与科研的法学学者，即使不从事律师职业，也不代表其对法律实践就无从获知。法学学者从事律师职业，效果也不尽相同：有的法学教师，从事兼职对其教学与科研并不会造成负面影响，反而会促使其在课余时间，更深入地思考相关问题，发现科研新视角，提高科研能力，充实课堂教学，以使本职与专职形成共赢；有的则苦恼于法律实务的繁琐与对法学想象的背离，最后回归课堂；还有的则陶醉于实务工作的节奏与成就感，最后从教师行业出走。当然，确实也存在律师工作做不好，又耽误教学工作者。既然法学学者从事兼职律师后，结果是多面相的，那么这就是一个伪问题，也就很难成为支持或反对法学学者从事兼职律师的有力理由。

至于那种认为法学教师兼职从事律师职业，会影响教师的德行养成，不利于他们成为一个超然的思想阶层的观点，则赋予了这一现象不能承受之重。一个人的德行与思想并不取决于其从事什么工作，即便存在一定的职业暗示，律师这一职业也绝不意味着唯利是图。从应然意义上讲，制度对律师的德行要求并不会低于法学学者，律师是法治建设大业中不可或缺的工种，也可以是“为生民请命”者，而专职的法学学者也不见得都是“为天地立心”者。一个人的思想在于其对所接受的教育内容、知识内涵的取舍，德行取决于其内心对个体形象与人生价值的定位与追求，思想与德行有关联但也绝不意味着二者不可分立。

第二，法学学者兼职执业对律师行业格局的影响。从量的视角看，有种观点认为我国人均律师量远低于发达国家，需要法学学者兼职从事律师业务，补法律服务从业者数量之不足。也有观点认为从业务量、收益来说，法学学者的兼职介入会冲击专职律师的谋生机会。这两种观点是矛盾的，前者说律师数量不足，后者说业务量不足，因此必有一假。尽管从统计学的角度分析，人均律师数量是较易统计的，但人均律师量与人均律师需求量不是一个问题，后者是无法统计的。虽然如此，但是我们却可以肯定，在不同文化背景下生活的群体，对律师的需求量是不一样的。〔1〕在笔者看来，中华文化熏陶下的国人的律师的需要量是要远低于法治文化熏陶下的人们的。在“和为贵”“忍退”、面子、关系等文化暗示下，即使我们的社会开始“陌生人”化，律师的需求量也只能是渐增的，而事实上，我国专职律师的队伍也一直是渐增的。

如果结合实务分析考量，兼职律师所占比重并不大，其从事的法律服务量更小，毕竟教学与科研工作量是其必须完成的。〔2〕即使有的法学学者案源丰富，其也不可能将全部精力投入律师业务，因此必然会寻求与专职律师的合作，这是很多兼职律师普遍采取的办案模式。如此分析，兼职律师对专职律师的饭碗形成冲击一说也就无从谈起。

从质的角度来看，论辩者的观点也是矛盾的。一种观点认

〔1〕 当下人们经常论及美国有近百万律师，而我国不过二十多万，但我国律师服务的人口却远大于美国律师，因此结论是我国律师缺口太大。笔者以为这种数字化的机械比对是存在问题的。

〔2〕 关于兼职律师在律师执业人员中所占之比重，统计数字较混乱，从全国各地历年来公布的数据简单计算来看，兼职律师所占比例多为4%～6%，很少超过10%。而业务量则是无法得到精确数据的，因为实践中兼职律师为了逃避纳税普遍存在与专职律师合作办案的情形。

为法学学者专业水准高、地位超然、更有利于法律实践的发展。一种则认为法学学者兼职从事律师时懂理论而少实践，并不适合司法需求，往往把问题弄得更为复杂，甚至损害当事人利益。在笔者看来，这同样不是能够论证法学学者应否兼职从事法律服务的视角。法律实践事务万案万相，理论水平高与实践水平高都有可能成为提升法律服务质量的条件。人们尽管可以从一般意义上认为法学学者的理论水平总体要高于律师，律师的法律实践水平总体要高于法学学者，但并不能证明某一法学学者的理论水平总是高于某一律师，当然也不能绝对认定某一律师的实践水平就优于某一法学学者。社会法律服务是一种个体式的工作模式，服务的水平取决于各个个体或者团队，即律师或者律师事务所，而不是某一职业群体，即法学学者或者专职律师。

第三，兼职律师对法治事业产生的影响。影响分正反两方面，法学学者兼职从事律师如果能达到如下效果便会对法治建设发挥正能量，反之则不然：一是确实因兼职学者的加入，使更多的人享受到了法律服务，维护了当事人的权益；二是兼职学者在执业的过程中充分发挥了知识优势，提升了拥有“权力优势”的司法人员和“经济优势”的专职律师的法律素养；三是将执业过程中所获得的经验、教训，所发现的法律问题、缺漏等结合于教学、科研，促进了本职工作的开展。

现在，再回到前文提及的话题，法学学者到底能否从事兼职法律服务，答案是肯定的。法学学者担任代理人、辩护人，从事法律服务工作，就当下来看首先是法不禁止，甚至是明确许可的。现行《律师法》只规定“公务员不得兼任执业律师”，对于法学学者根据该法的相关规定，只要符合如下条件，即可执业：①主体是高等院校、科研机构中从事法学教育、研究工作的人员；②拥护中国宪法、通过司法考试、在律师事务所实习满一年、品行良好；③经所在单位同意；④获得司法行政部门行政许可。而且这类行政许可，司法行政机关几乎无自由裁量权。其次，即使通过改变法律的方式予以禁止，也不具有可操作性。法学学者完全可不以律师身份提供法律服务，尽管新的民事诉讼法对公民代理做出了限制性规定，但约束力是不足的。事实上，因事关公民的基本权利，这是法律所不应也不能禁止的。但从反对方的思辨中，我们却可以分析背后真正存在的问题，即法学学者兼职从事律师业务背后的非法治因子。其中最为重要的是法学学者并不能免俗，在从事法律服务的过程中，也不会完全依仗自身过硬的法律技能去提供服务，他们极有可能会运用各种关系的力量。而他们的这种对关系的利用，对法治的腐蚀性更大：一者他们的关系网中因有师生、同门等关系的存在，发生作用的可能性更大；二者他们的学者身份使社会公众有更高的道德期望，一旦他们的行为与公众的期望相背离，对法治文化将产生较大冲击。

学贯中西的民国法学学者吴经熊在从事律师业务时，即曾违反制度充分利用中国盛行的关系文化解决问题。在其代理刘海粟参与危道丰诉刘海粟一案中，即进行了一系列非法律化运作，他通过自己与承办法官郑雯系同学的私人关系，对案件相关事宜进行了沟通，使这一案件在当事人与法官的推杯换盏中，未经程序已知结果。〔1〕有研究者出于对吴经熊的偏爱之情，对吴的这一行为进行了解释，认为一方面吴的行为没有违反当时的《律师暂行章程》，另一方面是时代背景使然，称当此时“官方通过政治途径对推事的裁判施加影响，律师私下通过关系与

〔1〕 石楠：《百年风流——艺术大师刘海粟的友情与爱情》，作家出版社2005年版，第267~269页。

推事沟通在法庭外解决案件，都是较为常见的现象，许多民主进步人士通过各种途径成功逃脱反动政府迫害的案例也不占少数”。[1]这种解释是站不住脚的，律师不可就案件与法官进行私下串通，这是律师与法官的基本职业伦理，也是常识。而时代背景，以及因为如此行事曾经有过良好的后果的事例，都是不能解释事情本身非法治化面相的。当然就事论事地否定法学学者的某一种行为，并不代表否定其法学学术成就和为法治所做的贡献，吴经熊依然是对中国法治进步有巨大贡献的法学学者。

综上分析，笔者认为法学学者出于教学、科研需要，甚至出于改善经济条件之需，在业余时间从事法律服务业务都是无可厚非的，但需要坚守法治的底线和职业的操守，特别是法学学者的职业形象。当处在课堂上时，可以揭露或批判实务中那些和法治格格不入的现象与行为，但不可炫耀或故意摧毁受教育者心中对法治追求的信心，更不可不反思自身行为却乐意教授学生非法治之道，如此就违背了一个教育者、学者的基本操守，使教育失去了应有的价值。法学学者如果涉律师业太深，在生活习惯、行为气质、思想理念上都会质变为一个律师而不是教师或学者。吴经熊曾对其深涉律师界后的生活和心情作过描述。他说：“我继续挣可观的钱。逐渐地，我的客户们邀请我参加他们在‘花楼’举办的晚会了，我则在同一地方举办同样的晚会作为回报。在我意识到之前，我已变成了一个不折不扣的花花公子。有两年半时间，我每晚都要出去应酬。即便是想起那些日子，也能闻到一股地狱的气息。在此期间，我一直都对自己极为不快，对自己不满意，我却不能够将脚拔出淤泥。

[1] 孙伟：《吴经熊与近代中国法制》，中国法制出版社 2010 年版，第 171 ~ 172 页。

我越是不快，就越是急切地寻乐；我越是耽于享乐，就越是不快。我卷入的是一个可怕的旋涡。我变成了绝望的牺牲品。”〔1〕吴经熊是学养极高的法学学者，他是在忏悔，也是在回归。笔者并不认为律师的职业状态真如吴经熊在此所述，或如慕容雪村在小说《原谅我红尘颠倒》中所述的那般堕落、庸俗、猥琐，大多数律师都坚守着这一行业的职业操守为当事人提供法律服务。吴经熊有如此感触，实在是因为法学学者和律师的职业场域、服务对象、价值追求、技术技能等差异太大，一个人往往很难融通二者。吴经熊尚且如此，试想学养一般的法学学者在深入律师业后，是否能够做到在面对学生时回归本相？在笔者个人的求学路上，无论是在西南政法大学，还是在南京大学，老师中都有一些律师业务做得非常成功的。在他们给学生授课时，如果给学生讲解实务操作经验、教训，把握法律基本精神去批判、评价律师工作，学生们是很欢迎的。但如果其得意于展示甚至炫耀律师生活的非法治面相，甚至表现出对法律、正义的不屑一顾，学生们就会非常反感，认为这个教师“人格猥琐，不像一个老师”。也就是说，因为律师和教师毕竟是两个不同职业，人们对两者的职业形象心理型塑差异非常大，一旦兼职形象异化了专职形象，专职就不适格了。如果能节制和避免这种非法治化的面相，法学学者担任代理人或者兼职从事律师业务只要当事人认可，其任职单位允许，其他主体并无权干涉，甚至这也是连接学界与司法界实现的一条不可偏废之通道。

(二) 办理司法具体业务

从法学学者的司法参与角度来看，除了从事法律服务以外，

---

〔1〕 吴经熊：《超越东西方》，周伟驰译，雷立柏注，社会科学文献出版社2002年版，第153页。

在我国还有几种更为贴近司法的情形：其一是担任法院的人民陪审员，其二是担任检察院的人民监督员。此二者，在非法律人看来可能会有种相似的心理联想，但从法理角度仔细探究，即可知两种兼职司法者的制度价值追求有很大差别。下面，笔者将分别述之：

（1）法学学者之专业性与人民陪审员业务价值无涉。学者可以担任人民陪审员，因为法学学者也是人民的组成分子，但如果以为法学学者是人民陪审员的最合适人选，进而在选任人民陪审员时有意识地挑选法学学者，或者在具体安排陪审案件时，有意识地扩大法学学者类人民陪审员的陪审概率，则是不妥的。对此，可以通过对两方面问题的追问来阐明：一是人民陪审员的制度价值追求，二是法学学者担任人民陪审员是否更有助于该价值的实现。

人民陪审员制度是指国家审判机关审判案件时吸收公民作为非职业法官，与职业法官一起审判案件的制度。其是法院的审判组织制度。作为我国审判制度的一个组成部分，因为法律规定的混乱、不到位，人民陪审员制度在中国审判制度中所具有的作用一度式微甚至到了几乎不被看重的地步。2004 年，第十届全国人民代表大会常务委员会第十一次会议通过了《关于完善人民陪审员制度的决定》（以下简称《陪审员决定》），之后，2010 年最高人民法院又发布了《关于人民陪审员参加审判活动若干问题的规定》（以下简称《陪审员规定》）。随着这两份规范性文件的颁行，中国的人民陪审员制度才基本成型。从这两份文件的具体内容，我们可以揣测出制度制定者对人民陪审员制度的价值、效能预设。

对于人民陪审员的人选条件，《陪审员决定》的实体规定是：拥护《中华人民共和国宪法》；年满 23 周岁；品行良好、公道正派；身体健康；一般应当具有大学专科以上文化程度。不得担任人民陪审员者有：人民代表大会常务委员会的组成人员，人民法院、人民检察院、公安机关、国家安全机关、司法行政机关的工作人员和执业律师等人员，因犯罪受过刑事处罚的人员，被开除公职的人员。程序规定是：可以由其所在单位或者户籍所在地的基层组织向基层人民法院推荐，或者本人提出申请，由基层人民法院会同同级人民政府司法行政机关进行审查，并由基层人民法院院长提出人民陪审员人选，提请同级人民代表大会常务委员会任命。可见，规定对人民陪审员的年龄、品德、教育程度有要求，但对专业性、民主代表性都没有明确要求。人民陪审员的入选起步于社会主体的申请，最终的任命权在人大，但人民法院客观上有很大的决定权。其次，个案中人员的产生，《陪审员决定》规定应当随机抽取确定。从这些规定来看，法学学者成为人民陪审员的路径和概率并不优于其他社会主体，即便其成为人民陪审员，其参与案件审理的概率也与其他人民陪审员相同。

然而实践的做法以及《陪审员规定》的规定，却向我们展示了人民陪审员制度的另一面相。《陪审员决定》第15条规定："基层人民法院会同同级人民政府司法行政机关对人民陪审员进行培训，提高人民陪审员的素质。"一些法院在实践中则错误地落实了该条规定，他们执着于提高人民陪审员的法律专业素质，而不是责任素养。甚至在遴选人民陪审员环节，有的法院会主动去各科研院所寻求合作，引入所谓专家型、精英型人民陪审员。同时为了在具体案件中增加专家型人民陪审员的陪审概率，《陪审员规定》直接将随机选择的范围缩小，规定特殊案件需要具有特定专业知识的人民陪审员参加审判的，人民法院可以在具有相应专业知识的人民陪审员范围内随机抽取。

周永坤教授在上述《陪审员决定》出台后不久曾撰文批评了人民陪审员的“精英化”倾向。他认为：“陪审制度是一种‘草根民主’，他的民主就在于担任陪审员的是一般民众，而不是有特定身份的人；他的‘草根性’在于它通过普通百姓参与审判，平衡精英化的法官对法律的垄断，防止法律的过度精英化。”〔1〕对此，实务界也有认同者，曾任浏阳市人民法院院长的范登峰即认为：“人民陪审员的作用是在法律框架内，从社会道德和人情伦理角度提出意见。”〔2〕也就是说，人民陪审员参与案件审判，根本无需因自身的法律基础知识薄弱就缺乏陪审自信。人民陪审员参与审判，主要的价值追求应是让陪审员从不同的角度分析案件，使法官听取来自业外人士的意见，丰富其判断思维，以确保审判更加公正合理。如此看来，在培训陪审员时，就不应致力于将陪审员培训成法律专家，否则极有可能损害陪审员宝贵的自然判断能力，并最终损及制度设立的初衷。如果要让陪审员走专业化道路，那还不如将审判责任完全托付给专业素质要高得多的职业法官们，或者依照德国曾经采用的模式，直接由法学教授们终裁案件。培训应以培养陪审员的基本法律程序意识为目标，以明确陪审员职责为重点，增强陪审员审判案件的使命感、责任感等。

另外，在实践中寻求陪审员在专业上与法官的互补的做法似乎也很普遍。据报道，苏州相城区 2012 年选任的 25 名人民陪审员，从专业背景上看，就涉及环保、审计、质量监督、物业管理、劳动保障、城市规划、医学、计生、税务等专业性较强

---

〔1〕 周永坤：“人民陪审员不宜精英化”，载《法学》2005 年第 10 期。

〔2〕 张祥：“人民陪审员赶场子参审：法官每次问我都说我同意”，载 http://news.dayoo.com/society/201204/10/61961_108045247.htm，访问日期：2016 年 7 月 2 日。

的领域。〔1〕在笔者看来，既然是互补，那就绝对不应以法学专业为重，因为法官知法是常识。实践中，那种将陪审员人选锁定在法学科研院所的意识与做法，〔2〕可能有如下考虑：比如，这样做降低了培训成本，确保了陪审员“陪并且审”，便于法官与陪审员的专业沟通。这样的陪审员甚至因为与专职法官的专业相同而被直接委以重任，从而替法官完成一定的工作内容，减轻法官的工作量。但这些与陪审员制度的价值目标却是无涉的，或者说法学学者担任人民陪审员并无助于人民陪审员制度价值的实现。

从法学学者的角度来分析，法学学者当然可以成为人民陪审员。正如作为陪审员的何兵，在面对同行质疑法律专家陪审违背制度目的时所说的，“我也是一个老百姓，当然可以参与陪审”。〔3〕只不过法学学者在参与案件陪审时，工作的心态一定是“将人民朴素的情感合法地融入法律之中”，〔4〕而不应以法学专家的身份处于法庭之上，这不过是将打向法庭的“无影神掌”，直接变化为“有形神掌”罢了。倘如此，那么季俊强所主张的“专家型人民陪审员的引入事实上存在损害审判的独立和公正的巨大风险”，〔5〕就不无道理。他认为：“在帮助法官解决专业问题时，必须充分保护当事人接受独立和公正审判的基本权利，必须防止专家的技术性意见直接影响甚至成为裁判意见，

---

〔1〕周澜源、董捷：“相城25名专家陪审员上岗”，载《苏州日报》2012年11月8日。

〔2〕笔者曾任职的单位中所有的法学教师，除了担任人大代表，从事兼职律师的教师，其他人多数被任命为人民陪审员。

〔3〕何兵：“一位人民陪审员的经历”，载《中国社会导刊》2005年第14期。

〔4〕何兵：“一位人民陪审员的经历”，载《中国社会导刊》2005年第14期。

〔5〕季俊强：“关于专家型人民陪审员制度的几点思考”，载《今日南国》2010年第5期。

必须做到程序公正合法。”〔1〕

（2）法学学者之专业性与人民监督员业务价值有关。人民监督员制度是检察机关在办理直接受理的侦查案件（即通常所说的“自侦案件”）过程中设置的一种程序性的外部监督机制。到目前为止，该制度更多地依然是一种由检察院为主推动的，针对检察机关的特殊监督制度。因该制度的参与者与人民陪审员一样，均是非职业化的“人民”，根据思维惯性极有可能会有人认为二者是类似的司法制度。笔者也注意到二者的设置都体现了司法民主和司法社会化，但作为平行的制度，我们必须注意到，他们各自的设置目的是不同的，要完成的使命也不同。总的来说，笔者认为，法学学者之专业性与人民监督员的制度价值实现有很大关联。

作为一种监督制度，我们可以将人民监督员监督与人大的监督进行比较，进而论证如上的观点。监督的分类繁多，从主体角度可将监督分为代议机关的监督、行政监督、司法监督、政党监督、公民与社团监督、舆论监督。此外，还有国家监督与社会监督，内部监督与外部监督，职能监督与专门监督，事前监督与事后监督等多种分类。无论从哪个角度去分析，人大监督和人民监督员监督都无法归为一类，尽管二者都有“人民”监督的意味，在监督主体、监督内容等方面甚至有重复之嫌，但人民监督员监督本质上应是一种特殊的、权利性的、社会的监督。

人大是我国的权力机关，人大监督是一种一般意义上的政治监督。从监督主体角度看，人大这个集体才是真正的主体。具体讲，人大监督的主体就是全国及地方各级人大及其常委会，

---

〔1〕季俊强：“关于专家型人民陪审员制度的几点思考”，载《今日南国》2010年第5期。

人大代表则只是监督的直接实施者。人大代表的监督行为是一种职务行为，其个人的“监督”行为在没有得到特别授权时，不产生法律效力。根据最高人民检察院于2010年发布的《关于实行人民监督员制度的规定》（以下简称《人民监督员规定》）的规定：人民监督员监督个案时监督员以随机抽选的方式产生确定；人民监督员监督案件时根据案件情况独立进行评议和表决。实践中表决则实行不计名投票的做法分析，这些都说明人民监督员制度中监督的主体重要的是人民监督员个人，只不过监督效能的发挥实行少数服从多数。各地的人民监督员中有为数不少的人都是人大代表，这些人大代表实际实施的是两种不同的监督，一种是职务角度的权力监督，一种是权利角度的社会监督。

从监督范围、对象角度分析，人大的监督对象是全面、宏观的。一方面，宪法规定国家的一切权力属于人民，人民行使国家权力的机关是人大，所以从表象上看，人大似乎对国家的任何问题都可监督。另一方面，理论界对人大监督的定性一直较乱，有的认为人大监督是一种法律监督，有的认为检察院是我国的法定法律监督机关，因此人大监督应当界定为“权力监督”。人大监督的对象是一个需要进一步深入研究的问题，但按照宪法和法律对人大职权的规定，人大及其常委会的监督对象至少是指由其产生、向其负责的国家行政、司法等机关及其组成人员。我们姑且称之为是人大的狭义监督对象，仅此便能和人民监督员的监督对象形成鲜明的对比。

人民监督员监督的对象依《人民监督员规定》第17条的规定，主要是对人民检察院办理直接受理立案侦查案件的下列情形实施监督：应当立案而不立案或者不应当立案而立案的；超期羁押或者检察机关延长羁押期限决定不正确的；违法搜查、扣押、冻结或者违法处理扣押、冻结款物的；拟撤销案件的；拟不起诉的；应当给予刑事赔偿而不依法予以赔偿的；检察人员在办案中有徇私舞弊、贪赃枉法、刑讯逼供、暴力取证等违法违纪情况的。可见，人民监督员监督是一种针对人民检察院的特定司法行为的专门监督，其监督对象与人大的相比有特殊性和直接性的特点。尽管二者未来具有互通、融合的可能性，但从当下来看，人民监督员制度的设计初衷应是具体的、程序性的，主要指向检察院的自侦案件。

综上，人民监督员监督具有明显的权利性、社会性、程序性监督的特征。这决定了监督者的人选并不需要如人大监督般需要突出民主性、代表性，要考虑对各方利益的兼顾，而只需要考虑能否胜任。有学者认为该制度实现了精英政治和民众诉求在职务犯罪侦查程序中的恰当对接，有利于预防和纠正检察机关滥用侦查权，强化职务犯罪侦查程序中的人权保障，是对“人权入宪”的进一步落实。〔1〕要实现这种制度价值，笔者认为监督员必须是能够发现自侦案件的程序中，可能存在职责消极或职权滥用的行为者。换言之，此制度的目的在于把检察院办理自侦案件的过程，强制性地置于特定主体的监督之下，由特定主体为其提供一种思路上的冲击，程序性的压力，以更好地保证自侦案件侦查权、起诉权等的正确行使。从这一角度分析，说人民监督员是一种强行介入的“检察顾问”未尝不可。该制度最主要的价值在于填补检察机关办理自侦案件时，无程序性的外部监督机制的制度设计漏洞，那么这种监督就类似于检察机关对公安机关一般刑事案件侦查权的监督一样，是需要专业能力作为支撑的，因此担任人民监督员对法学学者来说显

〔1〕 马登科：“论人民监督员制度的法理基础”，载《理论探索》2005 年第 4 期。

然是适宜的。

我们还可以通过与人民陪审员的比较，论证法学学者的专业能力与人民监督员的关联性，以及与人民陪审员的价值无涉性。首先，在人员的选定上两个制度有不同的目标追求。比较《陪审员决定》第4、5、6条和《人民监督员规定》第4、5、6条对人民陪审员和人民监督员的任职条件，二者基本是一致的。对于文化水平，前者规定“一般应当具有大学专科以上文化程度”，后者规定“公道正派，有一定的文化水平”，这似乎也没有实质区别。但如果我们追溯一下早期人民监督员制度在试行时的规定，则能看出背后的区别。《最高人民检察院关于实行人民监督员制度的规定（试行）》的第5条第4项对人民监督员的规定是：公道正派，有一定的文化水平和政策、法律知识。也就是说制度设计者对人民监督员的专业性是有较高要求或者说期望的。针对此问题，学界一度热议，并形成了“专业论”“大众论”“折衷论”。最高人民检察院在制定《人民监督员规定》时显然采取了“大众论”，但实践中各地检察机关在选任人民监督员时，却依然普遍“将具备高学历，有法学专业背景或法律工作经历作为选任的必要条件”。[1]如从广东省人民检察院公布的人民监督员名单来分析，来自法学科研院所的监督员占到了约30%。[2]南京市人民检察院在《人民监督员规定》出台后的第一批79名人民监督员中，有来自辖区各法学院系的学者15人，占19%。

有学者在讨论人民监督员制度的正当性时认为：“人民监督

---

〔1〕李宁、王倩：“浅析人民监督员选任机制存在的问题及解决对策”，载《山东省经济管理干部学院学报》2010年第4期。

〔2〕“广东省人民检察院人民监督员名单”，载 http://www.gd.jcy.gov.cn/jwgk/rmjdy/200902/t20090210_135528.html，访问日期：2016年6月26日。

员是非职业司法官阶层参与司法的重要形式。由于未形成法律职业的惯性，非职业司法人员对社会生活中的新情况、新问题比较敏感，容易接受新的秩序规则和道德伦理规范。人民监督员所能带入司法活动中而职业司法官却有可能欠缺的往往是民众的情绪、感受，因为人民监督员仅凭普通人的良知和常识裁判，所以，能够使犯罪的概念和社会发展相适应，并与社区文化相一致。"〔1〕笔者看来，这段话用来讨论人民陪审员制度的正当性很合适，但人民监督员制度的设置目的更在于加强监督"检察机关查办职务犯罪案件工作"。而为保障监督的效力，即应提高监督水平，尽可能与职业检察官在同一语境下进行对话，这就有必要对人民监督员的法律素养做适当要求。

与此相联系，前已论及，人民陪审员的培训不应突出法律专业能力的培养，否则会减损人民陪审员陪审价值的实现，但人民监督员的培训切入的角度则可能正好相反。对人民监督员的培训，除了使其具备责任感、使命感的目标外，还应致力于提高人民监督员的专业综合素质，让其了解检察机关的体系、机构设置、检察工作的程序，特别是应对检察机关办理职务犯罪案件过程中所涉及的相关法律制度进行尽可能专业化的培训。这样才能使人民监督员的监督在发挥程序性效力的同时，也产生实质上的影响。出于成本的考虑，人民监督员宜从法学科研人员、退休法律工作者等既有专业背景，又较少有回避事由的群体中选聘。

（三）担任司法领导职务

挂职司法机关也是我国广泛存在的一种法学学者参与司法的路径。挂职在我国本是一种特殊的公务员队伍管理、培养机

---

〔1〕 高一飞："人民监督员制度的正当性探讨"，载《贵州民族学院学报（哲学社会科学版）》2005年第1期。

制，其指令性和计划性较强，一般是指公务员到上下级机关或不同地域的国家机关以及国有企业事业单位担任某一职务，进行学习锻炼。法学学者挂职担任司法官员的做法与此有联系，但也有较大区别。挂职者挂职前都要与拟挂职单位和任职单位协商，并经相关组织人事部门的批准，可挂职的人选多只能在国有法人主体之间选择，但法学学者挂职司法官员并不存在人事升迁、政治惯例等因素考虑，启动挂职时关心的更多是司法业务能力提升、法律职业共同体业务交流等。

当前，我国法学学者挂职法、检两院已经建制化。因为高校云集，北京市海淀区人民检察院较早推出了学者挂职的制度。自 1994 年起，当时的中国人民大学法学院教授姜伟、北京大学法学院教授陈兴良、中国人民大学法学院教授黄京平、北京师范大学刑事法律科学研究院教授卢建平等，都先后到该院担任副检察长。2000 年，最高人民检察院发布的《检察改革三年实施意见》指出，为了形成检察官来源和选任的良性循环，可以“有计划地选调高层次法律人才到检察机关担任领导职务和检察官”。首都的地方性示范效应与检察系统顶层的不断鼓励推动，使得各地检察院纷纷效仿，在 2006 年达到高峰。这一年，中国人民大学法学院教授何家弘、中国政法大学教授赵旭东和宋英辉成为首批挂职最高人民检察院的法学专家，北京市检察院则发布了《关于进一步做好选聘法学专家挂任分院、区县院副检察长工作的意见》，第一次单独就专家学者挂职检察院进行了制度化确定。全国人大十一届二次会议上，“选任法学专家、学者到检察机关挂职”首次出现在最高人民检察院的工作报告上。〔1〕

〔1〕 陈宝成：“北京三法学教授任最高检副厅长　专家挂职最高检成定制”，载 http://news.66wz.com/system/2009/06/09/101257213.shtml，访问日期：2016 年 6 月 26 日。

法院系统的宣传和运作幅度虽不及检察系统，但也一直有法学专家挂职的传统做法。2012 年，最高人民法院就建立人民法院与法学院校的双向交流机制发布指导意见。该指导意见规定了六种具体的交流方式：加强人员相互交流、互派人员讲学授课、建立教育培养基地、建设实践教学基地、共同开展专题调研、联合开展在职教育等。其中，加强人员相互交流是主要方式。该指导意见称："经组织部门同意，各高级人民法院可定期商法学院校选派 2 名 ~3 名优秀专家、学者到本院或下级人民法院挂职担任相应领导职务，参与人民法院的审判或调研工作，具备条件的可列席审判委员会。"〔1〕依此，2013 年 6 位、2015 年 7 位法学专家学者分别挂职最高人民法院。

法学学者挂职法、检两院，是法律共同体中人，在各法律职业平台之间互联沟通的通道之一，而且是一种权力主导型的通道，取得实效的可能性更大。但挂职毕竟是一个双向选择决定的事情，因此分析这种做法的价值目标、影响作用也应从多方角度去考量。从检察院的角度来看，其首先是将这一制度视为干部人事制度改革的一项内容，是实施"人才强检"的战略性举措。目的在于"借助社会智力资源，加快专业化建设，建设高素质、专业化的检察官队伍"。〔2〕其次，该制度也可被视为是检察机关为其国家机关主体资格保有和发展进行的制度设计。贾春旺曾表示，面对"一些削弱甚至取消法律监督的言论，检察机关要坚定不移地坚持基础理论研究和应用理论研究'两手抓'，为发展和完善中国特色社会主义检察制度创造良好的理论环境，认真研究解决检察制度和检察工作面临的重大问题，

〔1〕 陈菲："最高人民法院建立法院与法学院校双向交流机制"，载 http://www.gov.cn/jrzg/2012-07/22/content_2189317.htm，访问日期：2016 年 6 月 26 日。

〔2〕 王和岩、秦旭东："学者挂职检察院的意味"，载《财经》2008 年第 9 期。

大力推进检察理论创新，努力建立科学的中国特色社会主义检察理论体系。而学者任职检察系统，正可以在以上方面有所加强”。[1]也就是说，通过引入法学学者挂职，使检察机关既可以与法学学术界加深沟通，又可以借助学术界力量，为自身的理论建构做贡献。再次，还可以向社会各方宣示检察机关民主性、开放性、自愿接受监督等形象。对此，从检察院机关领导的言谈中可以窥见。如曹建明说：“聘请法学专家到最高检机关挂职，是检察机关听取批评建议、主动接受社会监督的有效途径。”[2]如此看来，这一制度与检察院推行人民监督员制度的目标相似，即回答了“谁来监督监督者”的学界质问，那就是请学术界人士来监督。最后，由法学素养很高的法学学者来挂职，最实在的好处是确实分担了检察院工作人员的一部分工作，协助相关检察院提升了其业内的各项考评位次等。如海淀区检察院的政治部主任就曾表示：“学者挂职14年来，海淀检察院创造了多个全国纪录：第一个设立专家咨询委员会、第一个开展普通程序简易化审理改革、第一个系统构建暂缓起诉制度、第一个制定《检警关系指导规则》等。”并且挂职法学学者“还先后组织编写了《刑法分解集成》《新旧刑法比较研究》《主诉检察官办案责任制的理论与实践》等七部著作”。[3]四川大学教授喻中挂职期间，其所分管的资阳市人民检察院民行处在2009年全省检察系统的评比中获得了第五名的成绩，部门监所检察处获得了全省第二名的好成绩。[4]根据统计，在两年内仅

---

〔1〕王和岩、秦旭东：“学者挂职检察院的意味”，载《财经》2008年第9期。

〔2〕赵凌：“现实复杂荒诞，却又合情合理：最高检首批‘学者厅长’坦陈挂职感受”，载《南方周末》2009年8月13日。

〔3〕王和岩、秦旭东：“学者挂职检察院的意味”，载《财经》2008年第9期。

〔4〕陈虹伟、郭恒忠：“三位法学教授高检挂职半年后”，载《法制日报》2007年2月11日。

北京各院挂职副检察长，就“提供咨询意见2800多件，召开个案论证会130余次；参加所在院检察委员会议400余次，参与讨论重大、疑难、复杂案件1700多件；受检察长指派，挂职副检察长列席了同级法院的审判委员会30多次”。[1]笔者无意于统计挂职法学学者还有多少学术成果被计入相应检察院的工作业绩中，但可想而知一定是有的。

从学者任职单位来看，一般来说也是积极支持法学学者挂职的。其原因之一在于法学研究确实与实践不可脱节，为了提高自身的人才培养能力，任何能与实务部门密切联系，加强沟通的通道，作为学校都不会反对，就如同法学院系一般不会反对法学学者从事兼职律师一样。由于学者挂职会涉及人事、待遇等一系列问题，所以在挂职前检校之间一般会签订相关的合作协议，使双方形成长期、固定的产学研联姻关系，从而实现各种形式的检校共建。类似成果（如检察院）成了法学高校学生的教学实践基地；由检察官进入法学院校开设课程，传播检察理论和实践经验；检校联合培养研究生；等等。原因之二在于法学学者挂职可以提升法学院系的知名度，扩大其校内外的影响力。每年新生入学，各校都喜欢挂出“今日你以××为荣，明日××以你为荣”的条幅。事实上，这一心态不唯针对学生，对教职人员亦然。学者择平台而居，只要有可能自然会选择能让自己“为荣”之科研单位，院校也会看入职学者能否为自身带来“荣”。为了成就这种“荣”，科研院所能开拓的路径不外三种，一是自己养成，二是靠别人养成，三是直接挖已经养成者。法学学者挂职司法实务部门，正是第二条路径。原因之三在于法学学者挂职确实能给院校带来无形荣誉之外的实在利益。

---

〔1〕张朝霞、谢财能：“学者挂职副检察长制度调查”，载《国家检察官学院学报》2010年第2期。

比如有的挂职学者利用挂职职位之权力，或者利用挂职接近权力者之机会，剥夺相关人员的深造选择权，将整个系统的司法实务人员的培训基地置于特定的某个或某几个院校中，使这些院校获得大量的培训收益。

再从学者个体的角度来看，挂职首先在学术上会有收获，这是多数挂职学者都会谈及的。如首批挂职高检的赵旭东和宋英辉都认为："因为挂职，更多地了解我国司法实际状况，对自己的教学、科研工作很有帮助，也丰富了自己这方面的知识和认识。"〔1〕更重要的是借助挂职职务身份，挂职学者可以获得更多的学术资源，包括项目、资料、影响等。据统计，有学者在挂职副检察长的两年内"参与组织召开或参加各类学术活动百余次，仅 2008 年北京市全市举办各种规模的研讨会 20 多个"。〔2〕在一次次推动学术研讨的过程中，可以积累大量的学术人脉资源和研究素材。其次，挂职可以丰富个人的学术思想，拓展学者新的研究视角。何家弘是一位擅长写文学作品的法学学者，所以他说挂职"丰富了我的人生经历，我感到快乐充实"。同时，通过挂职他也获得了在学者角度很难获取的宝贵的研究素材，他谈及"在高检挂职一个最方便的条件就是可以有大量的时间和机会去基层搞调研"。而由于身份的变化，实务系统的人不再把学者当外人，不再只是尊重，他们会将更多真实的想法、客观的情况向挂职学者透露。〔3〕而陈兴良教授的情况更能说明问题，在挂职期间其将学术目光从刑法"投向刑事法

〔1〕陈虹伟、郭恒忠："三位法学教授高检挂职半年后"，载《法制日报》2007 年 2 月 11 日。

〔2〕张朝霞、谢财能："学者挂职副检察长制度调查"，载《国家检察官学院学报》2010 年第 2 期。

〔3〕陈虹伟、郭恒忠："三位法学教授高检挂职半年后"，载《法制日报》2007 年 2 月 11 日。

治建设，发表了《刑事法治的理念建构》《刑事法治视野中的检察权》等系统阐述刑事法治的论文，最早在全国提出刑事法治的概念，这个概念现在已被学界和实务界普遍接受。而其组织海淀检察院干警编写的《刑法疑案研究》一书，入选北京大学法学院案例教学教材，并获得最高检'金鼎奖'"。〔1〕此外，还有一种收获学者们都未谈及，根据常识以及检察院研究者所述，关于挂职学者的物质待遇并没有明确规定，实践中由各院自行掌握。〔2〕我们可以确知，挂职也一定会给学者带来物质上的收益。

而最高人民法院之所以发布人民法院与法学院校双向交流机制指导意见，很大程度上是为了贯彻落实好中央政法委、教育部《关于实施卓越法律人才教育培养计划的若干意见》的精神，即"培养造就一批信念执着、品德优良、知识丰富、本领过硬的"，"应用型、复合型"高素质法律人才。〔3〕

在不同主体的不同价值目标的混合支配下，法学学者挂职司法实务部门，可能就会形成不同的职业结构。对此，曾有学者做过相关分析：以学者发挥的作用为标准，将法学学者挂职分为"咨询型、咨询型 + 业务型、咨询型 + 业务型 + 决策型"等几种；以挂职学者所获得的职权范围为标准，分为"主管型、协管型、主管 + 协管型、不确定型"等。据统计，17 个检察院的挂职学者中 85% 具有明确分工，5 名有主管权限，"主管部门集中在研究室、二审监督处，其他无主管权限的挂职学者都有

〔1〕王和岩、秦旭东："学者挂职检察院的意味"，载《财经》2008 年第 9 期。

〔2〕张朝霞、谢财能："学者挂职副检察长制度调查"，载《国家检察官学院学报》2010 年第 2 期。

〔3〕"教育部中央政法委员会关于实施卓越法律人才教育培养计划的若干意见"，载 http://www.jyb.cn/info/jyzck/201204/t20120424_490098.html，访问日期：2016 年 6 月 26 日。

协管研究室的权限”。[1]可见，对挂职学者的职务安排，实务部门还是看重和发挥其研究专长的，尽管如此，在与实务对接后，法学学者的职业发展依然呈现出不同的面相。

第一种情形是保持学者本相不变。一则因为挂职只是工作岗位与内容的全部或部分变化，挂职者与其本职单位的人事、工资等管理关系并不脱离，所以相应的对本职归属感要强于挂职。二是本职工作是与挂职者气质、兴趣最相契合者。所以多数挂职学者的挂职后状态都是回归学界，并且保持着学者本相。比如最高人民检察院第一批挂职法学学者何家弘、赵旭东、宋英辉在挂职期满均回到了学术界，挂职可能只是对其学术思想和兴趣产生影响。陈兴良教授在海淀检察院挂职期结束后，曾坦言尽管挂职时间只有短短两年，但对于其学术研究的影响十分深远。他表示：“挂职前，我主要对刑法问题感兴趣，对刑事诉讼法则相当隔膜；挂职后，刑事诉讼与刑事证据引起我的兴趣。此外，结合检察机关的办案制度改革，例如主诉检察官制度的创立，我对刑事司法体制产生了个人的一些见解。这种见解并不受到任职的部门立场的限制，而是纯粹地从一个学者的立场出发，对刑事司法体制问题进行探讨。”[2]另一位挂职学者卢建平，从其挂职的前期心态即可窥见其挂职是为了学术研究。其在接受《财经》记者采访时即表示：教师是其本行，他非常愿意尝试法律职业的不同的岗位，“从中体验法学理论和实践的结合，更清晰地触摸中国法治发展的脉搏”。因此，在从事兼职律师之后，挂职律师职业的对立面——检察官工作——只是其又一次新尝试而已。而且，从挂职伊始，该学者就是带着

---

〔1〕张朝霞、谢财能：“学者挂职副检察长制度调查”，载《国家检察官学院学报》2010年第2期。

〔2〕王和岩、秦旭东：“学者挂职检察院的意味”，载《财经》2008年第9期。

研究项目入职的。“他正在做一个刑事政策和刑法制度变革的课题。在他看来，这显然不是一个纯理论的问题，必须了解实务部门：在实践中到底有哪些改革创新举措；这些改革措施跟现行的法律到底是什么关系，如有矛盾和冲突，怎么认识、怎么解决；等等。而挂职带来的实践岗位，对此无疑是个好机会。”〔1〕另一挂职学者宋英辉的言行也呈现出了相似的心态。他认为挂职从事的也是与法律有关的工作，学者通过挂职可以更多地了解实际，发挥专业特长，为法治建设作出努力。〔2〕

第二种情形是学者之相与实务之相并存。一部分挂职学者通过挂职后找到了自己新的人生定位，或者长时间地保持着挂职状态，或者尽管表面上回归学术界，但个人的学术活动、学术思想已经完全司法实务化。这部分法学学者或者准法学学者成了一座座连接理论与实践的桥梁，为中国的法治建设发挥着独特的作用。最典型者为人大法学院的黄京平教授，其自 1999 年始近十年来一直挂职检察机关。在此期间，他将在检察院办过的真实案例带到课堂，“让学生以公诉人、辩护人和裁判者不同身份，从证据、事实等程序与实体上的问题展开辩论”。最后则由其本人或实务界的检察官给学生讲解办案的思路、处理结果等，从而实现“刑事法学与刑事实务的良性互动”“课堂教学与办案实践的融合贯通”〔3〕。

第三种情形是学者脱离学术界，成为职业司法者。当然，这部分学者中有的自身的角色转换意识很强，一旦进入挂职岗位，即可如职业司法者一样地开展工作。比如，于 2008 年到雅

---

〔1〕 王和岩、秦旭东：“学者挂职检察院的意味”，载《财经》2008 年第 9 期。

〔2〕 陈虹伟、郭恒忠：“三位法学教授高检挂职半年后”，载《法制日报》2007 年 2 月 11 日。

〔3〕 王和岩、秦旭东：“学者挂职检察院的意味”，载《财经》2008 年第 9 期。

安市人民检察院挂职任副检察长的徐继敏即表示：他在检察院从来不把自己当教授，他就是副检察长。[1]他听取汇报、拍板决定，完全进入实务的角色状态。有的挂职学者则彻底进入了司法实务系统。当然他们即使进入司法队伍，曾经的学者身份也会对其司法工作产生影响。比如，其与学界的亲密关系对其开展工作会有所帮助，甚至可以促成其业绩，成为其工作亮点。其中，原中国人民大学法学院刑法学教授、博士生导师姜伟是最典型的，他被称为是学者挂职第一人。1994 年，其到海淀检察院挂职副检察长，挂职结束正式成为检察人，其在后来的黑龙江省人民检察院检察长任上的诸多工作成果，无不打着法学学者的烙印。[2]比如他将学术的严谨、理性作为执法活动的基本要求；他大力度地提高检察机关工作人员的素质，大力地引进专业人才。在其任内，该检察院司法考试通过率，“从 2004 年的 11.7%、2005 年的 15.1%、2006 年的 22.8% 提高到了 2007 年的 45%，高于全国平均 21.7 个百分点”。3 年内“招录 537 名大学生到各级检察院工作，先后从省内外高校、京津检察机关引进 70 名高素质人才到基础检察机关挂职任副检察长或检察长助理，从省内高校应届毕业生中招募 100 名志愿者到基层院服务”。[3]

---

〔1〕 曹晓乐：“川大财大 3 法学教授挂职检察院当副职”，载《成都商报》2010 年 1 月 20 日。

〔2〕 王和岩、秦旭东：“学者挂职检察院的意味”，载《财经》2008 年第 9 期。

〔3〕 刘百军：“姜伟：‘学者挂职第一人’”，载《法制日报》2008 年 7 月 24 日。

第四章 CHAPTER 04 法学学者的社会管理参与

当前，执政者的统治理念有了深层次转变，惯常使用的“社会管理”更迭为“社会治理”，随着中央话语影响力的不断渗透，治理的语境在中国社会已然形成。在笔者看来，当下中国“治理”一词既具有一贯以来单向度的由上而下的“管理”内涵，也具有多元社会主体共同参与、交互作用，对社会秩序共构的“治理”之意。正所谓“只要社会尚未成熟，只要阶级、国家还存在，本来意义上的统治、管理概念所涵盖的实质内容便不会自动退出历史舞台”。〔1〕王晓升教授在对现代性的“管理”模式与后现代性的“治理”模式作出比较研究后，结合中国的社会发展现状，分析认为我国当下语境中的社会“治理”，“不应该是后现代意义上的治理，也不应该完全是现代意义上的管理，而是把这两者结合在一起”的广义上的“治理”。〔2〕刘旺洪教授在论及社会治理问题时，也较为谨慎，其首先肯定社会管理迫切需要运用“治理”这一全新理念，认为应“推动传

---

〔1〕 乔耀章：“从‘治理社会’到社会治理的历史新穿越——中国特色社会治理要论：融国家治理政府治理于社会治理之中”，载《学术界》2014 年第 10 期。

〔2〕 王晓升：“从‘管理’到‘治理’——一个精神史的考察”，载《华中科技大学学报（社会科学版）》2015 年第 1 期。

统的政府管理向现代社会治理转变，形成政府与社会合作互动的共治局面”。其也指出，一方面，“治理作为一种多元的、民主的、合作的、非意识形态化的”管理模式，民主管理、民主参与是基本的价值导向；〔1〕另一方面，依法治理是社会治理的关键，在加强对政府权力控制的同时，也要提高政府管理社会的权威性。〔2〕正因为此，本章在拟谈论法学学者立法、司法之外的法治建设参与行为时，取用了“社会管理参与”一词。其意在于，本章更关注法学学者助力权力主体的对社会的组织、管理、调控类行为，虽然法学学者的参与行为本身即是社会治理语境下的一种存在，但这类参与行为更多地表现为被动性，即这是一种被邀请的协作。

社会管理是一种大范围展开的、体系庞大的权力运行过程。因此，法学学者的社会管理参与是多方面的。笔者在此将目光聚焦在政府管理工作上，主要分析法学学者以政府法律顾问、政府参事、政府智库专家、各类专家组成员等身份参与的法治实践活动。

一、政府法律顾问

（一）法学学者担任政府法律顾问的背景

政府法律顾问的提法由来已久，但早期关注的更多的是律师这一顾问类群。如 1989 年司法部发布了《关于律师担任政府法律顾问的若干规定》，旨在加强对律师从事政府法律顾问工作的规范引导和监督管理。1996 年《中华人民共和国律师法》以

---

〔1〕 刘旺洪、束锦：“社会管理创新与民主参与的法制建构”，载《学海》2013 年第 5 期。

〔2〕 刘旺洪：“社会管理创新与社会治理的法治化”，载《法学》2011 年第 10 期。

及2000年司法部所作的《关于律师担任政府法律顾问的法律依据的请示》的批复，进一步明确了政府作为机关法人，可以聘请执业律师担任法律顾问。但长期以来，我国的政府法律顾问工作发展并不统一。近年来，政府法律顾问突然被高频率提起，各地纷纷建章立制，积极推动，皆因十八届三中、四中全会的影响。2013年三中全会决定提及要“普遍建立法律顾问制度”。四中全会决定则做出了更明确的部署，指出要“积极推行政府法律顾问制度，建立政府法制机构人员为主体、吸收专家和律师参加的法律顾问队伍，保证法律顾问在制定重大行政决策、推进依法行政中发挥积极作用”。依此，不少法学学者被各级各类政府聘任为法律顾问。

2016年3月，习近平主持召开中央全面深化改革领导小组第二十二次会议，此次会议审议通过了《关于推行法律顾问制度和公职律师公司律师制度的意见》。[1]依该文件部署，2017年底前，中央和国家机关各部委、县级以上地方各级党政机关全部设立法律顾问，乡镇可根据需要设立法律顾问制度，对国有企业和事业单位也提出了推进法律顾问的要求。可以预见，未来更多的法学教学、科研人员将被聘请为政府法律顾问。那么，法学学者能否发挥制度所期望的价值，又如何实现这种价值，就是值得进一步展开思考的问题。

（二）法学学者类政府法律顾问的选聘

从各地有关政府法律顾问的规范性文件来分析，法学学者与社会律师均是被“吸收”的兼职顾问主体，但不是主要主体，主要的法律顾问主体是“党内法规工作机构、政府法制机构人员”。兼职类法律顾问的选聘程序大致相似，均为政府主导决

〔1〕“习近平主持召开中央全面深化改革领导小组第二十二次会议”，载《人民日报》2016年3月23日。

定。如吉林省规定：省政府委托省司法厅在具有较高政治素质、丰富执业经验的高级律师和在学术上造诣较深的法学专家中推荐法律顾问，报省政府批准后聘任，聘用期限为5年；可连续聘用，亦可随时解聘。〔1〕上海市规定：各级政府及其工作部门吸收法学专家、执业律师参加政府法律顾问队伍，可以成立由办公厅（室）、政府法制机构、司法行政部门、律师协会等单位人员组成的政府法律顾问选聘委员会或者选聘小组，实行公开选拔，择优聘任；具体程序由选聘单位根据实际情况自行制定。〔2〕宁夏回族自治区规定：各级人民政府聘请专家和律师担任政府法律顾问的，由政府法律顾问机构按照公开、公正、竞争择优的原则，在符合条件的人员中选聘，报同级人民政府批准。〔3〕

一些地方注意到了对法学学者类政府法律顾问应采用略为不同的聘任、管理模式。如宁夏回族自治区在作出上述规定之后，紧接着对律师类政府法律顾问进行了特别规定，要求"各级人民政府及其工作部门聘请律师担任政府法律顾问的，应当遵守政府向社会力量购买服务的有关规定。聘请律师担任政府法律顾问的，聘用单位应当与聘请律师所在的律师事务所签订服务合同。服务合同应当包括律师的工作范围、工作方式、聘用期限、合同解除、费用支付、权利义务、违约责任、争议解决等内容"。〔4〕对法学学者则无此规定。可以想见，因为法学学者与社会律师任职单位性质不同，工作模式差别亦较大，二者作为政府法律顾问的选聘标准、管理方式、职责内容等也应

〔1〕《吉林省人民政府法律顾问团工作规则（试行）》第3条。

〔2〕《上海市人民政府关于推行政府法律顾问制度的指导意见》第7条第1款。

〔3〕《宁夏回族自治区政府法律顾问工作规则》第14条。

〔4〕《宁夏回族自治区政府法律顾问工作规则》第15条。

有所区别，否则将影响政府法制类工作人员或公职律师与社会律师、法学专家的优势互补，法学学者被设为一类专门的政府法律顾问类别的制度价值将无法得到体现，

从法学学者成为政府法律顾问的选聘标准来看，多数地方规定较为模糊，制度用词多为“在学术上造诣较深的”“在所从事的法学教学、法学研究等领域成就显著，具有一定的专业影响力和经验的”“精通行政法、经济法、社会法、民商法等理论的法学专业知名学者”等。有的地方对职称、专业，甚至年龄等有明确的要求。如上海市规定：法学专家担任政府法律顾问，应当具备三个条件，即具有法学专业副高以上职称，在本专业领域具有一定的社会影响力；具有良好的职业操守，未曾受过刑事处罚和纪律处分；未在两个以上（含两个）单位担任兼职政府法律顾问。[1]比较来看，广西壮族自治区的规定最为详细，一方面提出总的要求是“受过系统法律专业教育，对宪法、行政法、民商法、社会法、经济法等部门法具有较高理论水平”。另一方面又细化为：遵守宪法和法律，拥护党的路线、方针和政策，具有良好的职业操守和道德修养；受过系统的法律专业教育，具有法学本科以上学历；专家应具有副教授、副研究员以上职称，从事法律教学、研究10年以上；在所从事的专业领域享有较高的社会知名度和影响力；熟悉区情、社情、民情，有较强的分析和处理问题的能力；热心社会公共事业，有时间和精力履行职责；年龄一般在55周岁以下。[2]

从各地公布的关于政府法律顾问的信息内容来看：有的地方相对关注法学学者的知名度、行政级别、职称等，如江苏省

〔1〕《上海市人民政府关于推行政府法律顾问制度的指导意见》第7条第2款。

〔2〕《广西壮族自治区人民政府法律顾问工作规则》第3、6条。

公布5名受聘的法学学者名单时一是按行政级别排序，二是重点公示了受聘学者均为“教授、博导”的信息；[1]有的地方同时关注法学学者的专业方向、年龄等，如上海市公布5名受聘的法学学者名单时，对年龄、职务职称、主要研究领域等均作了公示。[2]广西壮族自治区在公布政府法律顾问人才库成员名单时，除特意指出“排名不分先后”外，对入库的近六十位法学学者的“从事专业”作了非常细致的公示，如知识产权法、法社会学、民族法、信息法学、网络法等。[3]对于这种选聘政府法律顾问过程中的种种实践行为，行为者背后的理念尽管隐晦亦可一定程度上为人所感知。我们当然不可据此过分机械地评价地方政府内在的政府法律顾问理念是什么，或者优劣与否，但至少可以知道各地对政府法律顾问的价值判断可能是有差异的，这种差异性影响着法律顾问人员的选定标准和未来价值的发挥模式。

（三）法学学者作为政府法律顾问的职责

对法学学者担任政府法律顾问的职责，多数地方的规定既有相对抽象的提供决策咨询建议和意见，也有具体的参与仲裁、诉讼，起草合同等。如宁夏回族自治区规定：政府法律顾问既要为重大行政决策、政府立法或规范性文件制定、重要行政行为提供法律意见；也要代理政府参与各种诉讼和非诉法律事务；

〔1〕“江苏省政府法律顾问委员会名单”，载 http://www.acla.org.cn/html/industry/20160414/25061.html，访问日期：2016 年 6 月 26 日。

〔2〕姜丽钧：“12 位学者律师带薪担任上海市政府法律顾问，各有任务清单”，载 http://www.thepaper.cn/newsDetail_forward_1370744，访问日期：2016 年 6 月 26 日。

〔3〕“关于公布《广西壮族自治区人民政府法律顾问人才库管理办法》和《广西壮族自治区人民政府法律顾问人才库成员名单》的公告”，载 http://www.gx-law.gov.cn/a24/34537.jhtml，访问日期：2016 年 6 月 26 日。

还要参与处理涉及政府的各类重大纠纷，参与重大项目的洽谈，协助草拟、修改、审查重要的法律文书等。[1]有的地方对于政府法律顾问的职责规定则既有综合性陈述，也有具体性细化，既列举肯定性事项，也列举否定性事项。如吉林省的制度设置模式为：首先规定法律顾问的主要任务是为政府及其领导“宏观决策提供法律咨询”，为“依法行政、依法管理经济和社会事务提供法律服务”。其次肯定列举工作范围。包括参与论证政府宏观决策的合法性和可行性；为政府重要决策提供法律咨询服务；对政府正在实施或准备实施的行政管理工作，对政府各项改革方案以及具体措施、对政府计划管理项目的承包、发包和招标、投标以及招商引资、经济贸易谈判等提供法律咨询意见；接受指派，对辖区发生的有一定影响的事件，以非政府官员的身份进行调查、协调；配合信访部门，为依法处理疑难信访案件提供法律咨询意见，对上访群众提供法律支援；等等。最后规定不得以个人名义介入的事项。包括正在实施的地方性法规、行政规章；行政执法部门的执法工作以及行政诉讼和行政复议；司法机关的司法工作。[2]

上海市对政府法律顾问全部采用签订聘任合同的方式聘请。该市针对法学学者和社会律师设计了不同的兼职政府法律顾问聘任合同示范文本，即“上海市兼职政府法律顾问聘任合同（选聘法学专家）”和“上海市兼职政府法律顾问聘任合同（选聘执业律师）”。[3]聘用单位可以根据自身工作需要以及法学专

---

〔1〕《宁夏回族自治区政府法律顾问工作规则》第10条。

〔2〕《吉林省人民政府法律顾问团工作规则（试行）》第6~13条。

〔3〕“关于印发《上海市兼职政府法律顾问选拔聘任程序规则（试行）》和《上海市兼职政府法律顾问聘任合同（示范文本）》的通知”，载 http://shzw.eastday.com/shzw/G/20150526/u1ai149892.html，访问日期：2016年6月26日。

家的专业，从8类顾问事项的范围和内容中，择取一项或多项并填写出具体量化指标，与受聘专家签订聘任合同。最后，每个人都有一张“任务清单”，除了兼职政府法律顾问共性任务以外，每个人都按照各自擅长的领域，分配到了个性化的课题。[1]

从政府法律顾问制度的人员类别设置来看，如果要突出法学学者的优势互补价值，必须注意到法学学者的职业优势一般说来必然是教学、科研。依此，法学学者担任政府法律顾问时适宜的职责范围主要包括但不限于以下事项：①参与研究法治政府建设重大理论问题，提出制度构建的建议意见；②参与各类重大行政决策研究，提出法律论证和审核意见；③为政府规章和规范性文件的制定、审查进行立法技术、立法体系等的把控；④对政府推进的各类重大涉法建设项目进行分析与评估；⑤对行政复议、各类诉讼等疑难案件进行分析论证；⑥协助政府开展法治宣传、法治教育、法治艺术作品创作等法治文化类建设工作等。除个案外，有些事务作为政府法律顾问的法学学者并无职业优势。如参与政府合同的文本起草；参与行政复议、行政诉讼等案件的具体办理；参与具体非诉法律事务、信访矛盾化解，突发事件应对处置等。

（四）法学学者发挥顾问价值的条件

为了政府法律顾问的价值发挥，国家应加强制度的顶层设计和整体规范，“尽快出台《政府法律顾问管理规定》，统一政府法律顾问的管理模式，构建政府法律顾问的选聘机制，明确政府法律顾问的职责范围，完善政府法律顾问的保障体系”等

---

〔1〕姜丽钧：“12位学者律师带薪担任上海市政府法律顾问，各有任务清单”，载 http://www.thepaper.cn/newsDetail_forward_1370744，访问日期：2016年6月26日。

都是必需的实现路径。[1]具体论及制约法学学者发挥顾问价值的条件，在笔者看来，以下几点，需要特别关注：

第一，“关键少数”的内在需求。以行政决策为例，“合法”是行政决策的基本要求之一。十多年来，国家对行政决策提出了一系列的规范性要求。2004年，国务院出台了《全面推进依法行政实施纲要》，提出行政决策的规范化建设目标；2008年，国务院出台了《关于加强市县政府依法行政的决定》，提出了重大行政决策机制的合法性审查制度；2015年国务院出台了《法治政府建设实施纲要（2015～2020年）》，进一步强调，要通过采用健全依法决策机制、提高专家论证和风险评估质量、加强合法性审查等措施，推进行政决策的合法化，最终达到行政决策法定程序严格落实，决策质量显著提高，违法决策明显减少的目标。基于行政机关的首长负责制体制，行政决策中真正的决策权主体一般是政府及其职能部门的首长，也有不少地方党委书记、分管副书记等代替政府首长决策。换言之，这部分“关键少数”是影响各项行政决策事务最终结果的关键主体。实践中，部分“关键少数”出于效率、利益等之虑，滥用决策权，规避和破坏制度的现象屡有发生。前已述及，参与各类行政决策研究，提出法律论证和审核意见是法学学者作为政府法律顾问的适宜责任范围，能让“关键少数”接受专家法律意见，在行政决策时尊重和遵守法律，法学学者的顾问价值即可发挥。让一个主体接受另一主体的建议和意见，唯有因内在需求而主观愿意。这种主观愿意的产生，一方面可通过柔性的知识与理论的灌输和教育手段培养，在掌握知识的基础之上，逐渐内化为行政决策者的决策理念；另一方面则应加强刚

[1] 参见宋智敏：“从‘法律咨询者’到‘法治守护者’——改革语境下政府法律顾问角色的转换”，载《政治与法律》2016年第1期。

性的制度约束，促使决策者自己主动愿意接受他人力量来补强自身的行政决策法治化水平，就如同美国总统之所以加强法律顾问，是因为总统的行动“迫切需要法律上的支持”。[1]让我国的行政主体产生对法律支持的迫切需要，最基本的方式即政绩考核。如果行政主体的行政行为不符合根据现代法治理念所设定的各项考核指标，将带来非常不利的考核后果，行政决策主体一定会主动求助于各种最有效的程序和最有力的外援力量，协助自身做好行政决策工作。而在这种主动开展程序与主动借助力量的行政决策程序中，法学学者的顾问价值将得到最大化体现。

第二，法学学者的主观主动。要想促使一个法学学者在本职工作之外，主动、高质量、负责地发挥政府法律顾问价值，就必须让其有内在的获得感，这种获得感可以是物质的也可以是精神的。从物质角度来说，法学学者作为知识分子，只能以知识作为交换“牛奶面包”的对价。社会其他主体对知识价值的尊重一定意义上应该体现在报酬的给付上，所以当下对政府法律顾问，很少再有“为省政府及其领导决策办理法律事务和提供法律咨询不付酬金”类的规定，[2]多数规定聘任单位应当根据政府购买服务有关规定和政府法律顾问的工作量、工作绩效确定支付合理报酬。正因为此，类似上海市“一刀切式”地规定每位兼职政府法律顾问，“报酬为每年 5 万元，分为两笔支付”，是否合适就值得商榷了。从精神的角度来说，正如一些获聘的政府法律顾问所谈及的“参与这项工作更多地出于社会责任感”“参与兼职法律顾问工作都不是因为看重钱，而在希望为

〔1〕 吴玄：“美国白宫法律顾制度研究”，载《环球法律评论》2014 年第 5 期。

〔2〕《吉林省人民政府法律顾问团工作规则（试行）》第 30 条。

社会、为政府植入法治思维做出努力”。[1]以提供法律服务为本职工作的社会律师尚且有此精神层面的追求，有单位提供稳定工资的法学学者，当然也有理由有此境界，何况我国的知识分子本就有着深厚的“治国平天下”的担当意识。进而言之，让法学学者产生精神上的获得感，可以推动其提供优质的法律顾问服务，从而发挥法学学者作为政府法律顾问的价值。对此，政府对法律顾问智识的尊重是关键因素，这是对法学学者知识价值的另一种尊重。也就是说，政府应对法学学者提出的决策咨询意见和建议有采纳、有回应、有评价、有激励，让其体会到自身智力贡献的价值。

第三，学者顾问的客观可能。法学学者开展政府法律顾问工作的客观条件，从聘用单位角度来看，不外应在组织、机制、经费等方面提供保障。聘任单位应推动政府法律顾问队伍遴选、聘任、培训、考核、奖惩等组织管理工作规范化、科学化、高效化；应完善日常沟通协调、联系交流模式，为兼职政府法律顾问提供参加政府相关会议、开展项目式调研、调阅相关资料、召开座谈会等的便利和保障。从获聘的法学学者角度来看，发挥其顾问价值的客观条件，一方面是个人的时间和精力问题，另一方面也是个人的能力问题。

从时间和精力角度来说，法学学者与社会律师存在不同。社会律师的本职工作内容就是为当事人提供法律服务，因有顾问合同约束，律师事务所本身即应安排出相应的服务时间和人力。同时由社会律师与顾问单位签订顾问合同，双方当事人事实上是律师事务所与政府，律师事务所可以通过调配所内其他

---

〔1〕 姜丽钧：“12 位学者律师带薪担任上海市政府法律顾问，各有任务清单”，载 http://www.thepaper.cn/newsDetail_ forward_ 1370744，访问日期：2016 年 6 月 26 日。

律师完成一定的顾问事务。法学学者则不然，其是顾问合同关系的直接当事人一方，其顾问合同有着很强的人身性。虽然顾问单位的事务与其本职工作有着专业的关联性，但毕竟其有本职单位的一系列岗位职责需要承担，其只能在完成本职工作之余去办理顾问事务，这就客观上存在精力和时间的分配问题。正因为此，有的地方才要求获聘的政府法律顾问应热心社会公共事业，有时间和精力履行职责，年龄一般在 55 周岁以下。同时，我们也注意到，各地多要求作为政府法律顾问的法学学者，在所从事的专业领域享有较高的知名度和影响力；而有如此学术能力，处在这一年龄阶段的法学学者，在本职单位一般来说也是业务骨干，多数承担着重要的领导职务和繁重的教学、科研任务。可以说，这是政府聘请法学学者类政府法律顾问时的一个可能的悖论，需要政府在遴选顾问人选时综合考量、尽力协调平衡。

从能力来说，法学学者胜任政府法律顾问工作首先需要有广博深厚的法学专业知识，唯此提出的决策咨询意见和建议才可能全面、客观、有深度。正因为这一点，许多地方都规定受聘的政府法律顾问应受过系统的法律专业教育，具有法学本科以上学历，或者通过国家统一法律职业资格考试等。其次，要有较强的分析、研判、处理问题的能力，要善于使用法学理论知识对区情、社情、民情进行结合式研究，要能对实践问题的解决提出针对性强、具有操作性的意见。再次，还要有良好的沟通交流能力，因为政府法律顾问有的时候或者说更多的时候是与拥有决策权的、一个个具体的公务人员或者领导人在打交道。对于法学学者类顾问，其专长多数并不在于办理具体的诉讼、复议事务，而在于对抽象性行政行为提出建议或意见，或者说擅长对行政行为提出宏观层面的规划、构想等。发挥法学学者类政府法律顾问的顾问价值，最重要的是对其所提出的观点进行充分论证并能成功说服领导干部，这不但需要法学学者有良好的口头表达能力，也需要其有高超的沟通交流能力。研究美国白宫法律顾问制度的发展史，我们可以看出，法律顾问有时候是直接服务于公务人员，而不仅仅是公共事务，这就要求法律顾问和公务人员应有较好的个人关系。如罗斯福总统邀请好友塞缪尔·卢瑟曼担任政府法律顾问，老布什任期内总统法律顾问一直由其世交博伊登·格雷担任。“他们是与总统关系紧密的私人朋友，深受信赖，其职责涉及白宫的所有事务，为总统提供咨询意见。”〔1〕虽然无论中外，当前的政府法律顾问制度设计都更趋理性，淡化了这种法律顾问与服务对象的人际关系，但顾问价值发挥的内在机理决定了，顾问主体与被顾问主体之间的良好交流关系将更有利于顾问的价值发挥。

二、政府智库专家

（一）智库、新型智库与法治智库

智库起源于美国二战期间的智库（think tank）一词，各国学者对其内涵表述不尽相同。美国学者安德鲁·里奇认为智库是“一种独立的、无利益诉求的、非营利的组织”，为社会贡献的产品是专业知识和思想；〔2〕日本学者铃木贵广认为“智库是从事公共政策研究的机构”；〔3〕德国学者帕瑞克·克勒纳将智库界定为“以政策研究和政策分析为基础，以影响公共政策

---

〔1〕 吴玄：“美国白宫法律顾制度研究”，载《环球法律评论》2014 年第 5 期。

〔2〕［美］安德鲁·里奇：《智库、公共政策和专家治策的政治学》，潘羽辉译，上海社会科学院出版社 2010 年版，第 6 页。

〔3〕［德］帕瑞克·克勒纳：“智库概念界定和评价排名：亟待探求的命题”，韩万渠译，载《中国行政管理》2014 年第 5 期。

（有时也包括公司事务）为目标的研究机构”。〔1〕通过对比我们发现，每个学者在对智库概念进行分析界定时，都在进行着为其后续论证铺垫基础的特征选择和范围限定，而这种限定与各国不同的国家体制以及智库发展历史有很大关联。有时，用一国的标准衡量另一国所称的智库，会产生巨大的数量差。如前述学者帕瑞克·克勒纳认为，智库存在“独立运作或与政府部门、基金会、大学、政党等机构保持业务联系”“雇员制，不同比例的、不同类型专长的职员结构（包括研究人员、政策研究专家、前政府高官等）”“多元化的资助体系，包括公共资助、私人捐赠、会费、具体项目的委托资助等”等特征。依这些特征进行识别，我国语境中的大多数智库就很难被称为智库。我国的党、政、军智库，即中央和地方的发展研究中心、党校、各部委的附属研究机构等，多为依行政组织条例组建的党、政、军内部直属的决策咨询机构，本身即不以独立宣称。社会科学院这种中国特色的智库类型，“其鲜明特征是，名义上独立于政府体系，而实际上与政府部门有着千丝万缕的联系，是对政府政策的制定具有重要影响和推动作用的非政府机构”。〔2〕机构的性质是事业单位，是体制内法人但不直接隶属于政府，其经费多由财政全额拨款，社会分工可进行政府决策咨询工作，可为政府以外各类社会主体提供咨询服务，还可进行纯粹的学术研究。基于“独立”的多元解释，该类智库可以也应该强调其独立性特征。但从近几年的发展态势看，无论是政府还是社科机关本身都在强化双方的密切关系。2015 年，中共中央办公厅、

〔1〕［德］帕瑞克·克勒纳：“智库概念界定和评价排名：亟待探求的命题”，韩万渠译，载《中国行政管理》2014 年第 5 期。

〔2〕上海社会科学院智库研究中心项目组：“中国智库影响力的实证研究与政策建议”，载《社会科学》2014 年第 4 期。

国务院办公厅印发的《关于加强中国特色新型智库建设的意见》即指出，社科院“要深化科研体制改革，调整优化学科布局，加强资源统筹整合，重点围绕提高国家治理能力和经济社会发展中的重大现实问题开展国情调研和决策咨询研究”。在该意见中，中国社会科学院被定性为“国家级综合性高端智库”，地方社科院则既要为地方党委和政府决策服务，也要为中央有关部门提供决策咨询服务。各社科院也多宣称要发挥好“思想库”“智囊团”优势，为各级党委政府提供专业高端的决策咨询服务。如此，以作为我国政府智库的专家为研究对象时，智库的概念必须以中国特色概念为准，即“智库主要是指以公共政策为研究对象，以影响政府决策为研究目标，以公共利益为研究导向，以社会责任为研究准则的专业研究机构”。〔1〕也就是说，我们应从一个机构的研究对象、研究目标、研究导向来判定其是否是政府智库，而不应以机构的组织形式、本质属性、专家构成等为标准。

近十多年来，我国的智库建设之所以突飞猛进地发展，皆缘于党和政府的大力推动。2004 年，中共中央《关于进一步繁荣发展哲学社会科学的意见》指出：“党委和政府要经常向哲学社会科学界提出一些需要研究的重大问题，注意把哲学社会科学优秀成果运用于各项决策中，运用于解决改革发展稳定的突出问题，使哲学社会科学界成为党和政府工作的‘思想库’和‘智囊团’。”自此以后，中国的智库建设不断升温，2006、2007 年第一、二届中国智库论坛召开，中国智库迈开了自主发展的步伐。2011 年，党的十七届六中全会通过的《中共中央关于深化文化体制改革，推动社会主义文化大发展大繁荣若干重大问

〔1〕上海社会科学院智库研究中心项目组：“中国智库影响力的实证研究与政策建议”，载《社会科学》2014 年第 4 期。

题的决定》指出："坚持以重大现实问题为主攻方向，加强全局性、战略性、前瞻性问题研究，加快哲学社会科学成果转化，更好地服务经济社会发展。"2012 年，党的十八大提出要"坚持科学决策、民主决策、依法决策，健全决策机制和程序，发挥思想库作用"的新要求。2013 年，党的十八届三中全会指出要"加强中国特色新型智库建设，建立健全决策咨询智库……"伴随着党的政策的不断推动，各类智库也大量出现，"智库"一词的共识在我国也基本形成。

为了突出或增强自身的研究特色和研究实力，近年来，我国的不少科研院所、社团协会等又不断提出要建设"核心智库""高端智库""社会主义新智库"等建设目标。有学者将此统称为"新型智库"，认为新型智库"是一种既不同于传统社会科学研究机构，又不同于党委政府政策研究部门，也不同于西方党派政治及民间研究机构的新型思想库和智囊团"。该类智库"以理论创新为基础，以服务科学决策为目的，以前瞻性研究为重点，以成果应用转化为标准"。其最终要实现的主要功能是"为党和政府科学决策提供科学依据，为社会主义现代化建设提供智力支持"。[1] 2015 年，中共中央办公厅、国务院办公厅印发的《关于加强中国特色新型智库建设的意见》对"新型智库"的建设问题进行了全面部署。

在智库建设的一波波大潮中，法治成了与社会管理运行、公共政策制定密切相关的问题，法治智库的建设也随之呈现出蓬勃的发展态势。作为中国法律职业群体的全国性群众团体、学术团体的中国法学会，借助自身的人才优势，积极推进"国家法治智库建设"。中国法学会会长表示："要着力加强中国法

〔1〕 张华："我国新型智库建设与地方社科院科研转型研究"，载《东岳论丛》2010 年第 10 期。

学会智库体系建设，以中国特色社会主义法治研究中心为枢纽、以各研究会为基本力量，会同各级法学会及其所属各专门研究会一道，发挥中国法学会智库群的整体优势。”法学会“将进一步提升决策咨询质量，发挥推进法治中国建设智囊团和思想库的作用，着力建设成为我国法治建设领域的国家级核心智库”。〔1〕2014 年，教育部印发的《中国特色新型高校智库建设推进计划》为各高校新型智库建设指明了发展方向，不少政法院校高度重视，也迅速做出了部署。如中国政法大学出台了《中国政法大学智库建设若干意见》《法大智库研究团队支持办法》等，并明确提出要把“法大智库”建设成“国家级智库”。该校通过集中力量整体打造“法大智库”品牌，打造“司法文明协同创新中心智库”，并全力支持教育部《高校智库专刊》政治法律编辑室的工作，目前已经形成了“三位一体、协同创新”的法大智库格局。〔2〕除法学会系统和科研院所的法治智库外，各地方政府也积极推动着法治智库的建设。如 2015 年 11 月，山东首个法治智库落户青岛，青岛市法治智库被定位为是“专门从事依法治市战略研究，为党委政府决策提供法律支撑、为人民群众提供法律服务的组织”；〔3〕山东省枣庄市山亭区则打造了“由法律专家库、法治政府网和志愿庄户团组成的金字塔式的”法治智库；〔4〕2016 年 5 月，“由法制日报社、信阳市法学会、信

---

〔1〕 陈菲：“中国法学会着力打造法治建设领域国家级核心智库”，载 http://news.xinhuanet.com/legal/2015-01/22/c_1114096666.htm，访问日期：2016 年 6 月 26 日。

〔2〕 河海大学社科处：“打造法大智库 推进依法治国”，载 http://skc.hhu.edu.cn/s/22/t/19/20/81/info139393.htm，访问日期：2016 年 6 月 26 日。

〔3〕 “山东首个法治智库落户青岛 政府需购买服务”，载 http://www.ncdxy.com/yl/1538330.html，访问日期：2016 年 6 月 26 日。

〔4〕 褚蕾、田中凯：“打造法治智库　推动法治建设”，载《社区》2015 年第 22 期。

阳市人民政府法制办公室共同举办的中国·信阳法治政府暨法治智库建设研讨会在市行政中心举行，25名优秀专家学者入选信阳市法治智库”；等等。〔1〕卓亚经济社会发展研究中心于2013年在北京召开了主题为“全面深化改革与法治保障”的首届卓亚法治论坛举行，被称为是我国首家法律民间智库。

（二）法治智库专家的工作模式

作为法治智库成员的法学学者，其工作模式应有别于一般科研人员。正如有学者总结的：智库研究需要前瞻，所以研究起点高，视野宽，研判深；智库研究强调时效，所以必须集中力量，及时调查，准确判断，及时提供咨询建议，以满足决策者的需要；智库研究需要创新，研究者要“善于站在时代前沿和决策主体的角度，深入研究、缜密思考、大胆探索”，“要充分利用现代信息技术和手段进行资料的收集、整理和加工，为调研乃至决策提供快捷、全面、详实的信息资料”；智库研究是开放式研究，无论是成果转化，还是研究资源和研究力量整合，都需要以开放的姿态开展；智库研究也是一种研究成果形式多样的研究，“新型智库提供的研究成果形式多样，包括研究报告、论文、著作、对策建议、规划设计、咨询意见、立法草案、参与起草的党委政府文件和领导讲话稿等成果形式”。〔2〕智库法学专家研究成果的效能发挥机制更为多元。包括“承担政府的委托课题，直接向委托者提出自己的政策主张；发表专题研究报告和专著；就重大政策问题提出战略思想和对策建议；就突发事件发表重要声明；直接对政府决策施加影响；举办各类

〔1〕“信阳市法治智库正式成立　首批25名专家入库”，载http://www.xyszf.gov.cn/html/zfyw/466.html，访问日期：2016年6月26日。

〔2〕张华：“我国新型智库建设与地方社科院科研转型研究”，载《东岳论丛》2010年第10期。

论坛和学术交流互访活动；定期出版政策刊物、成果快报和年度研究报告，广泛传播研究成果、宣传政策主张；开展企业咨询，推销思想并获得经费资助；出席听证会，以及借助‘旋转门’机制让智库专家直接成为决策者”；等等，〔1〕这些都制约着智库的影响力，制约着法学学者的智力效能发挥。

在这种工作模式下，作为智库成员的法学学者的研究工作是开放的、团队的、合作的。研究资料的搜集、掌握，调查数据、信息的统计、处理，问题本身的分析论证、理论解读，研究成果的转化与应用等都需要各种专业人才、各种专业平台的协作。因此，中国法学会提出要“加强法学会系统法学法律人才库的整合，打通不同法学会之间、不同研究会之间人才库、专家库的界限，资源共享，优势互补”。〔2〕中国政法大学在构想法大智库建设推进举措时，则提出：一是要借助校外和社会力量，“拟建立智库成果购买政策，以具有吸引力的条件和方式将校外研究力量和研究成果吸纳进来”；二是要通过改变教师评价指标体系，激发高校的内在驱动力，即将“智库成果的采纳、登载、反响及获得批示”与教师的考核、晋职、奖惩等关联，以建立相应的激励机制让更多校内研究力量加入智库专家团队中；三是学习世界知名智库重视成果传播推广的做法，“要建立向政府决策部门、社会有需求的组织输送智库成果的有效途径，善于运用各种媒体特别是新媒体，加大对智库成果的传播推广，增强对政府决策和社会舆论的渗透力和影响力”。〔3〕很多地方

〔1〕 上海社会科学院智库研究中心项目组：“中国智库影响力的实证研究与政策建议”，载《社会科学》2014 年第 4 期。

〔2〕 梁捷：“中国法学会积极推进‘国家法治智库建设’”，载 http://legal.gmw.cn/2015-01/23/content_14624089.htm，访问日期：2016 年 6 月 26 日。

〔3〕 河海大学社科处：“打造法大智库 推进依法治国”，载 http://skc.hhu.edu.cn/s/22/t/19/20/81/info139393.htm，访问日期：2016 年 6 月 26 日。

法治智库在建立过程中，无论从组织形式还是人才库构成上也都在有意加强人才的合理配置。如信阳市的25名法治智库专家，除法学学者外，还包括传媒从业者、国家机关工作人员、执业律师等。有的智库在建设之初，即注重搭建自身的传播推广平台。如中国政法大学的“司法文明协同创新中心智库”即编辑有《成果要报》和《研究报告》两份刊物或“报送教育部、全国人大、中央政法委和国家司法机关等国家党政机关”，或“作为交流读物赠送相关研究机构、教育部社科委委员和知名专家学者”。〔1〕

（三）法治智库专家的工作困境

第一，独立性问题。真正的智库应最大化地保持并凸显其独立性，包括智库机构和智库专家。但我国的智库建制决定了智识供给主体对需求主体是依附的，尤其是在经济上智库存在不独立性，这种不独立对智库的研究思路、方法、观点、途径，甚至机会的获取都有很大影响。从学者个体的角度来说，智库研究与传统“经院式”研究的最大不同即在于，智库研究更多属于集体性研究。新型智库建设的趋势之一即变“单兵作战”为“团队作战”，各项研究活动要有组织地进行，要根据社会管理的中心工作和社会发展的热点难点问题征集调研选题，“成立由知名专家为带头人的调研团队，科研管理部门负责调研、组织研究、重要研究成果信息的发布和成果报送以及联络工作”。〔2〕同时，不只是研究工作开展是协作性的，智库的研究成果很多也是带头人个人学术思想理念的呈现，因为很多智库成果从研

〔1〕河海大学社科处:“打造法大智库 推进依法治国”，载 http://skc.hhu.edu.cn/s/22/t/19/20/81/info139393.htm，访问日期：2016年6月26日。

〔2〕张华：“我国新型智库建设与地方社科院科研转型研究”，载《东岳论丛》2010年第10期。

究框架的搭建、基本内容的取舍、论证的详略安排，甚至最后文稿的字数、表述的语气等都是以带头人的要求为准。学术专著、论文式的论证风格和表述一般不适合在决策咨询类文稿中使用，如“笔者认为”“在我看来”等语词会被“项目组认为”“我们主张”等取代。换言之，在智库类研究中，法学学者的独创性和独特风格需要退隐，不能只盯一点、不及其余地去分析问题，而是要综合兼顾，寻求问题解决的共识性内容。比如，某法治智库为某市研究制定法治建设五年规划，智库专家最后形成的成果一定是一种综合性、全局性的政策性设计，要具体可操作，能为实务部门参考运用。法学学者在担任智库专家时，必须具备在这两种研究风格和套路中灵活切换的能力。

第二，职业规划问题。职业规划是一个人力资源管理中的常用术语，一般是指从事一定职业的人员对自身职业发展进行的设想和规划。一个人一旦选择了从事某职业，一种关于个人的职业积淀与发展就会同步启动，有规划意识往往会使就业者的职业发展更为顺利。同时即使没有规划，相关职业长期形成的发展惯例也会使一个人在工作的过程中自然而然地按一定的节奏得到相应的职业发展。法学学者亦不例外，从职业分工角度来说，法学学者主要指任职于科研院所中的从事法学教学研究的人。在法学学者一般的职业发展路径中最基本的即是职称，在高校中评助教、讲师、副教授、教授，在研究院所中，评助理研究员、副研究员、研究员等。两个系列的职称评审要求有所差别，如高校系列对教学一定会有要求，而研究院所多无此要求，研究院所可能会有领导批示、决策咨询报告等要求，而高校一般无此要求。在长期的职业发展过程中，法学类科研院所同样有一套虽有差别，但大同小异的教研人员岗位聘任和职业提升的标准和路径。针对教学各校多已建立了指标多样、系数不一、主体全面的立体评教体系；针对科研，各单位都有大致相似的科研考核指标，并且年度指标、职称指标等都会细化到位，不同仅在于计分、计数的刊物或成果类型、数量不一。总的来说，对法学类而言，两个系列的职称条件都会对从业者的学术文章、学术专著、科研项目等提出要求，相关条件在各单位均为明示，并且保持着相对的稳定性。智库研究工作与现有的职业晋升机制、职称评聘机制的关联程度，直接影响着法学学者从事智库工作的积极性和认真程度。对智库工作在职业评价中予以肯定，是对智库学者工作的制度性支持，这样，一部分热爱和擅长从事智库研究的法学学者，就可以更合理地规划自己的职业生涯，从而为法治社会的建设贡献更多、更优的智力支持。正如有学者所认为的，法治智库要调整评价体系，"现在哲学社会科学的评价体系是以发表学术论文、出版专著为导向，这种评价体系对于以解决问题为导向的智库并不合适"，其提出"可以分类评价，应专门建立智库的评价体系"。〔1〕但这一点并不容易达到，社科院因为其一贯的研究定位与智库建设契合度很高，所以评价体系好调整。对于政法类大学来说，因为专业的共通、共性，以及管理者的理解和支持，评价体系变动也较好协调，所以中国政法大学即可在建设智库的同时宣称要"把智库成果列入学校科研成果予以奖励和评奖，并作为学校'青年教师学术创新团队'的考核标准之一，以后还要在更大范围内推广"。〔2〕但在综合性大学，针对某一类学者的评价标准就很难如此快速和有针对性地改变和跟进。

---

〔1〕 蒲晓磊："法律智库迎来黄金时代"，载 http://news.hexun.com/2014-11-18/170528810.html，访问日期：2016 年 6 月 26 日。

〔2〕 河海大学社科处："打造法大智库 推进依法治国"，载 http://skc.hhu.edu.cn/s/22/t/19/20/81/info139393.htm，访问日期：2016 年 6 月 26 日。

第三，研究精力问题。智库研究不能仅仅通过文献分析法、规范分析法开展，智库研究的研究方法更多元、更严谨，需要了解最真实的法治现状、需要掌握最一手的真实数据，需要投入大量的时间和人力去搞调查走访，统计和分析数据等，这就要求研究者必须有充裕的时间、精力，甚至体力。但如上已作分析，因为职业规划的制约，学者必须在对法治智库的研究过程中，同时兼顾其他促进职业发展的事务，这是智库学者研究精力困境之一。此外，通过分析各个法治智库的在库法学学者，我们可以发现有不少人员是重合的，即同一学者或者在多个智库挂名，或者是多地智库专家。如法治政府研究院院长马怀德，同时也是中国法学会常务理事、卓亚研究中心学术委员会成员；中国法治现代化研究院院长公丕祥，同时也是江苏高校区域法治发展协同创新中心主任等；更遑论很多智库学者还要兼任所在单位的行政领导职务。这样，如何保证智库学者有足够的精力投入智库研究便是一个需要面对的问题。此外，智库研究的效力生成，除了发表文章、送交研究报告外，还需要学者通过做专题讲座，参加咨询会、论证会、座谈会，接受采访报道等进行研究成果传递、推广。这些事务都是他人无法代替的，必须智库专家本身在场的参与行为，这同样会对智库专家的时间与精力提出较高的要求。

三、政府参事

（一）作为政府参事的法学学者

政府参事一般是指由设区的市以上人民政府首长聘任的，主要发挥参政议政、建言献策、咨询国是、民主监督、统战联谊作用的，具有参政咨询能力的社会知名人士。参事制度在新中国成立之初即存在，最初的参事室是政府内设的职能部门，分设政治、法律、财政、经济、文教、外交华侨等6个组，职掌政策、政令、法案等之研究及草拟事项，有关政策、法令、规章之专案审议事项，政策、政令推行实况之调查研究事项等。[1]此时的参事工作，有明确的行政任务，具有咨询性、统战性、政府性。[2]经过几十年的实践经验积累和制度演变，当前的政府参事，已经有了更明确的制度规范——2010年1月1日起，《政府参事工作条例》正式施行。依条例的规定，参事在人事关系上更加独立，实行的是聘任制而非任命制；工作性质更接近提供决策咨询建议和意见的智库专家，且涉法事务较多。《政府参事工作条例》第10条规定的参事职责主要有：围绕本级人民政府的中心工作开展调查研究，了解、反映社情民意；对本级人民政府的工作进行监督，提出意见、建议和批评；对有关法律文件草案、本级人民政府工作报告稿和其他重要文件草案提出修改意见和建议等。当下政府参事的智库性质，从一些地方政府制定的参事制度内容，以及领导干部的言论中也可窥见。如杭州即把市政府参事与市决策咨询委员会、市政府法律顾问、市政府应急管理专家智囊团等综合进行建设，相关领导则认为政府参事室应按照建设新型智库的要求建设，参事要扬长避短，错位发展，寻找自己的工作规律，拓展更广阔的工作空间。[3]因为参事工作与法治的紧密关联性，参事的人选中，法学学者多有出现，这些法学学者即可通过政府参事这种身份贡献法学智识，参与社会管理。

---

〔1〕 本部分关于参事的相关内容，未特别注明出处的，则资料均来自国务院参事室网站：http://www.counsellor.gov.cn.

〔2〕 邱江辉、刘光胜主编：《中国政府参事工作制度》，安徽大学出版社2014年版，第5页。

〔3〕 殷军领："杭州打算聘任政府参事 市长颁聘书首聘任期5年"，载http://zjnews.zjol.com.cn/system/2016/04/14/021110058.shtml，访问日期：2016年6月26日。

（二）政府参事与政府法律顾问的区别

法学学者参与法治社会建设，参与政府社会管理工作，既可能以政府参事的身份开展，也可能以政府法律顾问的名义进行。两种身份的工作内容有所重合，但任职条件和工作要求等存在差别。只有把握好这种差异性，才能找准方向，错位发展，共同参与，协力献智。比较来看，政府参事与政府法律顾问的区别主要如下：

第一，政治要求不一。“参事工作是党的统一战线的重要方面，是政府工作的组成部分，是我国民主政治建设的具体体现。”〔1〕参事“主要从民主党派成员和无党派人士中聘任，也可以从中国共产党党员专家学者中聘任”〔2〕，职责中有“参加爱国统一战线工作”一项。政府法律顾问则要求坚持正确的政治方向，“一般应当是中国共产党党员”。

第二，具体任职条件不一。二者除在拥护党的领导、拥护宪法，品德和责任感等方面的要求一致外，还有更多的特征性要求是各不相同的。根据《政府参事工作条例》第5条的规定，参事还应当符合的条件主要有“具有一定的代表性、较大的社会影响和较高的知名度”，“参事的首聘年龄不得低于55周岁，不得高于65周岁。参事任职的最高年龄不得超过70周岁”。法学专家类政府法律顾问还应当符合的条件主要有“在所从事的法学教学、法学研究、法律实践等领域具有一定的影响和经验”，〔3〕任职年龄“不超过55周岁”等。在专业咨询能力具备

〔1〕 邱江辉、刘光胜主编：《中国政府参事工作制度》，安徽大学出版社2014年版，第5页。

〔2〕《政府参事工作条例》第4条。

〔3〕《关于推行法律顾问制度和公职律师公司律师制度的意见》第2条第8款第3项。

的情况下，前者强调“德高望重”，后者强调“年富力强”，前者注意专业多元，后者要求专业单一，即需要有法学专业背景。

第三，职责和履职方式有同有异。二者都可对政府工作提出意见、建议，但总的来说，政府参事的职责较为抽象，而政府法律顾问的工作职责更加具体，政府法律顾问要参与处理具体法律事务、参与论证具体项目等。政府参事履行职责的方式主要有参观考察、调研走访、开会审议，以及参加礼仪、外事、统战联谊等活动。政府法律顾问的工作方式则采取“会议制和委托服务制”，有的地方直接实行合同制，双方有明确的权利义务契约约束，而对政府参事是不宜采用合同制管理的。同时，政府参事的意见和建议可以“直通车”的方式送达“关键少数”，发挥更及时的作用。即政府参事提出的建议意见，可以直达党委、政府“一把手”，“参事会针对具体问题，直点要害并建议哪个部门、通过什么途径去操作解决”。〔1〕政府法律顾问的工作成果则或者不需要提交领导阅知，或者需要通过职能部门按部就班地规范提交。

第四，管理和考核要求不一。通过对二者的管理规范进行分析可知，政府对参事的管理和考核要求更抽象和宽松，而对政府法律顾问则更具体、明确和严格。分析《政府参事工作条例》以及各地针对参事的规范性文件可知，很少有对参事履职进行量化管理的要求，或者即使有也是象征性的少量要求。如《湖北省政府参事工作办法》第13条，对参事履行职责罗列了8条，真正量化的只有“每年至少参加一个参政咨询课题组的专题调研”。而对政府法律顾问的工作情况，尽管也有的地方规定

〔1〕殷军领：“杭州打算聘任政府参事 市长颁聘书首聘任期5年”，载 http://zjnews.zjol.com.cn/system/2016/04/14/021110058.shtml，访问日期：2016年6月26日。

得语焉不详，没有明确的量化要求，但从总的趋势来看，则或者是合同管理，或者是清单式管理，对政府法律顾问的工作有的地方会组织第三方机构评估，有的会按照合同约定考核，并且考核结果会作为是否续聘的依据。从管理机构来看，政府参事多由独立的参事室组织管理，但这些机构“服务”参事的价值更强；政府法律顾问的管理主要是“党内法规工作机构、政府法制机构和国有企业法律事务部门”，这些部门“管理”的色彩更重。

（三）政府参事与政府智库的差异

从与政府的关系来看，政府参事是一种特殊的智库专家，当前的政府参事除少量为任命的以外，多数系聘任产生，且有任期限制，其与政府的依附关系虽然不强，但一般说来参事如果原来在党政机关、事业单位、国有企业等任职的，受聘参事后人事关系仍然保留在原单位。政府智库与政府的关系或者是依附关系更强的内设机构，或者是没有任何法律关系的相互独立的单位。

从薪酬待遇角度来看，因政府参事与政府之间有规范性文件明确约束，各地的政府参事规范性文件中对政府参事的待遇多规定“享受国家规定的工作待遇”。实践中，参事待遇整体较好。如有的地方规定：参事“在履行职务期间，省人民政府参事原享受副厅级或者以上待遇的，原待遇不变；原享受待遇低于副厅级的，按照副厅级待遇予以落实”。〔1〕有的地方则对参事的奖励、原单位的工作量计算等都予以了明确，以鼓励和方便参事开展工作。如江苏省规定“参事人事关系所在单位要为参事履行职责提供必要的条件，并把参事参政咨询实绩作为对

〔1〕《广东省政府参事工作规定》第15条。

其考核的重要内容”“省政府对积极履行职责、决策咨询成果显著的参事给予表彰奖励，并优先考虑续聘”等。[1]与此相比，一般智库专家的待遇，则或者只是一般的工资待遇，或者以委托项目方式支付相应项目经费，或者以政府通过提供劳务费的方式购买智库专家的服务等。

政府参事的工作模式与前述政府智库专家不同，其开展工作更为直接和见效。如参事一般享有下列权利：直接向本级人民政府领导人员反映情况，提出意见和建议；根据履行职责的需要，向本级和下级人民政府有关部门了解情况；应邀参加本级人民政府有关会议。[2]政府参事独立性较强，一般只要依法履行职责，不会“因意见、建议或者批评的内容而受到追究”。[3]党政军智库和社会科学院智库的行政依附色彩却十分明显。同时一般智库的“科研成果转化缺乏渠道或转化效率低下”，“许多有分量的科研成果被束之高阁，无法对决策起到必要的影响”。所以，有学者建议要“充分借助新媒体、新科技、社交网络”等的影响，“开展能被决策者采纳、公众理解并且具有学术质量的研究”。[4]

综上，本章分析了法学学者参与法治社会建设的又一类本职之外的行为类别，即政府的社会管理活动。上文重点分析了法学学者作为政府法律顾问、政府智库专家、政府参事等时的法治参与行为。事实上，因为政府管理权力的多样性以及政府管理的复杂性，在现实中，法学学者参与政府社会管理还有更

---

〔1〕《江苏省人民政府参事选聘工作暂行办法》第6、7条。

〔2〕《政府参事工作条例》第11条。

〔3〕《广东省政府参事工作规定》第14条。

〔4〕上海社会科学院智库研究中心项目组：“中国智库影响力的实证研究与政策建议”，载《社会科学》2014年第4期。

多的身份。如担任各政府职能部门的执法监督员，担任城市治理委员会专家委员、各种鉴定专家库专家、各种政府主办的协会的兼职研究员等等。尽管各种兼职身份的工作内容不一，但大体上法学学者在政府社会管理活动中的价值主要是专家的价值，同时兼有民主的价值。从法学学者的角度来看，最重要的是参与并且将专业智识渗透到所参与的管理工作之中。

从路径来说，一方面是法学学者的合作。比如政府参事的专业并不统一，虽然法学专家因为专业相宜，数量相对较多，但法学参事本身形成智库团队的可能性并不大。从法学学者的总体数量来说，成为政府参事的法学专家毕竟是少数人，但因为政府参事往往是德高望重的某一专业学界前辈，他往往可以调动其他专家学者组织研究团队，从而为法治建设提供更好的智力服务。换言之，作为政府参事的法学学者，如果注意与法治智库专家、担任不同政府兼职身份的法学学者沟通、交流、合作，前者可以借助后者的研究精力和人力将建议、意见做得更为翔实、精致，后者可以借助前者的资历和通道，将决策咨询意见以更便捷的方式产生效能，从而实现法学知识的成功应用。另一方面是法学学者的坚持。有的法学学者身兼多个政府机关顾问或专家组成员身份，有的身份之间甚至在职能上存在抵触，但不管是以何种身份参与其中，法学学者的身份才是根本。法治社会建设法学学者有各种样态的参与形式，但无论哪种样态都不过是法学学者实现社会分工价值的载体或者通道。法学学者的根本或主要价值即在于为社会贡献先进的法治理念、理性的法律思维、专业的法学知识、缜密的法律逻辑、精巧的法律技术等。

CHAPTER 05 第五章

法治参与行为效能影响因素的剖析

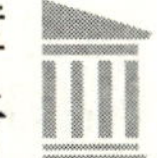

笔者在前述章节讨论分析了法学学者的角色定位、群体特征、社会分工功能、本职工作状态，以及各式各类的本职工作之外的法治参与行为。通过分析，笔者确信法学学者是法治社会建构过程中不可或缺的社会角色，这一群体为法治工程供给着道义、智识及技术支持。通过对法学学者在立法、司法、社会管理等领域中各类行为现象的剖析，我们进一步发现，法学学者于立法、司法、社会管理等法律实务的作用发挥模式，不只是身在书斋式的理论生产或学术批判，而可以是在场式的。在如上对法学学者具体的法治建设参与行为分析的过程中，笔者的视角主要集中于表象，侧重于对客观现象的评析，尽管在一定程度上也关注到了行为效能背后的影响因素，但却是支离破碎的。在本章中，笔者将从中国学者功能发挥的内在机理着手，展开对法学学者法治参与行为的进一步讨论。本章将重点选取知识、权威、关系、面子等四个影响学者行为效能的制约因素进行剖析，试图既展示这些制约因素影响学者行为效能的内在机理，也反思这些因素与法治之间的冲突，以及学者在为各类法治参与行为时，因为这些因素的影响可能对法治带来的反推。

一、法学学者的知识

上文讨论法学学者与其他社会主体之间的无形之协作时，笔者曾对知识的一些特质作了分析，在此不作赘述，但前文所谈的主要是知识对社会的渗透性。通过知识渗透，学者实现了与其他社会主体的协作。本章讨论的则是法学学者的知识对其参与法治实践的效能的重要影响，所关注的是法学学者创造了怎样的法学知识，并通过何种途径去影响社会，并贡献法治正能量。

（一）法学知识的特征

在此关注法学学者的知识，当然以法学知识为主。知识是人们对人类各个视角进行关怀后形成的一个外延庞大的综合性认知体系。法学知识在这个体系中位居何处？法学知识的识别标准是什么？这是我们首先需要思考的。当然不会有人简单地认为，法学知识就是在法学教学、科研岗位上任职的人所创造的知识。法学学者的职业并不会保证其当然能生产法学知识，也不能保证其生产的都是法学知识，关键的问题是看学者产出的知识内容。关于法学是什么，教科书中多笼而统之，称“法学是以法律现象为研究对象的各种科学活动及其认识成果的总称”。[1]周永坤在《法学社会学想象》一文中主张法学是与伦理学、神学、道德学并列的规范学学科，并且是现代规范学的“当家人”，追求善，研究范式是规范论证、该当性结论的论证，研究的逻辑工具是演绎而非归纳。[2]依此，我们似可对法学学者所掌握的法学知识的特征作如下描述：

（1）法学知识的弱真伪性。德国学者 H. 科殷认为法学是一

〔1〕 张文显主编：《法理学》，高等教育出版社 2003 年版，第 2 页。

〔2〕 周永坤：“法学社会学想象”，载《法治论丛》2009 年第 6 期。

种解释学。他说：“在法学的思维里，赋予法律规则的解释以一种很重要的（哪怕最终仅仅是一种预备性的）作用，就此而言，法学属于解释的科学。”〔1〕周安平教授以此为前见，从对“法律”这一法学的研究对象分析出发，论证了法学与科学差异。其指出：科学探询事物与事物之间的自然规律，法学探讨规范人际关系的社会规则；前者遵循因果律，后者遵循目的律；科学必须实事求是，不能推定何为真，法律则是根据规则寻找责任主体，以追求秩序的确定性。〔2〕也就是说，法学知识与自然知识不同，其并不存在证明真、伪的必要和可能，也无法证伪。法学知识是一种具有逻辑自洽的理论构想，只要研究者本身的推理具有一定合理性，并且能解释和说明一定的问题即可。

在这个问题上，为了避免心理联想而导致的误解，我们一方面需要区别的是法学与法律。法学与法律分属不同的范畴，前者是一种学科分支，研究人类的法现象、总结法规律、构架法系统，后者是指现行有效的由国家强制力保证运行的社会主体的行为规范。法学的研究对象之一是法律，法律也是法学知识转化后的直观形态。但对法律的有效、无效甚至失效与法学的真伪不应发生联想，对无效或失效法律的研究不代表相关的法学研究结论就是不妥当的，同样对现行有效的法律的各种解读，也不代表学者的观点就是合理的。

另一方面也需要区别“法”与“律”。鲍曼笔下的“立法”之“法”，与汉语中的“法度”之“法”有相通之处，这是一种对“律”的规范尺度、衡量尺度的构想；而“律”，是一种

---

〔1〕［德］H. 科殷：《法哲学》，林荣远译，华夏出版社 2002 年版，第 197 页。

〔2〕周安平：“法学与科学及逻辑的纠缠与甄别”，载《江西社会科学》2008 年第 8 期。

技术规范，是有标准的、可量化的评判规则。大致来说，研究“法”者即为法学学者，故意通“法学”，懂得“法”者，表示该人是具有“智识”内涵的智慧辨识者；而精通“律”者，是专家，故意通“法律”，懂得“律”者，表示该人是具有“知识者”的技术专长。只不过，在实践中，源于人的多面相性，有时候专家与学者是一体的，所以我们才有了“法学专家”的词汇。“律”有正确与否的评价要求，社会主体需要接受正确的律之约束；而“法”则无定法，只要坚持了公平善良的底线伦理则皆应尊重。

（2）法学知识的实践性。抛开对自然学科与人文学科的比较，即使将法学与同系规范学学科的伦理学、神学、道德学等相比较，法学的实践性也非常鲜明。伦理学与道德学更多是从评价意义上展开，神学在今天也远离了实践，或者说只是小部分人群在实践着神学。法学则从未与实践脱离联系，其学科的世俗价值之一即为研究、解决现实实在问题，而学科研究的开展也必然以实践为参照。

刘星教授根据知识的生产者，将法学知识分为“实践中法律知识”与“理论中法律知识”。他分析到“实践中法律知识”虽然有理论性，但事实上“在实践中”，本质是为解决实践的法律纷争，论证司法判决的正确性；“理论中的法律知识”，从知识源头上无法回避“实践立场”和“实践目的”，故尽管有学术话语的包装，知识精英的外表，科学表达的印迹，但最终离不开积极、具体地解决实践问题的意向。[1]在刘星的论述中，其将法学知识的生产主体（从社会分工角度作区分）与知识内容进行了排列组合，即法律实践者的理论思考与实践思考、法

〔1〕 参见刘星：《法学知识如何实践》，北京大学出版社2011年版，导论“法学知识的‘实践性’”。

学理论者的实践思考与理论思考，这种分类的叠加能让我们更清晰地感受到法学知识与实践的纠缠与牵连。

事实上，本书意在从社会分工角度，对法学学者的各类法治参与行为进行研究，所以文章语境中的法学学者，主要是指在科研院校中从事法学教学与科研的职业者。如以法学知识生产为视角，那么法学知识并不意味着一定是法学学者的知识产品，法学知识的生产者可以分布在很多行业中。罗马时代的法学家可以是立法者，英美国家的法学家可以是司法者，中国历史上很多时候法学家就是政治家，甚至有时候一些自由职业者也有很好的法律思想产出。在笔者看来，这种法学知识产出主体的多元分布现象，主要即因他们处在法律实践中。在实践场域中，主体要解决具体的、类型化的法律问题，必然投入思维成本，而问题的解决事实上即可理解为思维之产出。长期解决相同或相似的实践问题，理论及原则等法理知识一直在点滴积累，最后会以一种呼之欲出的方式自然生成，如果诉诸笔端也就是法学知识。这一点在判例法法律生成模式下表现得最为明显。

近年来，随着中国法律实务群体逐步地更新换代，正规化、职业化、专业化、年轻化加强，不少实务工作者的法学理论素养也在不断地提高，所以由实践部门生产的法学知识在不断增多，有些法学理论贡献甚至为职业法学学者所不及。此外，十八届四中全会决定要求“健全政法部门和法学院校、法学研究机构人员双向交流机制，实施高校和法治工作部门人员互聘计划，重点打造一支政治立场坚定、理论功底深厚、熟悉中国国情的高水平法学家和专家团队，建设高素质学术带头人、骨干教师、专兼职教师队伍”。随着这一顶层设计的落实，可想而知，法学知识生产者的职业类别将更多元，法学知识的实践性也将更明显。

（3）法学知识的立场性。知识是一种思维对现象的概括、总结和抽象的结果。因此，知识整体上可能表现出一种中立、科学、理性、强逻辑的面相，但人类的知识体系却是相当庞大的，知识内部的各个分支在本质上表现得不尽相同，有的甚至相差甚远。并不是每一种知识都有大致一样的超脱、理性、中立性。笔者认为，法学知识是有立场性的。这种立场预设现象背后的成因，既与法学知识本体有关，也与其研究的对象有关。前已述及，法学是一种解释学，而解释的前提一定是有一种标准、一种前见。对法学学者来说，这种标准、前见就是其立场所在。同时，对于以利益与价值观念对立、冲突为基本特征的法律关系、法律纠纷等来说立场存在几乎也是不可避免的。正如刘星所做的分析：拥有自身“知识路向”的法学学者，只能支持一个利益、一个价值观念。〔1〕

法学知识的立场性多以隐蔽的方式存在。一方面，法学学者本人不一定能清楚地意识到其因前见而致的立场性。因为，研究者本人与纷争并无直接的利益关联，加之法学学者所处的知识分子群体的传统心理暗示，使其很难察觉，更遑论认可自身知识产品的这种“添加剂”。他们一般认为自己发现的即为“绝对”“一定”之真理，认为自己的前见、标准是普适价值，不可也无需质疑，同时这种立场从一定意义上说也是各个学者进行更深理论建构和探究的基础。但是在事实上，法学学者作为知识分子多会尽可能表现自己的中立立场，进而极力否定或拒绝承认自己内在的，类似本能的预设立场。另一方面有明确立场追求的学者也可能会极力掩饰其立场性。因为有立场而又

〔1〕刘星：《法学知识如何实践》，北京大学出版社2011年版，第13页。

以学者身份发表话语，那一定是这一身份本身具有可资利用之处，学者身份的价值至少有想象的价值中立性和知识的一般权威性等，所以立场必须掩饰。前文论及，法学知识的创造是一种单兵作战的模式，每个法学学者的研究视角和研究旨趣都各不相同。有学者根据法学学者的研究旨趣、路径，以及与政治权威的关系远近将法学学者分为政策注释型、立法参与型、知识学术型、价值批判型等几类。[1]有学者曾经将法理学者作过类型化研究，该学者认为以贺卫方、季卫东为代表的，多以近现代西方流行的法律观念、规则、法律实践作为论证标准者，是中国法理学界的立法者；以朱苏力及20世纪90年代以后的梁治平为代表的，以理解、阐释中国法律自身的逻辑为主要学术志趣者，为中国法学理论界的阐释者。[2]概而言之，之所以能对法学学者做类型研究，恰因为我们可以通过一个法学学者不断产出的知识产品，析出其预设立场。

当然，分类研究为了凸显类型特征，多会强调法学学者的某一方面之预设立场。事实上，多数时候这种立场并不是泾渭分明的，也不是固定不变的，其有模糊性、交叉性与相对性。一个法学学者在这类问题上可能持一种立场，在另外一些问题上可能会选择另外的立场；在这个时段是一种立场，在另一段时间里却可能会发生立场转变。比如，某法学学者对刑罚的态度，早期强调制裁、强调秩序，法学理念表现得颇为凌厉，及至本人遭遇了一次牢狱之灾后，其刑罚理念中对人权的关怀即大大加强；再如前述研究者分析梁治平的学术路向时，即认为

---

〔1〕 闻立军、李蓝天："法学家在法治秩序建构中的路径选择"，载《宁夏党校学报》2009年第3期。

〔2〕 喻中：《自由的孔子与不自由的苏格拉底》，中国人民大学出版社2009年版，第63页以下，"中国法理学界的'立法者与阐释者'"一文。

梁的学术路在20世纪90年代前后就存在很大差异。

（4）法学知识的价值性。一千个法学学者对法学的本质可能有一千种解读，无论是最直观地认为法学是研究法律问题的学问，还是更抽象地认为法学是关于天人、人我、身心关系的规则与秩序的学问，[1]都不会否认，法之本义是公平正义，法学是公平正义之学，这是法学研究的价值底线。

任何一个法学学者或法学流派都不会认为自己的理论与价值无涉，都会宣称自己遵循着正义之目标，发现了最大之公平。但问题是公平正义是一个非常弹性，且具有极强历史感与现场感的价值表达。比如，怎样的高考制度是公平正义的？全国统一教材、统一试卷、统一分数，这只是公平的乌托邦想象，是表象的公平。因为全国的师资、居民的收入水平有差距，各个高考学生的竞争平台是不一样的，所以我们提出了差别待遇以达到实质平等。那么，为了追求实质公平而增补的差别待遇制度就肯定能带来平等吗？可想而知，依然还会有问题。再如，在一定历史时期，一定的区域认为男尊女卑、一夫多妻是最正当的，是不存在质疑空间的，但在另一个时空下，则认为这简直是荒谬的。因此，即使都宣称自己在秉持公平正义价值底线进行研究，每个法学学者所生产的法学知识产品也会有很大差距，这皆因公平正义是有多维性的。

因此，法学知识的价值性主要体现在能解决特定时空下的社会治理问题，并且能顺应人类社会的发展趋势，对社会整体的发展有推动作用。正因为此，我们在对前人的法学知识进行研究时，在对其价值进行评价时，一定要注意当时的社会整体境况。同样，在特定时空下创造和生产法学知识时，对当时的

---

〔1〕喻中："法学：重新出发，迈向何方？"，载《社会科学战线》2009年第5期。

社会公平正义的解读准确与否，将直接影响知识生产者的产品效能。法律共同体的共识，以及共同体对社会一般公众的说服度，将影响这种法学知识产品价值性的判断标准。

（二）法学学者的知识对其法治参与行为的影响

在此，笔者并不打算面面俱到地论述显而易见的影响。如果法学学者拥有的法学知识质量优，对法治的贡献便大；质量低劣，则贡献亦小等。笔者认为，法学学者的知识对其法治参与行为的影响，涉及的主要问题即法学知识的转化。法学知识不管呈现出怎样的状态，不管研究的方向是世俗法律，还是为世俗法律寻找正当性依据的高级法，甚至是寻找自然人内心法则的宗教法，都会关涉到转化的问题。但法学知识的转化既不同于专利、技术的转化，也不同于文学、哲学等的转化。专利、技术的转化拥有直接的物质载体和效率考评机制，文学、哲学的转化则系纯粹的思想、理念渗透。法学知识的转化兼有物质性与思想性。法学知识转化的物质性表现在法学理论可以附着在一项项具体法律法规规章等制度中，而思想性则表现在法学理论可以内渗为一个个法治建设参与者的理念，并且指导其开展立法、侦查、审判、公诉、辩护、代理、教学、研究等。

又因为在知识经济时代，法学知识的转化可以给知识的创造者带来巨大的财富和荣誉利益，所以转化机会的抢夺在法学学者中间就极有可能展开。首先出现的可能是抢占法学知识的展示机会。法学学者的智力成果，必须寻求到展示载体才有转化可能，这种载体可以是图书、报纸、期刊等实物载体，也可以是互联网的微博、微信、朋友圈等虚拟空间。但同时，我们必须承认，再精妙的知识，载体不一样就和商品的包装不一样。于是，在法学科研领域不可避免地会有一些法学学者利用权力和机会，一方面为知识载体的含金量按自身的占有现状设定序列，一方面又抢占更多资源，进而进行载体资源互换，或者用其他资源与载体资源交换。当然，更多的法学科研人员会注意对群体社会形象的塑造，各类知识载体控制者会通过各种方式尽可能给法学知识产品以公平的展示机会。如学术论文网络投稿平台开通，加强论文盲审的实效性等，均是这种努力的表现。

其次，还极有可能出现学术的强制转化问题。这种强制一方面是强强制，一方面是弱强制。前者表现为将自己的学术理论不经前期整合，直接形成制度，挤压或者限制其他学术成果转化的空间或者速度。后者表现为“宣传性学术研究”，即一部分法学学者或者直接根据政治人、经济人、社会人的需要，为其量身定制理论解说；或者如有学者所指出的，是为了法律实践的目的或政治上的目的而进行写作。这种宣传性学术研究“公开地或者不公开地摒弃了处理重要的对立的证据或者论据的传统责任”。〔1〕如果出现学术的强制转化，这种学术成果就很少与学术同行或者公众进行认知互动。这种法学学者的理论因为所持观点与权力主体、经济实体或社会实践需要高度吻合，极易被塑造为正统理论。而其他法学学者的理论产品，则会因言说机会与平台的严重不对等，而很难有转化机会。但同时，这样的转化形式，对相关法学学者社会功能的发挥也存在减损，一是其法学知识可能引起学术共同体中其他学者“对人不对事”的选择性摈弃，二是其法学知识可能会因为其转化依附力量的消失而彻底被抛弃。

综上，通过分析讨论法学知识这一影响法学学者法治参与行为效能的首要影响因素，我们发现，作为一种解释意义上的世俗知识，法学知识的主观能动性是无法根除的。因此，似乎

〔1〕［美］玛丽·安·格伦顿：《法律人统治下的国度：法律职业危机如何改变美国社会》，沈国琴、胡鸿雁译，中国政法大学出版社2010年版，第209页。

可以有如下结论：在法学学者参与法治建设、法律实践的过程中，其知识效能的发挥可能存在有利于法治或不利于法治，以及利大利小的问题，决定能量正负大小的是法学学者的学术品格高低与学术能力大小。对于如何最大限度地发挥法学知识正能量的问题，笔者将在下文集中讨论。

二、法学学者的权威

（一）权威及其与法治的冲突

权威是社会主体之间的一种特殊关系景象，与暴力、智力、伦理、心理等多种因素相关，同时也与伦理秩序、政治秩序、社会秩序、法律秩序的生成与维系有重要的关联。马克斯·韦伯在其名著《经济与社会》一书中最早提出了权威的划分法。在该书中，韦伯根据政治统治类型及与经济的关系，识别出了三种基本的权威类型和几种结合式权威类型，即传统型权威、感召型权威、法理型权威，以及传统型权威制度化后的封建世袭型权威等。[1]在《权威的概念》中科耶夫为我们区分出了四种被他称为“简单的、纯粹的或基本的”权威类型，即父亲对孩子的权威、主人对奴隶的权威、领袖对团伙的权威以及法官的权威。事实上，我们可以较清晰地看出上述两位学者关于权威分类的一一对应关系。对此，《权威的概念》的译者也指出：二人是从不同的角度描述了权威的类型，科耶夫关注的是法权及哲学思想史。[2]权威的存在是一种不言而喻也无法根除的客

---

〔1〕［德］马克斯·韦伯：《经济与社会》（下卷），林荣远译，商务印书馆1997年版。因原著内容庞杂，而对其权威理论，社会学、政治学已经有了非常成熟的概括，所以可以参见刘少杰主编：《国外社会学理论》，高等教育出版社2006年版，第103～105页。

〔2〕［法］亚历山大·科耶夫：《权威的概念》，姜志辉译，译林出版社2011年版。

观现象，种类繁多的权威通过各式各样的路径，制约着人们的生活、精神、行为等，也为社会秩序的建构与稳定发挥着独特的作用。然而制约权威生成的一些影响因素，却可能背离法治精神。如果人们的行为受制于一种力量，但对这种支配力与公平正义的冲突缺乏认知，则必然影响法治时代人们追求公平正义之法治目标的达致。在笔者看来，权威与法治的冲突主要表现为如下几个方面：

第一，权威与身份紧密联系，这与法治的平等追求可能发生冲突。父亲、主人、领袖、法官，或者贵族、乡绅、总裁、丈夫等等，很多权威类型，事实上都附着着一种身份因素。前有述及，根据社会学学者的研究，身份是有丰富内涵的，既可指基于血缘而形成的先天身份，也可指人在后天的人生积累中成就的客观存在的职业、收入等特点。不同的特点代表特定的人在社会上或法律上的地位、资格和声望。〔1〕身份与地位紧密联系，而地位是不平等的，地位往往会产生权力、威望和特权。〔2〕有学者指出身份社会是一个人治社会，讲究身份是为了维护少数人的特权，身份是特权的渊源，是特权的实质根据。〔3〕身份与平等的民主法治追求有着天然的对抗性。对此，在上文讨论学者上书的效能制约因素时，笔者曾有具体的事实论证，此处不作赘述。

第二，权威与权力紧密联系，这与法治的自由追求可能发生冲突。权力与权威联系紧密，以至于有些学者认为权威就是

---

〔1〕李强：《当代中国社会分层与流动》，中国经济出版社1993年版，第243～249页。

〔2〕［美］乔尔·M. 卡伦、李·加思·维吉伦特：《社会学的意蕴》，张惠强译，中国人民大学出版社2011年版，第63～65页。

〔3〕刘秀华：《转型期人的个性与社会秩序关系研究》，天津人民出版社2008年版，第277～281页。

权力。恩格斯在《论权威》中以一系列事实说明权威不会消失，并指出：权威是指把别人的意志强加给我们，权威以服从为前提，服从权威“无论在什么样的社会组织下，都是如此”。〔1〕这种服从正如汪世锦所分析的有两种不同的形式，即强制性服从与自愿性服从。〔2〕法治国家最大的政治伦理就是保障公民权利，让人们实现自由最大化，而如果是强制性服从就意味着权威者对他人自由的剥夺，这种剥夺使他人可能因为对暴力的惧怕而无从反抗。如此，尽管权威可以成就秩序或服从，但却可能与法治的追求发生冲突，因为法治的精神之一即在于较少地用权力或权利压缩个人的自由。另一方面，尽管权威与权力不同，但权威中毕竟存在权力的因素，而权力与法治本来即有天然的，不可去除的对立性，权力的扩张与法律的制约是永恒的矛盾。正所谓“权力旨在实现对人的绝对统治”，而“法律的基本作用之一乃是约束和限制权力，而不论这种权力是私人权力还是政府权力”。因此，在法治社会中，或追求法律统治的地方，权力自由行使会受到规则的阻碍。〔3〕

而对于自愿的服从，我们还应注意分析是否是真自愿，权威可能意味着信息的封锁和言说的不容置疑，还有愚弄的可能。比如旧时中国有“法不可知则威不可测”的说法，在这种状况下，民众对法律权威的服从是一种基于无知而形成的服从，这不是一种真正的自愿服从。当下，公开包括法律内容在内的各类信息已经成了对各类权力机关的基本要求，特别是随着《政

---

〔1〕《马克思恩格斯选集》（第3卷），人民出版社1995年版，第224～227页。

〔2〕汪世锦：“论权威——兼论权威与权力的关系”，载《湖北大学学报（哲学社会科学版）》2001年第6期。

〔3〕［美］E. 博登海默：《法理学——法律哲学及法律方法》，邓正来译，中国政法大学出版社1999年版，第358页。

府信息公开条例》的实施，以及新《行政诉讼法》的对公民知情权的保障跟进，社会公众对法律权威的自愿服从度得到了极大的提高。如果相关国家机关对相关信息不予公开，但却称依据此相关信息对公民设置法定义务，这在当下可能意味着相关机关已经违法，应承担相应的法律责任，即公民可以拒绝被迫服从。一旦通过有效的程序保护，公民对制度权威的认同感建立，自愿地服从制度约束，权威与法治的冲突就能降至最低。然而，学术权威的支配力却可隐藏得更为巧妙，表现出来的是话语支配权，当然也可能是一种不算太坏的父权。尽管如此，如同鲍曼所描述的：权威者认为自己是一种更理想的生活方式的认知者和实践者，谋求他人对自身权威性的生活方式优越性的承认，他人被“认为没有能力独立地过一种人的生活，如果没有博闻多识者的监督、帮助和改正的话”。[1]这种隐性的强制，事实上侵犯了他人的知情权、话语权等一系列基本法权，甚至人权。当然，如果被服从者认识真相还会自愿服从又或者根本不要真相，一味服从，这就涉及信仰自由则无损法治。

第三，权威与专制紧密联系，这与法治的民主追求可能发生冲突。依权威而形成的关系中，权威的相对方，我们姑且称为被权威方，往往对权威方不质疑、不反抗，更不存在与权威方的协商或者权威方的妥协问题。在这种关系的运行惯性下，权威方养成了自以为是、独断专行的行为方式。就如在父母和孩子的传统关系中，父母给孩子的指令往往是不解释原因，也不容拒绝和争辩的。父母总是说：“没有理由，必须如此！”这是一种基于亲子关系的专断。如果说父母对孩子的专断因为血缘的关系，不管结果如何至少目的是为孩子好，因而有可接受

---

〔1〕［英］齐格蒙·鲍曼：《立法者与阐释者》，洪涛译，上海人民出版社2000年版，第65~66页。

的一面，那么在其他权威关系下，就不一定能保证如此的面相了。在这种终极目的无法保证的情况下，如果拥有权威者过分放大权威的支配力，被权威方在双方关系中没有发挥能动性的空间，则被权威方的法权或人权就有被侵犯的可能，这种权威运行会对法治建设的正面作用造成减损。

学者会不会专断独裁？邵建在讨论知识分子伦理时告诉我们：专制是一种自我意识和意志的强加，专制的发生多会以“普遍性”的名义，自认是“普遍性”的个人主体，以全人类的代表自居，或以人类的“喉舌”自居，是知识分子一种普遍的潜意识。[1]在笔者看来，至少从对自己知识的自信和自爱的角度来看，真正的学者总是会表现出专断的一面，他们不可能轻易放弃自己所坚持的观点，这其实是学者的一个特征。法学学者当然也不例外，而且法学学者还有两方面更为特殊之处：一是其专业知识的实践性，法学研究的很多成果生命力就在于实践；二是法律实践的主要功能之一在于解决纠纷，法律解决纠纷的方式多是要求作出明确的是非判断。当法学学者决定对一起法律纠纷作出判断时，结果一定是“被告人有罪”“被告人无罪”“原告胜诉”“被告胜诉”、当事人违法或者当事人不违法等，这就会表现出一种很强的独断性。正是因为对此的清醒认知，苏力才会说：“如果法律人真正是坚持自由主义，那么他可以保留和坚持自己的信念，但必须尊重民众的选择，而不要总是用‘启蒙’来暗示自己的正确或不幸，一不小心就把自己当成了耶稣。”[2]

（二）法学学者权威的内质

科耶夫认为上文提及的四种权威类型分别可对应四种权威

[1] 邵建：《知识分子与人文》，中国社会出版社2009年版，第108～109页。

[2] 苏力：“面对中国的法学”，载《法制与社会发展》2004年第3期。

理论，即神学理论、黑格尔的理论、亚里士多德的理论、柏拉图的理论。他假定这些理论的创立者都认为自己的理论“是一种一般的权威理论，但实际上只不过是上面列举的四种特殊理论之一”。〔1〕他认为，从现象学角度看权威通常是复合的，是四种纯粹权威类型的组合。由此，他为我们列出了“权威类型的一份完整清单”，即不包括变种在内的64种权威。〔2〕从科耶夫的权威类型谱系中我们可以判断，法学学者如果有权威的话，应属领袖权威的变种。原因在于，作为学者的法学学者对法学问题，比没有法学专业知识的人“看得更清楚，他们对事情有一种更广博和更深刻的看法”。〔3〕

在笔者看来，对于法学学者的权威，科耶夫的复合理论同样适合。权威体现为主体（包括自然人和团体）对其他主体的一种自觉自愿的服从与尊重。某一个法学学者或法学学者群体为什么会被其他主体自觉自愿地服从与尊重，原因是多方面的。其一是因为法学学者拥有法学知识。有知识的人和无知识的人会形成一种“启蒙与被启蒙”的关系。如此，被启蒙者即会视启蒙者为权威。其二是因为法学学者的人格魅力。人们往往会把言说者所言说的内容与言说者的人格发生联系。事实上，二者也可能确有某种关联，所以人们最厌恶“满嘴的仁义道德，满肚子男盗女娼”的人，最不能见容那些今天还在大讲廉洁守法，明天却被曝贪污腐败的违法公职人员，因为他们破坏了人们对言语与人格的联想。法学学者在任何场合都会宣示法的公

---

〔1〕［法］亚历山大·科耶夫：《权威的概念》，姜志辉译，译林出版社2011年版，第15页。

〔2〕［法］亚历山大·科耶夫：《权威的概念》，姜志辉译，译林出版社2011年版，第26~27页。

〔3〕［法］亚历山大·科耶夫：《权威的概念》，姜志辉译，译林出版社2011年版，第14、18页。

平正义、宣示法治社会的民主、人权、自由、平等、权利等，所以人们极有可能将法律的品格与法学学者的人格混淆，进而由法的公平正义联想到法学学者是公平正义的代言人，是最诚实的人，基于对这种人格的由衷赞赏而对法学学者产生了尊重与服从的心理。这也符合科耶夫的分析，即公正、客观、无偏向等力量通常会产生一种权威，而公正、诚实的人有一种无可争议的权威。[1]再次，与法学学者多是教师有关。教师是一种基于伦理、传统、智慧、历史等而形成的权威身份，所谓“尊师重道”“一日为师，终身为父”无不反映出这种权威性。虽然随着教育产业化的发展，教师与学生之间的情感关系在淡化，但教师却对学生拥有了另一种传统教育下所没有的权力，这点对其权威的确立也有重要关系。比如导师可以决定对某个学生录取与否，也可以决定某个学生的答辩通过与否，又或者能否毕业，等等。此外，可能还与法学学者的单位、职务、职称、资源等有关。比如普遍的心理会认为，985、211 大学的法学学者可能就比其他大学的法学学者要权威，兼任校长、院长的法学学者要比普通法学学者更权威，博导、教授定然比硕导、副教授权威，等等。

既然权威的存在是事实，那么权威以一种良好的状态运行就成了人们的期盼。所以，有学者主张：权威必须最终排斥强制和暴力。权威的实现对于权威的主体来说，必须是使自己的意志符合对客观事物规律性的认识。不论是在政治、经济，还是教育、文化、思想等领域，都要求权威主体对于事物的客观

〔1〕［法］亚历山大·科耶夫：《权威的概念》，姜志辉译，译林出版社 2011 年版，第 21 页。

必然性有正确的认识和阐释。〔1〕如上所述，法学权威生成原因是多元的，比如个人的人格魅力、个人所处的地位、个人所掌握的资源等等。笔者看来，对权威生成过程中的“人”的因素应淡化，“智识”的因素应突出、强化。唯此，群体权威的形象才会越来越清晰，越来越恒久。李松玉在讨论制度权威与个人权威时也曾分析到：从单纯的个人“魅力”出发探讨个人权威是一种孤立的、抽象的方法，真正解决个人权威问题必须到个人之外去挖掘更为深刻的根源。〔2〕法学学者要想获得他人真正的、发自内心的服从或者尊重，就绝不应该只是自足于个体身份、地位、职务、职称等的修饰，而应该将注意力集中在生产更高品质和更有说服力的理论产品上。

邵建认为，从“五四”到“文革”再到当下，知识分子与大众之间的关系经历了一个启蒙、反启蒙与非启蒙的发展过程。所谓非启蒙即大众“把知识分子从启蒙的中心放逐，从而使其成为被疏离的对象”。〔3〕法学学者必须对此有清醒的认识，不应在全球化、互联网时代还想雄踞在启蒙时代的高位。现实也证明邵建的判断是有一定道理的。当下，大众开始频繁地质疑专家、学者的权威性，人们会挑衅地说“你以为你是谁”，会认同“高手在民间”。如果一个法学学者创造的法学知识不具有生成权威的足够能量，则人们并不会盲从，或者说权威效应不会仅仅因为知识的创造者是谁就产生。今天，在法学等人文社科研究领域，如有人宣称“××是绝对真理”，人们通过网络平

---

〔1〕薛广洲：“权威类型的哲学论证”，载《中国人民大学学报》2001年第1期。

〔2〕李松玉：“制度权威和个人权威”，载《山东师范大学学报（人文社会科学版）》2004年第3期。

〔3〕邵建：《知识分子与人文》，中国社会出版社2009年版，第100页。

台，便能很快证成论者之绝对真理的谬误，进而暴露出论者的论证缺陷。这会对其法学知识的智识贡献形成冲击，因为人们往往会把更多注意力放在批判其论证的问题上，而不甚关注其之所以如此论证的背后推理过程。在有些社会关注度非常高的案件中，同样是法学学者，有的法学学者对问题的分析能切中要害、直击症结，大众会由衷地叹服，而如果一个法学学者的分析和大众的普遍认知相去甚远，大众一样会“拍”法学学者的“砖”。如果一个人根本不是法学学者职业群体中人，但当他对某个法学问题的分析很精辟时，大众依然会服从。概而言之，权威不是永恒的，思想则是永恒的。没有思想与智识作为填充的权威只是一个没有生命力的稻草人，其并不能真正推动法治的进步。法学思想与智识的质量优劣高低决定着法学学者对法治社会建设的贡献度。

（三）法学学者的权威对其法治参与行为的影响

尽管有如上的分析，依然不可否认，权威与身份、职业、专长等有着重要的联系。一个法学学者即使偶然大失水准，人们也不会将他从权威的清单中立即删除，而一个自由职业者即使偶然对法律问题分析的相当精辟，人们也不会将他列入法学权威的名单。同样的知识，诠释主体的身份不同，对人们的影响力也是不一样的，进而对社会所产生的作用差别也就很大。人们对知识的诠释主体有一种天然的期望和归类。一个老奶奶告诉我们“各活各的，管别人嚼什么舌头”，给我们带来的激励肯定不如但丁那句“走自己的路，让别人去说吧”。某人有一块地，适宜种瓜还是适宜种豆，一个农民和一个农业专家给了他不同的建议，最后他更信服哪个，取决于他认同哪个身份持有者是此事的该当诠释主体。如果他认同前者，说明他认为经验者是权威，如果他认同后者，说明他认为知识者是权威。当事人咨询同样一个案件，初出茅庐的年轻律师、知名律师、法学专家即使给了他同样的判断，但在当事人心中所产生的确信力肯定不会一样。在讨论某人犯何罪，当如何判处时，人们会倾向相信法官的判断，而当讨论哈特的法哲学思想时则肯定更在意法学学者的叙述，人们会认为“他就是专门干这个的”。因此，法学学者所从事的职业、所代表的群体、所具有的内在精神气质等，都决定了其是诠释法学知识的不二权威主体，法学学者可以也应当对法治建设贡献这一路向的力量。

基于以上对权威与法治关系的分析，笔者认为法学学者的权威对于其法治参与行为的影响，可以从如下几方面寻求突破口：

第一，基于专业知识，这一点对部门法的学者来说尤其重要。比如根据中国证券法的当下规定，可以一般推出，长期从事证券法律问题研究的中国证券法法学学者，从专业知识的把握能力上来说，绝对不低于实务法官。在这种情况下，法学学者便是一个知识方面的权威，该法学学者对实务的指导是可以胜任的，至少是适格的研讨论证参与者。

第二，基于法学学者的正义品格。正义者是权威，人们对这种权威的服从与尊重是由衷的，这种权威在一定意义上要优于其他权威，就如同人们给予“大义灭亲”者以很高道德赞誉，而只给予“亲亲相隐”者以理解一样。法官一般是代表正义的，但法官权威的形成不纯粹是因为其代表正义，而是因为他还掌握有司法权，同时又受制于其他权力主体。法学学者则不同，从理论上讲，他可以是纯粹的正义代表。因此，在一些公益问题上，尤其是在法律问题并不复杂但国家法律援助福利无法关照到的纠纷中，法学学者可以发挥更大作用，比如对于未成年人、外来务工人员、经济贫困者等的权益保障问题，法学学者的参与往往会产生良好的效果。

第三，基于知识分子的批判精神。法学学者从属种角度来看，最恰当的归属是知识分子群体，如果法学学者在为法治参与行为的过程中，能充分地展示知识分子的所有精神特征，那么对法治的贡献无疑将实现群体最大化。知识分子睿智、理性、淡泊名利、执着于志业、富有批判精神。法治的对立面是人治，对人治现象的识别能力没有谁能超越法学学者，“青天意识”“运动法治”“超级公民”等的反法治内质并不是每个人都能看透的如果法学学者能够利用专长，发挥其批判精神，对各种社会现象保持一种敏锐的审视，并能不吝言说，担当起“法治警犬”的作用则是其最正当的参与。在为法治而批判的过程中，法学学者的更大权威会得以树立。正如李松玉所分析的，制度和人的作用总是交织在一起的，制度总是由人来制定和维护的，人也总是要依据制度规范来行为。制度权威和个人权威之间相互融合、相互促进，共同适应某种特定的客观秩序需求。〔1〕

当然，亦如有学者指出的，知识分子的批判是一种精神形式的运动，而非实践行为的操作。批判一旦越出了精神的边界，便会立即变成一种由其本义而体现的暴力行为。〔2〕法学学者对社会法治状况、现象的批判，最正当的形式应为“口诛笔伐”，或者说这本身就是法学学者的实践行为模式。法学学者应有足够的智力去洞悉客观实在，即使身处书斋，也能做到对社会法治问题的关注与批判从不缺位，并且品质优良。而其一旦明显、经常地脱离这种超脱的、精神的场域，带着批判的理念，参与

---

〔1〕李松玉：“制度权威和个人权威”，载《山东师范大学学报（人文社会科学版）》2004 年第 3 期。

〔2〕邵建：《知识分子与人文》，中国社会出版社 2009 年版，第 37 页。

到具体的社会关系或法律关系中，尽管在局部来说可能会点点滴滴地成就法治贡献，但对更大层面的贡献则可能会造成令人惋惜的减损。同时，我们也应该注意到，过度地远离知识分子的社会位点，法学学者的批判和揭示能力是否能保持可持续的跟进也是一个问题。

三、法学学者的关系

（一）关系及其与法治的冲突

关系是一种客观存在的主体之间的社会位序结构状态。马克思说人是一切社会关系的总和，换言之，社会是一切关系的呈现。社会中的关系架构叠床架屋、机理繁杂。法学是研究社会关系但不限于此种关系的学科。就法学研究的社会关系来说，有合法、不合法的，有民事、刑事、行政、宪政等的关系之分。社会学自20世纪70年代以来，开始出现了对“关系”术语化之后的学术研究，从而将梁漱溟、林语堂、费孝通等文化大师的文化意义上的描述性研究，推高了一个平台，多了一份学术的建构自觉。但社会学对于“关系”的研究是从一种现象学的角度展开的。这种视角的研究通过概括总结、挖掘揭示关系的文化预设、心理机理、网络构成、交往策略、动力养成。其目的不在于批判而意在展示社会生活的本质面相，特别是中国社会的人与人共处面相。对于此论断，多年来一直致力于研究此类问题的翟学伟教授的一系列著作可为佐证。这些著作主要有《中国人的关系原理：时空秩序、生活欲念及其关系流变》《面子、人情、关系网》《中国人的脸面观：形式主义的心理动因与社会表征》《人情、面子与权力的再生产》等等。

法律界域外的关系与法律调整范围内的关系是不可分割、互相联系的。范围外的关系，毫无疑问会影响和制约范围内关系的权、责，权力、义务的确定。比如儿子为母亲实施安乐死，涉嫌“故意杀人罪”，法官在量刑时既会考虑犯罪关系本身，也会考虑母子亲情关系，甚至还会受到乡邻的签名求情、被告人是领导的亲戚、辩护人是法官的老师等各种关系的影响。可见，将社会学意义上的这种主体之间有着传统文化内涵的人际关系与法治视域内的法律关系进行结合式研究显然是很有意义的。同时，在做这一研究的时候，社会学的研究成果使法学学者省去了调查之必要，我们推定并且认同社会学家的概括是真实的，进而从法学的视角下展开解读。

针对这一视角的研究，笔者注意到了一些学者的研究成果。他们在从法学视角展开关于法治与关系的研究时，都没有否定关系的前见，而是在承认关系存在并且不可改变的前提下，思考着这种关系与法治的互动与互洽问题。有的认为：法治与关系是处于不同层次的社会关系框架，都是人们进行各种交往中使用的手段。其中，法治适合于构建人们之间的次级关系，如各种正式角色、职位之间的关系。而关系主要依赖于人们的各种初级关系，如血缘、邻里、朋友等。法治与关系又相互渗透。在正式的关系结构内，“除了由法律固定的正式关系之外，在上下级之间、同事之间、有着经常业务往来的业务部门之间，还存在一种以亲密关系为基础的非正式结构”。后者对前者可能产生两种作用：一是积极的，如加强凝聚力、忠诚度，弥补正式关系之不足；另一是消极的，如瓦解组织的职能，导致腐败生成，甚至政府倒台等。〔1〕

另一学者的研究则是在一种民间法范式下，以主位、共时、动态的研究方法，重点论证、分析了关系现象的法治因素。论

〔1〕 朱景文：“法治和关系：是对立还是包容——从韦伯的经济与法律之间关系的理论谈起”，载《环球法律评论》2003 年第 1 期。

者将关系定位为非正式规范，称“关系是非正式的、先赋性的和稳定性的并能够构建一种相对正式制度的结构化的中国式人际关系”，[1]指出关系是一种“隐形契约”，关系存在意味着秩序存在。“它包含着隐而未发的力量和正在发生的那些力量，即文化观念上的秩序性义务要求和功利上的利益需求的双重力量，之中的主体采用不同的策略，并依据不同的观点、视角和立场做出不同的行为，影响网络内的其他关系人，作出既考虑共同体本身的维护以及其他关系人的评价又顾及自己的利益导向。”[2]

该学者在大力论证了关系这种非正式规范的运行模式和制度性特征后，对正式制度与非正式规范的对接问题着墨不多，但其对非正式规范“对正式纠纷解决的阻却”，以及与“正式法律的功能性互补”等论题的讨论，可以让我们在关注关系与法治的对立的问题时有所启发。论及关系与法治的对立，在笔者看来，至少有如下几方面：

第一，关系可能导致法律虚置。曾有人在一本书中讨论过“圈子里会有法吗”。该书作者认为：“近代的法律虽然一部比一部内容充实，词句无不体现民主自由精神，但总难以真正实施。究其深层原因就是圈子在作祟。”[3]也就是说，关系圈里没有法，只有“圈规”。如果“圈规”只是作为一种非正式规范存在，以弥补正式规范之不足，那么其依然能对一定范围内的社会秩序起到维护作用，这和法治所追求的价值目标是不相抵触

[1] 易军：《关系、规范与纠纷解决——以中国社会中的非正式制度为对象》，宁夏人民出版社2009年版，第50页。

[2] 易军：《关系、规范与纠纷解决——以中国社会中的非正式制度为对象》，宁夏人民出版社2009年版，第55~56页。

[3] 田玉川：《圈子！圈子!》，中国社会出版社2003年版，第109页。

的，如乡规民约对乡土社会秩序的调整等。但如果在某一个问题上有正式规范存在，关系圈内却弃成制不用，而以关系规范取代之，这就是对法律的虚置。虚置法律既可能是法律允许的，如自愿调解，调解双方可能考虑到关系原因，依法应该赔偿10万的，赔8万也罢了，严格来说，这不是对法律的虚置，而是对法律的不同角度的遵守。当然也可能是法律不允许的，对此，笔者称之为内心虚置，最典型者是被不少法学学者批评过的“选择性执法”问题。主体内心并不认为法律是一个绝对有约束力的规范，而是将法律放在那里，根据情形选择用或者不用，用这种或者用那种。比如某人本来构成犯罪，但因为有关系，所以定性为行政处罚；再如法律在某一个关系圈中也不是从来不适用，圈子决定将某一个人逐出圈外时，就会拿起法律这一武器，此时法律就好似关系体内的一杆枪，打哪里，指向哪里，无一不中，这在我们的社会中不乏相关例证。

第二，关系可能挤压法律的适用空间。基于身份、地位、血缘等而主动或被动地建构的关系体系，不同于基于契约建立的关系，这种关系没有明确的权利义务和时空界点，这和法律关系的权利义务清晰对等是不同的。在这种关系模式下，各个关系主体之间的责、权、利根本无法裁断，所以就出现了“清官难断家务事”这样的尴尬，即法律人所推崇的那一套法学知识或法律规范体系在这里无法发挥作用。如此这种关系规范对社会生活秩序的维系，就会对法律规范的适用空间形成挤压。[1]当

---

〔1〕 笔者经手的一个案件较能说明这一问题：姑姑借了侄女的16万元钱不还，在多次索要未果的情况下，年轻的侄女委托律师代为索要，律师保全了姑姑的财产，提起诉讼。从法律规范的视角看，这一问题可以很顺利地解决；而年长的姑姑则动用了传统关系规范，召集侄女的舅姨等声讨侄女之父母，责怪兄嫂教女无方，兄嫂顾及亲情又用亲情绑架儿女的情感，最后法律落败于关系，撤诉了事。

然，此处的分析并不表明这种挤压没有合理性。事实上，如果法学理论和法律规范本身出了问题，那么其他社会秩序规范力量对法律的挤压，在一个更高的维度来看可能就是正当的。只是在一个社会共同体选择了法治的治理路径时，这种挤压应被暂时地定性为非法。但法律的规范制定者必须在之后的规范建构中进行合理性调整。这一调整模式在法治社会是非法律规范与法律规范调适的正当模式。

第三，关系可能促使自由裁量权变异。自由裁量在行政法中有特殊内涵，是指制度规范对行政行为的范围、方式等留有一定幅度和余地，便于行政主体在行政管理过程中可以依制度理念、客观情况、正义精神、合理结果等作出酌情处理。事实上，法律制度适用的任何场合都存在自由裁量问题，如法官对量刑幅度的把握、检察官对是否起诉的决定等。有关系者会利用制度的弹性空间获取自己的最大利益，自由裁量权主体则极有可能将此变成照顾关系的突破口。为保证正当地行使自由裁量权而设置的标准，在关系介入后，可以通过言说或制造而成就，最终使自由裁量权的价值追求走偏，甚至走向反面，从而对法治造成损害。

第四，关系维系可能触犯法律。关系有亲疏远近，也是有时效的。俗语所言“远亲不如近邻”现象，根本原因即在于即使是基于血缘的关系，如果不作关怀维系，关系所特有的效能也有可能降低甚至消失。淡漠了的关系要想再行链接，则需要更高的成本，而且还要有高超的交往技术才可奏效。《红楼梦》中刘姥姥为了和贾府重新建立关系，既要舍了老脸打通进门的关节，又要舍了长者的尊严，装疯卖傻编故事取悦于太太、公子、小姐们，同时还要会说话，给真正握有权力的凤姐作心理按摩。而实践中多数人的所求不可能如刘姥姥那样“只求个温饱”，人们维系关系是为了可预期或不可预期的，正当或者不正当的财富、地位、机会、荣誉等。有研究者分析认为，关系要不断地培养。其中，最低级的、最大量运用的培养术是请客送礼，更高级的则是关系互换，你帮我办事，我帮你办事，或是通过紧缺资源的互换达到互惠。〔1〕所谓关系越用越好用的道理就在于此，关系者之间在长期交往、互通有无、互相交换的过程中，无论是个人情感，还是各自利益都会更紧密地维系在一起，这就是为什么腐败往往以“窝”式呈现的原因。

第五，关系的持久性、无选择性可能影响法治精神的养成。法律关系具有即时性或者阶段即时性的特征，这使社会主体对生活的面相有大致确定的构想。在关系生活模式下，如翟学伟所分析的，主体之间“对短暂交往是排斥的，或者说一切不利于长久性的行为模式都受到否定”。他断言：“中国文化没有对城市、市场、组织、流动等方面进行过理论思考和社会规范，也没有对人的理性进行过反思。”〔2〕虽然这种结论太过绝对，缺乏对中国法制史和哲学史的关照，但笔者认为中国市场经济、市民社会等发展的迟缓、变异一定程度上确与中国社会人际交往中的这种无时空概念与契约精神缺失有关。此外，翟教授分析道：与关系有密切联系的人情“实际上可以理解成一种在长期性的不对等交换中建立起来的被绑架式的友谊”；“和为贵”的关系价值体系则迫使个体放弃了选择性意志，从而压抑了自我；关系的无选择性，使人与人交往的理性受限，偏重情感，且长久性和无选择性还会导致主体较多地关注义务，很多行为不是来自责任、自我、意志、理性，只是身不由己，只能为面

〔1〕 陈刚：“法治社会与人情社会”，载《社会科学》2002 年第 11 期。

〔2〕 翟学伟：《中国人的关系原理：时空秩序、生活欲念及其关系流变》，北京大学出版社 2011 年版，第 302 页。

子而虚伪为之。[1]以上种种都可以看出，关系会对人的行为和意志形成约束，这与法治所追求的自由之精神、自治之行为是完全对立的。

综上，在关系文化各个角度的冲击下，法治文化的形成与法治社会的建成受到了阻碍。法治社会是一个政治民主化、经济市场化、文化自主化、思想自由化、社会自治化、个体优胜劣不汰化的状态。在这样的社会中，法治文化应是主流，在中国法治建设过程中，法治文化也有一个本土化的形变过程，传统文化与法治文化一直在互相融通。中国法律实践中推行的大调解、能动司法、舆情民意关照、乡规民约兼顾等，无一不是中国传统文化对移植来的法治文化的形塑。古代法家文化也或多或少地影响着当代中国人对现代法治文化的理解。而儒家思想依然紧抓现代中国法治中所沾染的古代法家思想的糟粕，与法律抢夺着对社会秩序的调控权，释道文化、乡土文化等则放纵了这种情法的历史轮回式的对抗。也许有人会质疑，法治文化与关系文化是不是水火不容？在笔者看来，并非如此。关系文化有维系主体情感及传统秩序的作用，法治文化所不能包容的是社会主体用利益绑架情感，用以破坏文化秩序的现象。事实上，现代法治从来没有不容情，也从来不是僵化的，只是法治作为一种博大精深的秩序维系技术，万变不可冲破其公平正义的价值外壳，否则就会导致法治变异。法律的合理性或者价值在于其平等适用于所有该当主体，并且要有稳定性，使人们可以预设行为以成就利益。非经法定之程序，法律不可以更改，任何人都没有法外特权，有的只可能是基于对实质平等的考量而预设的合理差别待遇。不管法治的中国特色有多么浓郁，哪

---

〔1〕 翟学伟：《中国人的关系原理：时空秩序、生活欲念及其关系流变》，北京大学出版社2011年版，第303~304页。

怕成为一种“儒法合一”“法主儒辅”“儒助法成”的模样，中国现代法治也不应该再犯商鞅的致命错误，即放置一个人或者一个群体在法律之外，最后使这个人或者这个群体橇翻整个法治大厦。关系规范模式的存在则可能使很多人置身于法律规则之外，逃避或者玩弄法律，这都是法治大厦上的蚁穴，会一天天地侵蚀中国的法治根基。这绝不是危言耸听、夸大其词。当下，只要遇到法律纠纷、制度规范，少有人不在意对关系的寻找。很多关系正简化为资源，使关系中情感的因素。非正式规范的价值一点点消失，而关系文化对法治建成的冲击力却在一点点加大。建设社会主义法治中国，任重道远，对关系中的这种客观存在的不利于法治建成的因素应予警惕。当然，法学学者在为法治参与行为时，也应注意剔除关系因素对自身法治理念追求的冲击。

（二）法学学者的关系构架

讨论法学学者的关系，有几个范围概念需要考虑，即圈、网、构架。为了在研究时能够清晰地呈现总量，不少研究者在研究社会人的关系时，都喜欢用“圈”这一概念。费孝通在《乡土中国》中论证著名的“差序格局”问题时，将西方社会的人际格局比喻为捆柴时的捆、扎、把，而说中国的社会结构格局，“不是一捆一捆扎清楚的柴，而是好像把一块石头丢在水面上所发生的一圈圈推出去的波纹”。〔1〕刘小吾在描述法律人共同体的构成格局时，更是请专业的美术界人士将费老的这一叙述制作成生动的图画。〔2〕但用“圈”来呈现主体的“序”显然太单薄，至少任何一个主体都不可能只属于一个圈。那么，

〔1〕 费孝通：《乡土中国》，上海人民出版社2007年版，第24～25页。

〔2〕 刘小吾：《走向职业共同体的中国法律人：徘徊在商人、牧师和官僚政客之间》，法律出版社2010年版，第52、56页。

其是不是一个由多个圈交叉而成的网式结构呢？显然也不太贴切。网能反映出主体关系的多元性，但反映不出主体关系的承继、拓展、间接勾连等动态过程，所表现出来的只是关系的纵横勾连性。所以笔者认为，法学学者的关系是一个纵横交错、叠床架屋的构架体。

本书的研究仅拟对法学学者的关系进行不周延式的列举，因此只要有一个大致参照的标准即可。如有人将圈子划分为“情圈子”“地圈子”“业圈子”，分别对应人的血缘、地缘、行业三种关系圈。〔1〕有学者曾论及“中国人的社会关系分为两种不同而又紧密相关的社会网络：主动与被动的关系网。前者是中国人相对较固定地置身其中的”，“是其个人的生活的本身，比如亲属、同学、同事等”。而后者“是个人为了特定的利益而主动建立的网络”，后者的建立又多依赖于前者网络的丰富性，所以亲属、朋友、同学等非常重要。〔2〕

依此，法学学者的关系构架中存在但不限于如下这些：①教育教学共同体。法学学者从职业角度来看，从属于教育科研行业的，在行业中法学学者的人际关系至少有三个维度，即师长、同事、学生。②法律职业共同体。这是从专业角度而形成的关系，这一类关系中又延伸出了法学学者与法官、检察官、律师、公证员、仲裁员等法律工作者的关系。③知识分子共同体。这是在志业追求上形成的关系，比如法学学者与经济学家、社会学家等关系。④亲属关系。这是以血缘和婚姻家庭为纽带而形成的关系，如宗亲、姻亲，父母子女、叔伯姑舅姨等。⑤地缘关系。这种关系大可至国，小或至村、队，所谓大同乡、小同

---

〔1〕 田玉川：《圈子！圈子!》，中国社会出版社2003年版，目录。

〔2〕 翟学伟：《中国人的关系原理：时空秩序、生活欲念及其关系流变》，北京大学出版社2011年版，第107～108页。

乡、同胞等。

在对法学学者的社会关系进行一般性列举后，我们即可推知其关系构架的特点：

第一，并不是每个法学学者都有一样的关系圈。被动的关系与个体的生活、学习、就业履历有很大联系。一个学者家族的人丁不多，本、硕、博在同一个大学，从来没有跳过槽则其关系半径一般就较小，关系架构就相对简单；另一学者来自大家族，在多所法学院校求过学，在多个法律实务机关就过业，最后任职于科研院所，则其关系架构一般来说在量上胜于前者。而主动的关系，则既受前述个体的关系架构客观状况影响，同时也与个人的性格、爱好、追求等主观的因素有很大的关联。比如，某法学学者学术成就很高，但从不喜欢与实务部门交往，那么他的法律人共同体关系圈就没有建立；另一学者虽然来自某一地域，但他从来不认所谓老乡，那么他的地域关系圈事实上也就不存在。而对于另外一些诸如外向型的法学学者，他们会在以上关系联结点外，拓展出更多的关系联结点，比如“版友”“群友”“网友”、球友、酒友、“驴友”等等。

第二，各种关系的形态不是单向、线性的，而是形态各异，甚至不断裂变的。比如 A 法学学者是 C 县人，B 亦 C 县人，B 与 A 又是大学同学，毕业后 B 当了若干年法官，毕业后留校任教……在这种关系裂变、聚合的过程中，地缘、亲属、职业、专业等各种关系联结因素，不断地增加或减少，使法学学者的关系构架呈现出一种动态的、纵横交错的景象。如一位法学教授在其一篇随笔中即为我们展现了这样一种状态，其称另一位学界同仁为“学兄师弟××老师”，并解释此人现为自己母校之老师，二人本科同班同学，此人年长于他，师从同一硕导但此

人读硕士又晚于他。〔1〕

第三，关系是客观的，而关系文化则是关系主体的行为塑造的。对这两个不同范畴的概念，人们惯常不作区分。笔者认为根本原因在于中国的关系文化太过发达，以至于可以通过公关公司等将关系进行产业化经营。事实上，即使是社会学的专业学者对“关系”“关系文化”也并不作严格区分。翟学伟在其《中国人的关系原理：时空秩序、生活欲念及其关系流变》一书的“自序”中总结自己二十年的研究心得时，谈了三层悲哀：第一层是学术研究对真相的疏离与曲解；第二层是区分学术高低“最终还得回到关系和权力上来一决雌雄”；最高层次的悲哀是“获取高位的大小学阀们控制着学术界的资源，把大量的奖项、荣誉、经费、合作信息等装入自己囊中或派发给他们的关系户们以及那些不惜一切代价同其攀上关系的人”。他的自序中反映出了他对关系是“认了”，认为这是天命，这是“绝大多数中国人”的第一生存法则。但在其他文章中，他其实也指出：关系并不同公益、公正与规则对立，许多惯习、结构和制度会维护它的运行，并促成相关的体制。“我们不能轻率地将关系统统归属于贿赂与寻租。在中国社会的认知体系中，关系或许是介于社会资本与贿赂之间的一种状态。”比如同乡会也可以为社会公益做出大的贡献。〔2〕更重要的是，他指出“社会变革终究发生了”，只不过“带来直接而深刻的改变的是互联网的出现”。〔3〕

---

〔1〕 刘小冰：《写在法律边上》，商务印书馆2012年版，第23页。

〔2〕 翟学伟：《中国人的关系原理：时空秩序、生活欲念及其关系流变》，北京大学出版社2011年版，自序第5页，正文第89~90、106~107、108页。

〔3〕 翟学伟：《中国人的关系原理：时空秩序、生活欲念及其关系流变》，北京大学出版社2011年版，第161~163页。

在笔者看来，就关系而言，互联网的出现只是产生了一系列新的关系联结点，继而会生成“网友”“博友”“版友”“Q友”等新的客观关系圈，但关系文化如果依然如故，那么任何新的关系都可以用来破坏法治。“药家鑫案”及其后的“药庆卫（药家鑫之父）诉张显（药家鑫案中被害人之代理人）案”中，双方在进行诉讼行为时，庭下的论争平台都是博客，他们各自的“博粉”都经历了一个从癫狂到平静再到理性的过程。从案件结果来看，互联网只是将现实的关系文化效应更加放大而已。

（三）法学学者的关系对其法治参与行为的影响

正如上文提及的朱景文的观点，关系对法治的作用既可以是积极的，也可以是消极的。关系就在那里，对它用或不用，怎样用决定权在关系中人。一种客观存在的关系，对法学学者的法治参与行为的影响一定会是正反两方面的。

（1）法学学者的关系对法治的正效应。中国的关系理论与西方的社会资本理论，在对现象的分析上有重合之处。如诺贝尔经济学奖获得者斯蒂格利茨称：“社会资本包括隐含的知识（tacit knowledge）、网络的集合、声誉的累积以及组织资本，在组织理论语境下，它可以被看作是处理道德陷阱和动机问题的方法。”〔1〕有研究者曾专门撰文总结出此二者之间的七方面区别。该学者在文中最后指出：“社会资本是在物质资本、技术资本、人力资本基础上提出的一种新型的研究社会网络的理论，它的出现说明了良好社会运行的机制不但要靠政府及其正式制度，而且还要有公共领域、社区意识与公民参与。”〔2〕而这一

〔1〕［美］J. 斯蒂格利茨：《正式和非正式的制度》，武锡申译，载曹荣湘编：《走出囚徒困境：社会资本与制度分析》，上海三联书店2003年版，第115页。

〔2〕翟学伟：《中国人的关系原理：时空秩序、生活欲念及其关系流变》，北京大学出版社2011年版，第91页。

理论无法解释中国的对应问题，但该学者并没有否定二者研究的关联性，甚至指出：如果对中国现代化的进程中的关系与社会资本进行研究，“传统型的关系如何可能（或不可能）转换成现代型的社会资本”，可以是一个命题。〔1〕

社会学学者所思考的关系和法学学者所思考的关系是有差异的。前者多从现象学角度展开研究，直接将关系附着了文化或心理前见，后者则从本质角度研究，首先承认关系的客观性。因此，我们可以确信前述学者所主张的命题是可能的，并且笔者认为，这不是关系转换的问题，而是中国关系文化的矫正问题。矫正的方向是消灭寄生在关系中的滥情、不正当、违法等成分，发掘其中的温情、慈善、信任、参与、团队、共赢等，可以制度化、为制度所允许甚至促进制度化的面相。正如斯蒂格利茨所分析的：“一个社会发展其经济时，它的社会资本同样也必须调适，让人际关系网络部分地被基于市场的经济的正式制度所代替，比如，由统治的代表形式所强加的结构化的法律体系。这一过程开始可能伴随着社会资本整体水平上的损耗，但最终会造就一种不同类型的社会资本，在这种社会资本中，社会关系植根于经济体系之中，而不是相反。”〔2〕当然社会关系也是植根于其他体系中的，因为经济关系、法律关系、政治关系、社会关系等都是具有连锁效应的，尽管不可能如跳芭蕾般整齐，甚至还会有错乱的时候，但总体趋势不会变。这就是法学学者的关系能对法治建设产生正效应的背后机理。

依此机理，笔者认为，法学学者在为法治参与行为时，可

---

〔1〕 翟学伟：《中国人的关系原理：时空秩序、生活欲念及其关系流变》，北京大学出版社 2011 年版，第 91 页。

〔2〕［美］J. 斯蒂格利茨：《正式和非正式的制度》，武锡申译，载曹荣湘编：《走出囚徒困境：社会资本与制度分析》，上海三联书店 2003 年版，第 115 页。

以但不限于从以下几方面，依托关系，实现个人或群体对法治的促进作用：

第一，利用关系构架中的理念互通资本开展学术研究。当下，专业切割细如发丝，要想对法学问题研究得透彻、少偏差，最好的方法即是组建团队。所谓“人以群分，物以类聚”，在法学学者的关系架构中，有很大一部分关系对象和该法学学者是志趣相投者。如果一个法学学者可以从自己的关系架构中，抽取职业、专业、志业等各个共同体中的人员一起开展研究，其学术贡献或许会比独自开展研究要大，至少在研究视角和方法上，可以实现多元化融合。特别是这种研究团队，比为被动获取行政、立法、司法机关的项目而组建的团体，更有知识分子的蕴涵。因为后者往往是为了功利的目的，而按主体的身份选择团体成员，比如性别、职称、职务、单位等等，前者却只在意志趣，从而呈现出更多法学研究的品相。

第二，利用关系构架中的团结、协作、信任等资本搭建更优质的教育教学平台。法学学者法治贡献的最大平台是法学院系。是讲台讲坛，这是知识传播与法治理念的布道道场。借助关系资源，一个法学学者可以到最合适的大学、研究院所，立足于最合适的位置，建构最合适的教研梯队，设置最合适的法学专业教学体系，开设最合适的课程；可以与外部建立适宜的横向关系，使法学的实践参与更有实质内容，更有法治价值效应，特别是可以实现团队的公益参与，而不是个体的自利参与。

第三，利用关系中的情感、慈善资本灌输法治精神、普及法律、为弱势群体实现权益等。不少法学学者论及法治社会不可能一蹴而就，而是需要一点点地推进成就。在关系实践场域中的法治说教，从效能来说比其他场合更有效。例如，法学学者所处的生活场景多是城市，但法学学者的关系触角却可能伸入乡土。对于乡村社会的很多因社会转型而形成的新型纠纷，传统的规范体系根本无法应对，而规范新型纠纷的法律知识在乡村社会可能是真正缺乏的，所以乡民往往因知识欠缺而不知所措，甚至可能走向极端。一个法学学者无论来自一个家族，还是一个村落，或者只是与一个村落能够发生勾连，在亲族那里也多是享有很高权威的，至少在涉及纠纷解决时，来自血缘、地缘的关系会寄予其类似法官的期望。法学学者的指导、协助对定纷止争、促成正义有很大作用。一定意义上，这种作用类似于中国传统社会“乡绅”或社会贤达者的作用。法学学者在其关系世界中一定能以这种方式促成更大法治效能。再如，对城市各种弱势群体权益的维护，需要大量的援助。现行的援助是以政府主导的，以律师为主体的援助体系，如果法学学者能发动其关系构架内的人加入这一队伍，并利用构架内的关系力量协助完成援助事项，谁能说这不是法学学者参与法治的具体贡献呢？如果法学学者又能将实践的过程进行理论提升，那么社会福利法、保障法也会得到很好的发展，使得关系与法治实现共赢。

（2）法学学者的关系对法治的负效应。法学学者的关系构架肯定也可以对法治产生负效应，背后机理则是关系文化对法治文化的阻却。对此，社会学学者已经有了较多的分析，笔者于上文分析关系文化与法治的对立时也做了清晰的罗列，在此不作赘述。因此，只要法学学者存在对与法治相对立的关系文化内涵的挖掘和利用行为，必然会对法治的建成产生负效应。

从现象学角度分析，法学学者的法治负效应行为主要表现为：首先，利用自有资源去建立“互利互惠”关系。这种资源可以是其手中事实掌握着的资源，如职称评审参与权、论文答辩表决权、自主招生权、教材订购选择权、学术论文编审权等等，还可以是非本职的临时授予资源，如人民陪审员的裁判权、人民监督员的监督权、人大代表的审议提案权、政协委员的建议议案权、仲裁员的裁决权等等。法学学者通过这些事务和于己有利者建立了更多关系，使其关系构架得以拓展和缝隙填充。但在对资源的利用过程中，法学学者如果既辜负了社会将各种资源配置赋予其时的道德期待，破坏了各种资源的使用规则，其法治参与行为对法治的负效应便会产生。其次，利用关系去获取利益。利益不外乎金钱、地位、声誉、机会等，法学学者想要获取的可能是正当的利益，也可能是不正当的利益；可以是自己的利益，也可以是与己有关系者的利益。只要法学学者在获取利益的过程中利用过关系，其要么破坏了实质正义，要么破坏了利益取得的程序正义，要么使二者皆损，这与法学所倡导的正义理念是相背离的。再次，利用身份、地位甚至知识等，为关系架构内的其他人谋取利益。此时，服务的对象是法学学者关系构架内的人，但无关系可利用，就利用了自有的身份、地位甚至知识等，事实上即是利用权威和下文将要论证的面子的元素。比如，利用研究中发现的税收漏洞，为亲属的公司想办法偷税漏税；利用担任仲裁员的身份为朋友作倾向性裁决；等等。

四、法学学者的面子

（一）面子及其与法治的冲突

人情、面子、报、关系等都是本土社会心理学的常用概念。翟学伟教授认为“人情和关系是面子派生出来的两个概念”，〔1〕但其并没有对概念的内涵展开深入辨析。他的解决方法是将人

〔1〕 翟学伟：《中国人的关系原理：时空秩序、生活欲念及其关系流变》，北京大学出版社 2011 年版，第 153 页。

情、面子、关系等合并为一个概念，即“个人地位”。再观照早期一些对面子问题专门作过研究的学者，如黄光国、胡先缙等的观点。对面子的概念运用，他们也认可面子是“个人在社会上有所成就而获得的社会地位或声望”，“是经由正当途径取得的声望”。〔1〕在笔者看来，权威、关系、面子、人情等都是围绕个人的社会地位而展开的一些概念，任何一个概念都可以描述个人地位的一个面相。面子有两个主体视角，一个是别人认可的面子，一个是主体自认的面子。就本书的论证而言，面子的自体视角内涵可以不予考虑。因为无论法学学者自我感觉多么有面子，除了影响他的学术自信心并进而可能促进学术产出外，其对各类法治参与行为效能的影响并不大。何况，自我的面子感性的成多取决于他人的给予行为。因此，论者所理解的面子是社会其他人根据某一自然人的年龄、性别、相貌、家庭、职业、单位、成就、品德、能力、人脉等因素，而在内心对该人形成的整体评价。也就是说，面子是主体对主体的一种主观评价，所以一个人有没有面子，面子大与小，是因人、因时、因地而相异的，尽管总体上可能有一致性。同时，从这一视角讨论面子的内涵，并不是在作一种社会学意义上的现象描述，而是笔者注意到当一个主体认为另一主体是有面子的人时，面子可能带来利益或者优惠。因为此时会出现“照顾面子”“看面子”“不看僧面看佛面”等行为选择。

面子与法治的冲突，首先在于面子的非标准性，可能破坏法律的标准性。每个人的面子都是一张“普洛透斯”的脸，是变幻莫测的。上次给你面子，不代表下次还给你面子；上次给100%的面子，下次可能只给50%的面子；张三给你面子，不代

〔1〕 黄国光等：《面子：中国人的权力游戏》，中国人民大学出版社2004年版，第19、58页。

表李四也给你面子；这次可能因为你背着LV、香奈儿给你面子，下次可能恰又因为你背名牌包而不给你面子。正如周安平教授所分析的：面子所形成的人际规则是无法量化、不易确定的，表现出极明显的模糊性特点。〔1〕法律则是对行为规则的理性设计，表现的刻度明确，中立、冷峻、固态，违法或者不违法，应受行政处罚还是刑罚处罚，赔偿八千还是一万都是可量化判断的。在主体之间的为法律事务交往过程中，只要有面子因素介入，便极有可能因面子的非标准性而冲击到法律的标准性。当然也可能因为面子本身让法律的标准性无法确立。

其次在于面子的特殊性，可能破坏法治的平等性。平等是法治的最基本精神，所谓“法律面前人人平等”，意指任何人都应平等适用法律，而无法外特权。而面子则是要“看人下菜”，是要见机行事的，这种特殊性意味着特别情况特别对待，特别的人特别对待。对此周安平教授也作过精辟的分析。他指出：面子具有特殊性，法律具有普适性。法律规范是预定的，其对行为的规制是对事不对人，具有普遍适用的形式平等表征。面子则对人不对事，面子的具体性和特殊性导致结果带有一定的偶然性。〔2〕在法治时代，因事情特别而可以正当特殊对待的，主要发生在应对突发事件过程中；因主体特别者则主要是法律预设的，针对民族、性别、年龄等不同情况，实施的差别待遇制度。面子则多与此无关，因此因面子而给予的特殊优惠与便利便缺乏正当性。所以面子文化的存在会对法治的平等性构成威胁。

---

〔1〕周安平：“面子与法律——基于法社会学的视角”，载《法制与社会发展》2008年第4期。

〔2〕周安平：“面子与法律——基于法社会学的视角”，载《法制与社会发展》2008年第4期。

此外，面子生成机理的媚财、媚权性，导致违法违规现象常态化。不少社会学学者都对此展开过分析。他们认为，中国人的面子文化与中国的耻感文化有重要关系。以没有面子为耻，有面子就感觉有荣耀，因此人们就要争面子。面子怎么争？如果争的路向是不断追求上进，如时下惯常语系中常用的评语“创优争先”，那么要面子并没有什么不好。然而，当下无论是自体还是他体，多以财富或者权力作为有面子的表征，不少人是通过“炫”的方式来争面子的。他们炫富、炫官、炫貌、炫人脉，在炫的过程中不断地使社会文化变得浮躁、轻薄。加之一些商业主体，雇佣一些专业推手开展文化营销。他们以自身利益为最大考量，不断地重新定义面子的内涵。为了面子，人们开始了对权、钱、貌等面子生成因素的无规则追求，违法、违规、违反自然规律的现象时有发生。耻感文化之耻发生了质变，出现了不以为耻反以为荣的“耻荣”颠倒。包括法学学者在内的法律人，也难免其俗。在法律实践场合，面子要么是对特权的照顾，要么是对权力的滥用。这既会给权力运行规则带来破坏，也会给权利保护体系带来不公。

（二）法学学者的面子对其法治参与行为的影响

面子是一个人的社会地位、声望、荣誉等，在另一个人那里的主观量能反映。因此，面子不可能独立存在，其一定会存在于某一些客观的外在的环境中，并且只有在具体的事务或交往中，才能体现出面子的有无大小。本书研究法学学者的法治参与行为，那么法学学者的面子运行便只能是与这些行为有关的场景。这些场景主要有：

第一，学术研究场景。在这个场景中可能发生的事务和交往多与学术研究有关，主要有参加学术研讨会、申请学术研究项目、外出开展学术调研等。在不同的事务与交往关系中，面子的形态也是各异的。在学术研讨活动中，所谓面子主要表现在主持人、评议人、主讲人、参加人等职责的位序分配上，以及在会议中所享受的礼遇配置上。比如，某研讨会在甲大学召开，而这个学校的官本位思想较重，主办者就会以行政职务大小分配职责、配置礼遇，那么部分有行政职务的法学学者就很有面子。而下一次会议在乙大学召开，如该学校以学术为重，那么学术大家可能就面子更大些。在申请学术研究项目中，给法学学者面子的往往是行政人群体，或者是学术群体中的权力持有者。这时候那些平台高、名气大、人脉广、善合作的法学学者往往面子大。在外出开展学术调研时，依托单位、调研事项、调研对象等的不同，法学学者面子的量能也不同。深入民间调查时，出于对读书人的尊崇传统，公众多会给足法学学者面子，但如果去国家机关，却可能会面临门难进、脸难看，被应付、推托、搪塞的情形。

第二，教育教学场景。在这一场景下，与法学学者的交往对象不过是教学管理人员、学生、同事。此种场景下，主体之间存在客观的关系，相互之间也比较熟悉，且有明确的职责分工，因此面子的效能发挥空间较小。但也不是完全没有，比如在评优评先、职称职务评聘等方面，面子问题也会出现。

第三，法律实践场景。这是分析法学学者面子与其各类法治参与行为之间关系的最有意义的一种场景，也是与法学学者的法治参与行为效能发挥最有关联的场景。在这种场景下的不同交往模式中，法学学者的面子呈现了出较大的差异。我们可以以参与行为的主动、被动性和立法、司法、执法三项内容进行排列组合分析。以法学学者身份主动参与立法、司法、执法等法律实践事务，因为法学学者打破了职业分工的樊篱，学者的出现会使相关部门的人有一种见到“不速之客”的心理，所以给予面子的可能性较小。即使法学学者在交往中实现了其目的，促使相关部门交往人员行为的动因，也不是面子，而更可能是来自学术权威的压力或者关系的互利。因法学学者身份，而被动地参与到各类法律实践中时，邀请者对法学学者的学识一般是赏识的，至少也是想利用的。这时他们会给足法学学者面子，以便利用法学学者的面子自恋心态，实现他们的邀请目的。

可见，面子和知识、权威、关系等因素一样，作为社会主体之间的一种心理赋予，当其影响到主体对行为的选择时，行为所产生的效果必然是多向度的。法学学者的面子在其参与法律实践时，对法治的影响也是两方面的。学者可以利用面子成就正义、公平，实现权益保护、责任追究。具体实现模式与利用关系成就法治的模式是相似的，在此不再赘述，只要我们注意到二者的联系与差别即可。

面子与关系联系很紧密，面子往往会在有关系的人中间传递，或者从一定意义看来，面子是关系能够生成效应的内在机理之一。特别是对那种非互利的关系而言，社会学学者论述的关系多数即系这类附着了面子、人情利益的关系现象。但二者不是一个问题。关系是客观存在的社会人之间的结构状态，而面子则是一方对另一方心理评价的外在展示，这种展示往往体现在双方因为某种客观原因而联系起来的某一具体事件中。如果一个人认为另一个人是有面子的，往往会在处理这一事件的过程中给予该人便利和优待，且并不必然企望回报。

面子与关系的疏离表现在两个方面：一是没有关系的主体之间，并不意味着就不给面子。正如电影《天下无贼》开场不久的那个经典的场景一样，盗贼出来时，保安根据开豪车、住豪宅、衣着光鲜、相貌堂堂等因素，在内心对来者已经形成了一个评价，进而在出门盘查这件事上，给了盗贼面子。二是即使有关系，也不一定就能获得面子。人们常说“六亲不认”，就是在批评那种不给关系构架内的人面子的人。面子生成背后的心理机制很复杂，对这种心理形成最大的推动因素，是主体本人对社会评价文化的摄取。想获取面子的人如果恰好把握了该主体的这种评价取向，只要投其所好，面子即可生成。比如当你和一个“名牌控”打交道时，只要走奢华路线，他多会给你面子；但你如果想通过同样方式，让一个淡泊名利的人给你面子，则极有可能会失败，然而此人却又可能是其他方面的“控”者。一般说来，仪表、谈吐、品行、能力等对面子的生成有重要影响。

上文针对法学学者法治参与行为效能的影响因素，分别选取了知识、权威、关系、面子四个视角进行了分析。我们发现，每一种影响因素内部都存在着与法治相冲突的因子。为了下文的叙述方便，我们可以把这种影响因子统称为“非法治化现象”。有学者曾把人们一遇事情就找“关系”的生存状态，总结为“非制度化生存”，并进而指出“所谓非制度化生存是指，人们所赖以生存的制度环境缺少确定性，在遭遇某种需要解决的问题或情况的时候，不是依据明确而稳定的制度安排来解决，而是依靠一次次的具体博弈”。[1]其将这种“非制度化生存”又分为“避害型非制度化生存”和“趋利型非制度化生存”。从上文的分析来看，非制度化、非法治化的社会生存状态不唯关系文化是诱因，制约人际关系的权威、知识、面子等也都可能是诱因。上文针对法学学者的知识、权威、关系、面子四个视角进行的剖析并不表示，在法学学者的各种法治参与行为中，

---

〔1〕 孙立平：《失衡：断裂社会的运作逻辑》，社会科学文献出版社 2004 年版，第 35～36 页。

这些因素都是独立发生作用的。事实上，在社会实践中，对任何一个法治参与行为背后产生影响的因素都很难是单一的，一定是多个因素的合力，最后呈现一个结果。法学学者法治参与行为的特殊之处在于这些因素多会以更为集中的方式呈现，且对法治的冲击力更大。当然，我们从某一个具体的行为结果，很难辨识出是知识还是关系，是因为学者的面子，还是因为师长的权威起了主要作用。但如上的分析，却可以使我们对知识、权威、关系、面子等影响因素所导致的，各种行为背后可能存在的非法治化现象有所认识。法学学者在致力于法治社会建设，参与法律实践时，只有认识、警惕并尽可能消解这些非法治化面相的存在，才可能实现对法治的最大贡献与最小伤害。

CHAPTER 06 第六章

法治参与行为中非法治化现象的消解

除了上一章分析的权威、关系、面子、人情、知识等本身存在的与法治的冲突外，法治社会建设实践中的非法治化现象最终又呈现出如下几种类型，即规则缺场、规则隐在、规则骤变、规则虚置。这些现象有的与法学学者有联系，有的与法学学者的关系取决于学者的行为选择，有的则联系较为疏离。如果法学学者本身具有代议资格、立法辅助资格时则有义务为规则缺场担当。同时法律缺失与法学学者的学术研究取向也有直接关系，提出问题，提供理论支撑，为大众或学生释明等都是法学学者该当的。显规则退隐，潜规则横行，一般与学者无关，但如果法学学者在为具体法治参与之行为时，成为潜规则的遵守者、顺从者，甚至是某潜规则的推动者或始作俑者，则即与其有了关联。规则朝令夕改、动辄骤变，规范效力式弱等现象的主要责任者不可能是法学学者，但法学学者行为如不当，则可能使有些现象的负面效应被放大。笔者在一篇文章中曾谈道：将规则当成其实现群体利益的工具，自身相对超越于规则之上的结盟精英层都是本质的无视规则者；而知道规则也对规则有遵守的心理准备，但当看到他人在违反规则而没有不利后果的时候，开始盲从者是盲从的无视者。[1]无论是哪一种虚置规则者，法学学者的行为都如同公权主体的行为一样，影响力都是很大的。比如普通公众下跪、跳楼维权不会引起热议，但法学教授亦如此就会引起争议，对法治的冲击力也会变大。[2]

可见，法学学者的法治参与行为与非法治化现象之间的关系较为复杂。法学学者参与法律实践活动时的主观心态多数是追求法治的，因此非法治化现象并不一定由法学学者的法治参与行为本身所致。有追求法治的主观意图，但在不同文化、心理以及客观因素等的影响制约下，也可能催生非法治化现象；即使没有产生客观意义上的非法治化现象，但因为法学学者是法治文化的诠释、创造甚至代言者，其在为法治参与行为过程中，只要有任何利用与法治存在冲突因素的行为迹象，都可能对非法治化现象的生成产生影响。在本章中，笔者阐述法治参与行为中非法治化现象的消解，并不打算以与上一章内容一一对应的论述方式展开。如此安排，一是因为法学学者法治参与行为效能的影响因素并不是只有知识、权威、关系、面子等几项，从更大的层面来看，政治、经济等无一不是影响因素。非法治化因素则存在于各种社会现象中，所以针对现象本身的消解分析会更为全面。二则本书选取法学学者这一职业群体的法治参与行为作为研究对象，只是虑及法学学者的代表性以及研究者对这一职业群体的熟悉度，事实上其他社会主体的法治参与行为中也存在各种相类似的非法治化问题，分析法学学者法

〔1〕 李小红：“‘去制度化’问题研究——基于风险社会理论启发”，载《南京社会科学》2011 年第 11 期。

〔2〕 法学学者刘景一代理三亚市一农场 83 名职工相关的农场经营权案子，两审均被法院以超过诉讼时效为由判败诉。后其带领农场职工到三亚市信访局门前跪访。引起舆论关注和学术界热评。参见张国栋：“法学教授跪访替人维权”，载《南方都市报》2013 年 1 月 20 日。

治参与行为中的非法治化现象的消解，对其他社会主体的法治参与行为如何展开具有毫无疑问的辐射价值。

一、消解非法治化现象的宏观构想

消解如上非法治化问题，有两个基本的前提需要先行论证，一是消解的可能性，二是如果可能那么消解的可选路径是什么？下面笔者将分别述之。

非法治化问题是一个普遍性的问题，也是一个与法治建设相伴始终的问题，是法治社会建构过程中的必有矛盾。无论是制约社会主体行为效果的各种背后因素，还是非法治化现象表象的存在很多情况下都是客观的。法制对这种客观现象具有规范作用，但却不能涵盖全部问题，比如文化、心理等因素。换言之，法制不过是一种客观的实在建构，在其运作于社会的过程中，按照作用与反作用理论，其制约对象会对法制产生反作用。这就是本章中笔者重点关注的那部分非法治化的存在。那么，这种法治建构过程中存在的非法治化面相的消解是否可能呢？答案是肯定的。

现象只是表象，本书的讨论直接以表象背后的影响因素为重点。上文所讨论的制约法学学者法治参与行为效果的因素中，无论是知识，还是权威、关系、面子等，其产生制约作用的背后机理或原因既有客观的，也有主观的；既有主动的，也有被动的。客观的制约之因背后很多也与主观的推动有较大关联。比如关系是客观的，但关系一方面可以通过关系主体主动的制造而形成，另一方面这种表面客观存在的关系又生成了于法治有利或不利的不同结果。又比如知识是客观的，知识的体系、理论、原则都以文字的形式出现、固定，但在生产知识过程中，刘星教授的知识立场观点已经说明，这种客观的知识展现的已经是附着了主体立场的客观知识，这与自然科学的知识有天壤之别。也就是说，法治建构过程中的很多元素受主观的、思想的、文化的、心理的影响非常大，很多构造因素都是一种人之能动创设。所以再由作为人的社会主体去能动消解即成为可能。法学学者作为法治构建过程中的形而上层面的领袖，对非法治化问题的消解功能可以有更大的作为。作为学者，虽然不能都成为“知识分子”，特别是成为公共知识分子，但每一位学者都或多或少会心系自身的社会责任，这一点是毋庸置疑的，无论是科塞，还是艾尔曼都曾阐述过知识分子“为思想而活”的理念。作为长期在法治思想浸润下的法学学者，追求法治是其基本的理念。正是在追求法治理念的法学学者的推动下，非法治化问题消解才成了可能。

那么，社会主体又可以通过怎样的路径去消解呢？在笔者看来，无论是表象的规则缺场、规则隐在、规则骤变、规则虚置，还是影响表象生成的权威、关系、面子、人情、知识等因素中与法治相冲突的面相，其消解的路径不外如下几条：

（1）制度性路径。这是一种客观强硬的消解路径。用制度来消解非法治化问题可能是最为有效率的。比如，针对法学学者参与法律草案的起草工作，可规定某一法学学者不得同时参与两件或两件以上法律草案的起草，起草法律草案的法学专家人选不可来自同一省级单位等。如此即可对立法起草过程中权威、地缘垄断等问题起到很好的制约作用。但很明显，制度性路径因为制度本身的固有缺陷，并不能很有效地解决所有问题，甚至对于有些非法治化问题，制度路径根本无法走通。如制度无法控制法学学者的知识生产，无法干涉学术思想的传播，更无法有效地制约舆论的形成，等等。以法学教学为例，有的学校为了所谓教学质量监控，要求教师制作各种教学文件：大纲、进度表、讲义、教案、课件、辅导材料、试题库等等，并且平时还不断有人监督、检查、听课，但这些制度性手段，事实上并不能对法学知识的增量或法学教学的质量产生实质性影响，在这方面真正能发挥作用的只能是作为教师的法学学者主观性的品格、态度、能力等。

（2）道德性路径。这是一种主观柔性的消解路径。道德是一种对社会主体的内在制约力量，这种制约力量可以有效地弥补制度所无法调整的精神、自觉层面的非法治化问题。比如在法学学者参与司法活动时，制度根本无法消除同学、同事、朋友、师生等关系，但法学学者却可以通过道德自制避免在代理案件时，利用同学、学生等私人关系。如果法学学者是正直、无私、高尚、有法治担当的，那么其所为的任何法治参与行为对法治的反推可能性就小得多。但道德是一种个性化的行为规范，每一个个体的道德范本都是独一无二的，而法治的发展则需要群体性的合力完成。因此一个或一些人的道德有利于法治，减少了非法治化问题的生成，并不代表非法治化问题的总量或总趋势就会减少，也许有德者的坚守、自制，恰好成就无德者的推进与扩张。此外，道德因为是一种内在、个体式的制约力量，其制约的对象只能是个体，通俗讲即管得了自己管不住别人。比如某法学学者代理一起案件，该学者自身或者非常自律不去利用关系，但并不能控制当事人利用，也不能阻止裁判者的面子给予。

（3）文化性路径。这是一种可主观可客观拓展的刚柔相济的消解路径。文化有物质的面相，也有精神的面相，表现为一种一定范围内主体的群体精神风貌，这种风貌的形成取决于权力者的引导，也取决于社会主体的群体道德趋向。比如在一些权力者的影响下社会各方可能会习惯于讲空话、套话、大话，以至于有了所谓“场面上的话”，并且越说越八股，最终出现了当一个运动员在发表获奖感言时，没有按照套路，从祖国到各级各类领导到教练感谢起，而是先感谢了父母，就会引起官员批评的咄咄怪事。再比如搞各种活动的形式，如婚丧嫁娶、开会、剪彩等讲究大场面，社会各方互相攀比，掀起了一股股恶俗的“炫”风。场面越办越大，花费越来越高。及至另一些权力者引领风格一变，提倡精简会风云云，整个社会各方立即纷纷效仿。一时间，整个社会呈现出了干练、高效、朴素、环保等文化面相。以至于能给会务产业链带来巨大的冲击，鲜花、拱门、气球、文具、白鸽等销量大减。[1]

来自公权者的引导自然对社会的整体道德取向有所影响，但中国特殊的官民结构所导致的二者之间的天然鸿沟，在一定程度上则削弱了官方对民间的影响力。公众更多持一种看客的心态，欣赏着公权主体的奢侈糜烂或求真务实。笔者认为真正能对社会整体道德倾向产生主观式能动制约力的，主要是知识精英的话语引导，知识也正是在这个意义上才具有了权力的价值面相。具体到法学学者，当然应对社会整体道德中的法治趋向负责，法科知识分子只能在救赎他人的同时完成对自体的救赎。

如上分析可知，任何一种消解路径的行走者，要么是法学学者自身，要么是社会其他主体。因此下文即以不同主体为视角，对法学学者法治参与行为中的非法治化面相消解问题，分别展开分析。

---

〔1〕齐晟：“江苏各级‘改会风’让年底鲜花销量降三成”，载《现代快报》2012年12月27日。

二、对非法治化现象的自行消解

如上分析的法学学者参与法治社会建设的各种法律实践活动，很多都不是有其他力量强制为之的，而是学者个体可以控制的。无论为或者不为行为，如何行为，作为参与者的法学学者大多是可以主观能动设计的。因此伴随或伴生于其参与行为中的各种非法治化问题的出现，很大程度上是源于其主观性的行为选择，尽管我们也不能否认有其他柔性甚至刚性力量的推动。这种状况就决定了消解这种非法治化现象，行为主体依然可以在很大程度上发挥作用。并且这种自行开展的消解非法治化问题的行动，因为精神和肉体的浑然一体，可以说是没有缝隙与死角的，是从一个物体内部发生的制约力量，因此也是最为有效的。

当然，自行的消解模式并不是一种外部的规范意义上的消解，而是一种道德层面的方法，或者说是一种宏观规范层面的消解，所以其存在着固有的缺陷。一是人人都不是天使，法学学者也不是，所以自行消解的模式绝对不能是唯一的非法治化问题消解模式，一定需要他律模式的跟进。二是法治与非法治问题本身就有模糊性与相对性，需要通过辩论才能不断地与时代同步，所以自行消解不但要求法学学者个体的自觉，也要求存在群体式的自觉。这个群体是一个不断放大的架构，比如法学学术共同体、法律人共同体等都是当然的应自觉消解非法治化问题的群体。一定程度上我们可以认为对非法治化问题的自觉消解，是法律人共同体的基本社会职责，而且不存在孰为核心的问题，不同类别的法律人应坚守在各自的法治阵地上，消解出现在各自面前的非法治化问题。三是自行消解的方式不只是个体精神层面的自律与慎独，还应该努力进行共同体的精神共建。在精神共建的过程中，要对已经形成共识的规范，及时诉诸文字，固定成果，进而让确定内涵的规范反作用于法律人的行为选择上，同时对社会其他主体的行为形成辐射效应。

具体来说自行消解有个体自律和群体自律两个方面。

（一）法学学者的个体自律

第一，法学学者应认识到个体的普通人面相。个体自律要求法学学者行事须得坦诚与真实，应该将作为研究者、教育者的职业场景与生活场景有所区别。在日常的生活中，法学学者与其他社会主体的生活内容与主观情态有所区别但大同小异，七情六欲、喜怒哀乐等俱不能少。从前的法学学者不可能不被卷入抗日战争、文攻武斗等的时代性行动中，今天的法学学者也不可能不谈论房子、车子、投资等。当我们旁观某些著名法学学者关于名誉权、知识产权的系列诉讼时，当我们惊诧于某位曾治学严谨的法学教授因职场心态失衡杀人焚尸时，当我们伤感于某年轻有为的法学教师因与学生之女友有染而被学生所杀害时，当法学学者真实地与学生或配偶之外者产生情感纠葛时，其常态人的形象就更加凸显了。

当然，揭示法学学者的大众人格面相，目的不在于为法学学者的诸多违法或不当行为寻找解释，也不是为法学学者的理论与实践的自相矛盾背书，而是意在通过展示法学学者作为学者与作为社会一般普通人的人格类同，进而剥离大众对法学学者日常行为的职业化心理假想，以为法学学者就是公平、正义、理性等的代言人抑或化身。这有助于消解那些从外部附着在法学学者行为过程中的非法治化因素，如对权威的盲目追捧，面子的不当给予等。从自律的角度来说，笔者认为，法学学者应形塑自身的法之面相，尽可能做到言行一致，突出作为法学知识代言人的形象，克制非法治化的客观行为。

第二，法学学者应去除个体的法律王心态。不但普通公众，法学学者有时也会将自身的精神风貌与法的精神内核直接勾连，于是想当然地自认、自体总是理性的，自己对问题的判断是最为公平、正义的，在此我们可将这种心态称作“法律王心态”。这种心态放置在学术研究、教育教学中对法治的危害并不大，一定程度上甚至是值得赞赏的，因为坚持并自信于自己的学术观点、理论价值，进而努力宣传之，是无可厚非的。其他学者或者听者可以将此理解为是该学者的一种独特的学术人格造形，这将更有利于该学者法学观点和思想的传播。而如果法学学者在具体的法律实践参与的过程中，也持这种心态，一旦附着了其他力量，则极有可能成为专制行为者。这与法学学者所坚持的平等自由之法治精神是背道而驰的。因此，法学学者在具体参与法治建设时，应去除个体的这种法律王心态，以一种海纳百川式的心态，观察并研究实践中的法律现象，以便作出更有利于法治建构的研究成果。特别是不应进行法治话语、法律解释的供给垄断，阻却其他学术思想的交流路径，忽视法律实务工作者的法治建构价值等。

第三，法学学者应坚持对法律权威的支撑。法律是法学学者的研究对象。法学学者对法律有着复杂的感情，不少法学学者曾对伯尔曼“法律必须被信仰，否则它将形同虚设”的著名观点深以为然，并有过较深入的阐述。2006 年张永和发表了一篇名为《法律不能被信仰的理由》的文章。在文中，其明确指出对法律信仰这一命题“在西方可能是一个假问题而在中国却根本不能提倡”。[1]之后学界又有不少学者发表文章批评“法律信仰”的提法，认可树立法律权威的界定更适合于对问题的

〔1〕 张永和：“法律不能被信仰的理由”，载《政法论坛》2006 年第 3 期。

表达。事实上，诸多学者所追求的，不过是宪法规定的依法治国，建设法治国家目标的实现，其中关键之处，即法律至上。2013年初，季卫东发表的《论法制的权威》一文再次强调了这一观点，即建设法治国家，必须首先树立法制的权威。他认为："我们面临的最主要的任务是让法制具有权威，从而可以制约政府权力以及社会性权力，避免无法做出决定的事态，避免无休止的语言游戏以及不断反复的理由论证导致秩序的碎片化。"〔1〕其面对法律已经被肢解得支离破碎的大背景，仅仅从十八大后一些党的领导人的政治性宣示及"最严交规"的生效等具体事件，又产生了对中国法治的未来"谨慎乐观"的态度。〔2〕笔者亦以为然，而从十八届四中全会决定的表述来看，对法律权威也多次提及。决定指出："全面推进依法治国，建设中国特色社会主义法治国家，应坚决维护宪法法律权威，任何组织和个人都必须尊重宪法法律权威。"

不唯学术理论与态度，从自律角度来看，法学学者在具体的法治参与行动中也须坚持对法律权威的支撑。在法律实践中不做无原则的"私了"，无限度的"调解和妥协"，以免减损法律的"齐步权威"；认真遵守法律的正当程序，以尽量实现法律的"理性权威"。季卫东教授认为程序路径是支撑法律获得权威的有效路径。〔3〕因此，法学学者至少应该做到对法律程序的基本尊重，通过利用诸如关系、身份、名气、下跪等各种手段寻求网民呼应、媒体施压、舆论关注、高层指示等的行为，与程序正义的要求都是相悖的。如果说谈信仰法律不妥，但作为法学的研究人员，或者俗言之，作为靠行法律话语为生存的社会

〔1〕 季卫东："论法制的权威"，载《中国法学》2013年第1期。

〔2〕 季卫东："论法制的权威"，载《中国法学》2013年第1期。

〔3〕 季卫东："论法制的权威"，载《中国法学》2013年第1期。

人，尽可能做到言行一致，将法学思想的精神内化为一种对具体法律的尊重，自觉地维护法律的权威，也是作为法科知识分子的一种职业和志业的基本伦理要求。即使在一定的时空下显得如堂吉诃德般可笑执拗，也要坚持这种自身论证的普世价值。

（二）学者群体的自律

第一，学术共同体要推动规范共建。学术共同体可以并且能够共建的规范只能是共同体成员，为学术或教育教学活动时的规范。这些规范中真正能够产生制约效力的，往往又是分散于各个用人单位的内部性规范，比如针对不端学术行为、不良教学行为的规范等。再加之规范对象是学者这一松散、自由，以个体式劳动为特征的群体，共同体规范共建在一定意义上只能是一种想象。以法学学术共同体为例，即使有各级各类的法学会章程、规章等存在，但对法学学者来说依然不能成为有力的规范，规范充其量不过是一种形而上层面的精神导引。同时这种规范对本书所探讨的法学学者本职之外的法治参与行为有关联但不密切，往往只能通过间接的方式发挥有限的作用。比如有些警察、部队院校规定教师不允许从事兼职律师工作，这在程序上似乎能制约一部分法学教师为与己有关的案件利益为不当行为。但这些教师一方面依然可以通过以公民代理、合作办案的方式开展律师业务，另一方面即使不从事律师业务，其所拥有的资源依然可以用来干扰法律事务的处理。因此，从群体自律的角度探究如何消解非法治化问题，笔者认为更多的还是应考虑群体的精神共识与形象共构问题。

第二，法学学者应追求理念共识。从个体可控的角度来分析，决定人类为行为时的因素有二：其一为“我如何想”，其二为“我如何做”。前者属于形而上的精神因素，后者是形而下的外在行动，后者的造形很大程度上取决于前者的形塑。法学学者为法治参与行为的效果，是利于法治还是不利于法治？行为者对法治问题的精神构想起着关键作用。法治是一种理念构造，每个个体的理念都是有差异的。但人类之所以能够成就互相交往的生存状态，说明理念也是可以共构的，所以人类有了语言、文字，直至构筑了法治文明。依此若拟消解行为者行为时对法治的反推，首先应对法治形成共识；又因为当下是一个分工细密的时代，故对这种法治的理论构设，法学学术共同体责无旁贷。

在本书的绪论部分笔者已经对法治的底线性共识作了梳理，在此不作赘述。笔者认为具体到中国当下语境，法学学术共同体构建法治的精神共识，最关键的应是对法律价值理念的整合。当下法治是民主宪政的手段、是公民自由权利的保障，应制良法，且法律必须被遵守等等，几乎成为不唯法学学者，甚至是一般社会公众的常识。然而由于法学精英的对法律价值有不同偏好，所以其本职的法学教研行为和非本职的法治参与行为的追求与取向也即不同。这就极有可能出现力量的相互抵消，其中当然会有反推法治整体前进的力量。

于此，笔者认为可行如下步骤消解：首先是进行价值整合。自由、平等、人权、秩序、理性、公平、诚信、利益最大化、效率等等，都是通过多种法律制度反映出来的法治价值。某一法律对一种价值的侧重不代表可以抛弃法治的其他价值。法学研究者对某一价值是普适的，还是有存在场境等问题应形成共识。共识形成后，法治的帝国从主体到客体就会和谐共生，极大地减少抵消力量的可能性。其次，应对价值进行序列排定。这是价值形成共识的方法和路径。每一个社会发展阶段或每一个适用场境，总有最为这个阶段或这个场境特别需求或者说最有价值的法律价值取向。美国建国初期反联邦党人视“人权”

为最高价值；自由主义学者，把“自由”放在第一位；我国改革初对“效率”最看重，次之是“秩序”，之后才是“公平”“正义”等。价值排序不但要考虑法律“自治”的问题，还要考虑“他治”，即法律与其他众多社会领域之间的相互关系，如政治、经济、市民社会等领域。〔1〕法学精英一方面要对这种排序是否合理进行分析论证，同时还要推动价值排序的共识形成，并且在为法治参与行为时应尽力做到价值兼顾。最后，是价值理念的植入程序。本质上，法治价值理念是一种规则信仰或者说权威生成问题，这个问题既是一个社会学问题也是一个文化问题，更可以是一个政治问题。法学学者对价值的研究不能只停留在法哲学层面，更重要的是形成自体和他体的内在理念。法学学术共同体，甚至法律人共同体的价值共识形成后：一方面，可以通过学者本职的文化运作的方式去教化社会公众，将此共识渗入社会肌体；另一方面，也可以通过立法、司法等强制力完成理念植入工程。

如果法学学者不能放大视野，跨专业方向关怀，就会因理念内耗而影响植入效果，也会影响群体在为各种法治参与行为过程中对非法治化影响因素的抵抗力。同时，除法治底线、法治价值理念要有共识之外，更关键的是法学学术群体应该建立学术群体必须有如上共识的共识。唯此，学术的能量才能同方向积聚，才能在一种辐射力非常强的传统民族文化中慢慢为法治文化拓展开搁置空间。

第三，学术共同体应进行形象共构。内在精神理念是主体想以为然而非已为然。这种想象既可能来自各思想主体自身，也可能是他——但如果主体实际的行为表现与人们的想象落差

〔1〕［德］贡塔·托依布纳：《法律：一个自创生系统》，张骐译，北京大学出版社2004年版，第9、11页。

太大，则会冲淡人们对主体所主张的思想的认可，进而影响到这种思想对社会的型塑效能。鉴于此，法学学者必须对群体的形象进行共构，因为任何个体的行为，都会对群体的形象有着增色功效。那么法学学术共同体究竟应共构怎样的群体形象？又该如何共构呢？

在笔者看来，法学学术共同体首先应关怀世俗社会。法治是世人到目前为止形成共识的一种最不坏的世俗社会美好治理状态。法学因法治之好而兴，为法治更好而存，法学必须不断地研究、揭示并矫正、推动世俗社会向法治的美好不断地靠近，法学学者必须不能停止对世俗社会的关怀。因此，法学学者一定应该是入世的。出世者是修行者，其关心的是个体的精神世界，法学学者即使关心精神世界也是为了世俗社会，一如法文化学、法心理学、法伦理学等皆为法学分支。以此而论，笔者对法学学者的各种法治参与行为持赞成态度。

其次应以学术姿态为关怀。学术姿态是一种以知识分子群体为标本所形塑的文化姿态。它以民主、包容、开放地积极关怀世俗社会为表象，以多元、理性、独立地生产思想为内质，以言说、批评、教导为手段，追求人的自由、平等、尊严，以及世俗社会的正义。这种学术姿态在社会系统中一定有但常被异化。郑也夫认为健全的社会是政治、市场、文化三大系统鼎足而立的社会，然而现实的社会状态却多数表现为“一仆二主”的模式，知识分子往往在国家与市场这两个买主间作着艰难的选择。[1]美国加州圣玛利学院英文系教授徐贲认为学术具有公共性，学术是学术者个人与他人共同拥有生存世界的方式。做学术本身就是一种积极介入与他人共同生活的世界，共同增进

---

〔1〕 郑也夫：《知识分子研究》，中国青年出版社2004年版，第190～193页。

社会正义的方式。而中国当下的职业化学术“已经不再是启蒙主义时代浮士德的道路，而是一条权力政治市场经济时代的商品学术道路”。〔1〕在笔者看来，上述学者只是揭示了学术的异化形象，学术本质上是一种思想和知识的创造与发现，思想的创造是任何依靠外力设置的思想禁区、课题禁忌和“敏感词”管制等都无法真正控制住的，但不可否认这些外力确实会影响到学术的创造力和影响力。郑也夫对学术的独立性与独立的可能性持肯定与乐观的态度。他指出：“作为文化系统中的一分子，尽可以选择去从政还是下海。这是个人的权利。但是对一个社会而言，却不可以失去了它的独立的文化系统，不管这种丧失（或名存实亡）是政治高压导致的，还是市场侵蚀造成的。”〔2〕他认为：“一个纯正的知识分子，依然可以走向政治与市场，只须清醒地认识到自己是否还得保留着独立的文化价值。”学者型官员、学者型商人于学术姿态形塑的影响是外在的、无害的，而官员型学者、商人型学者则是学术群体姿态形塑的“特洛伊木马”。法学学者在为法治参与的过程中，一定要认识到自身即是这一学术姿态物理构架上的构件，要时时擦拭掉构件上的非学术霉点。

再次应秉持法治精神为关怀。关怀世俗社会的视角是多元的，这也是法治的真正内涵所在。法治绝不意味着对社会的法律一元统治，法治一向意味着对道德底线与宗教自由的保障，也意味着对民主政治与商品经济的支撑。政治者以合法垄断的暴力统治国家，经济者依长期交换形成的市场规则积累财富，而法律人则应以法治精神熔铸的社会群体形象推动法治事业的发展，维护政治统治的秩序、商品交换的规则，以及社会主体

〔1〕 徐贲：“贺卫方有资格当教授吗?”，载《东方早报》2011年8月17日。

〔2〕 郑也夫：《知识分子研究》，中国青年出版社2004年版，第193页。

的相互权益等。

概言之，法学学者应型构一个以法治的精神为支撑的，不断研究和传授法学知识与思想的，关怀世俗社会公平正义的学术共同体的形象。

三、对非法治化现象的外力消解

前已述及，在人人都不是天使的客观实在下，对法学学者法治参与行为背后的非法治化问题的消解，仅靠法学学者们的自我约束是不够的。一方面，人性自然地表现为对自己的肯定，有些时候学者基于对自身人格品性及法学素养的自信，并不认为自身的行为对法治有冲击。何勤华教授在《随笔集》中曾描述了其对某一关系的使用，一次是让此关系者为《法学》题词，一次是为某一涉嫌犯罪的前同事说情。前者无关法治，而后者则已经违反了法治精神，甚至可能违反了当时的法律规定。我们有理由相信作者的真诚与坦荡，但并不能认同作者为此行为时的想法，即“凭我的法律知识，感觉他的问题并不严重，似乎有人在陷害他”，所以请人干预。〔1〕另一方面，法学学者为法治参与行为时，非法治化问题的形成极有可能并不是学者自身推动的。如社会其他主体对法学学者面子的照顾等，这种情形则超出了学者自律的范畴。因此，他律成了必需，在下文中笔者将主要就来自公权者、社会公众、其他专业学者的他律式非法治化问题消解路径进行探讨。

（一）来自公权者的消解

正当的来自公权者的消解之力并不是指无约制地利用政治强权，武断地阻却一切法学学者的实务性法治参与行为。比如

〔1〕何勤华：《随笔集》，商务印书馆2012年版，第129页。

禁止法学研究人员从事兼职律师，或者禁止法学学者出具专家法律意见书。这不但存在操作性问题，更存在合宪性问题。公权者在消解法学学者法治参与行为背后的非法治化问题上，发力范式其实是普通的，不外有章可循、按章办事、公开透明等等。

具体说来：第一，要整合制度并积极作为，压缩个体的干预空间，从而减少法学学者非常态化参与之必要。无论是立法、司法还是行政者，对行其公权力职责所需的各类规范，都应进行全面整合与缝隙对接，同时还应严格依据这些规范积极高效地行使公权。果如此则人治空间缩小，而作为知识分子的法学学者并没有理由频繁地离开自身的社会分工岗位，去对公权者的法治行为进行力量悬殊的制约。这几乎是有法可依、有法必依式的法治常识。因此，可以判定法治的这种无法可依、有法不依病症，责任往往无关法学，而在公权者那里，则是其履职道德、伦理出了问题。正是这种状况迫使法学学者为了自己的志业，只能选择主动式的法治参与行为，而为了保证行为效果，有时会采取非法治化手段，有时则导致其他非法治化问题的出现。

以法学学者参与立法活动为例，立法主体存在明显的立法不作为。他们针对法学学者发现的诸多立法程序设计中的人治存在空间，以及关于立法工作的诸多制度空白，多年来一直采取的是“见招拆招”式的应对方法。因此，不只是“中央领导人的言论、观点和态度，对于一部法典的生死成败，都有着极为重要的影响”[1]，任何一级的制度创设主体，对立法的各个步骤都是全权控制的，并且没有有力的约束。正是因为这一点，所以实务工作者才会有自身是“隐性立法者”的体认，因为很

〔1〕 江平口述，陈夏红整理：《沉浮与枯荣：八十自述》，法律出版社2010年版，第299、309页。

多立法事务都是因一个或几个人决定进退的。事实上，当法学学术群体对相关问题已经完成充分论证、形成共识时，任何主体上书都可对立法者提出立法建议。如果其他主体上书也能达到效果的话，学者完全可以指导但不必领导上书，而由更适宜的主体去上书，比如人大代表、政协委员、社团组织等。[1]又或者学者也可以利用自身所兼有的其他社会身份进行。比如如果学者本身即是人大代表、政协委员等，则可通过提建议、议案等立法的必经程序达到与上书同样的效果。为什么学者舍本求末，弃简从繁呢？答案不外乎立法的本来的、法定的规范路径不畅通。比如关于公务员财产公开、劳动教养等呼声很高的立法事项，多名人大代表多年来一直在提建议、议案，但为什么在立法主体那里少有作为之信息反馈或者作为行动非常之慢呢？这只能说明在立法程序中能不能提议立法、提议后是否列入立法规划、规划后是否列入议程、列入议程后何时开始实质立法行动等等，都是一个个制度未曾控制的地带。而只要有制度没有控制的地方，就存在不规范操作的空间，高层领导的个人意见往往就会起到较大作用。[2]学者上书如果亦有如此心理期盼，那么其上书就类似于民众“投诉无门逼出来的最后一搏，其中不仅蕴涵着无奈的解铃还须系铃人的民间思维，更包含着浓烈的为民作主的清官期盼”。一旦借助“造势”，让上书“上达天听”，“以引起高官重视成为解决积弊的最终途径而不是首要途径时，被理想主义者所长期批评的民众的清官情结将无法淡化，棘手问题得以最终解决的清官功能将不会消失，社会也必

〔1〕 2003年村委会主任王淑荣上书全国人大常委会，要求对明显违反上位法的地方性法规进行合法性审查，不到半年时间，问题即同样得到解决。

〔2〕 参见柏钦涛：“‘公益上书’：实践、功能及其改进”，载《重庆社会科学》2010年第2期。

然在人治的故臼中深陷，难以步上法治的神圣台面”。[1]

第二，要对立法、执法、司法活动尽可能公开透明，避免惯例性履职的自闭，扩大法学知识与法律实践的互动机会。暗箱操作是一切非法治化问题产生的温床，所以法治活动的公开透明是消解非法治化问题的关键。公权应在阳光下运行，应该接受民众的监督，这是法治社会公权运作的基本伦理。瑞典早在1766年即有了关于公权运行信息公开的立法，当下各国多通过立法赋予全体公众法治架构内可给的最大限度的知情权。我国自2008年施行《政府信息公开条例》以来，政府“阳光工程”不断推进，不但政府信息多数公开，连酝酿了二十多年都毫无进展的公务员财产公开制度也似乎呼之欲出了。各地司法系统则纷纷开展了“阳光检察”“阳光审判”“阳光司法”等法治活动，这些无不体现了中国公权者对这一公权运行伦理的认知程度。然而，在前现代社会背景下，处理具体实务中的法律人往往又因各种因素干扰，贯彻着“搞定就是稳定，摆平就是水平，没事就是本事”这一潜规则，在“搞”与“摆”的过程中，很多行为是无法阳光的。这一方面给包括法学学者在内的所有人提供了暗箱操作的空间和理由，另一方面也导致公权者无论从事任何法治活动都会因循守旧、求稳求全、多元兼顾，于是民主性与专业性、点与面、正义与效率等总会出现偏颇。概言之，对于行为的公开、透明公权主体的语词与行动之间存在巨大落差。这就使得法学研究与法律实践并不能良性互动，双方的关系要么表现为法学学者与法律实践者一起“搞”“摆”，要么表现为法律实践者与法学学者井水不犯河水，各忙各的。二者就法治根本无法达成共识，更无法为法治国家的建

[1] 老方：“‘上书’热的冷思考”，载《创造》2007年第2期。

设形成合力。

第三，要对法学与法律作到明确识别，杜绝知识权力与国家权力的混同。法学是学问，法律是制度，此二者在以成文法为特征的中国，识别起来非常容易。然而学问与制度均由人所控制。以法学为职业的法学学者与以立法、司法、执法为职责的公权者，前者拥有知识权力，后者拥有法律所授予的国家权力，在叠床架屋的关系构架下，两类权力主体的混同既可能是客观的，也可能是主观的，既可能是自然生成的，也可能是制度性推动的。人们时常批评学者忙着当官赚钱，官员忙着著书立说的景象，正是知识权力与国家权力混同的现象之一。具体到法学与法律实务，较好的状态是法律实践对法学界公平地公开信息，法学学者平等地按专业方向研究法律现象，并针对性地为法律实践提供理论指导与批评，二者在职能上互不越界，但共同推动法治事业。需要进一步说明的是，在此处，笔者并不是反对职业交流，而是说职业分工要清晰，人们在不同的职业岗位上，所为行为应符合各该法律职业的特征性职业伦理，既不宜以国家权力成就知识权力，也不应以知识权力绑架国家权力。

（二）来自公众的消解

"人民的汪洋大海"是一句极具质感的表达，蕴含着无穷的力量，而且这种力量不只是政治的。在笔者看来，对非法治化问题的消解，公众的力量同样是不可忽视的，公众之力的消解是一种无定点大面积展开的消解力量。法律实践最终都是具体化约为一项项法案、一件件诉讼、一个个法律关系开展的。每一项法案的制定，每一件诉讼的审理，每一个法律关系的形成无不具体地牵涉到一个、一些或一群人的利益，出于对自身当下或未来相关权益的关怀，人们一般会更加关注与已相关或相似法治活动的各种信息。比如诉讼中一方当事人一定会警惕对方当事人或代理人可能的非法治化行为，而且一旦发现蛛丝马迹不可能不作反抗，申诉、控告都会进行。还有表现更为直观的“类案情节”，“南京彭宇案”引起舆论关注后，立刻冒出了“天津版彭宇案”，“广东许霆案”从无期徒刑改判5年有期徒刑，“云南版许霆案”立刻跟进将无期徒刑改为8年6个月有期徒刑，甚至人们还参照非本法域的“英国版许霆案”，来分析评论中国法律规定的不合理与法治文明的残缺。所有这些都表明，公众通过现代化的信息联通平台既可以获知各种事实真相，也可以相对自由地表达自己的观点，在这一平台上，任何可能极其细微的非法治化问题都极少逃过公众的眼睛。

因为公众消解非法治化问题的力量是以群体或多数人的力量取胜的，所以公众的消解之力天然地存在一些问题。一方面，正如勒庞所作的分析，群体在行动时会表现为冲动、急躁、缺乏理性和判断等，甚至夸大情感。在中国人的思维习惯中更有非白即黑、非此即彼的二元思维逻辑传统，这种思维特征在群体中可能表现得更为明显。而勒庞认为群体的才智状况是，“只有很普通的品质”“只有很普通的智慧”“只有最基本的智能”“只具有最低甚至更低层次的智力”。〔1〕另一方面，民主也是有问题的，民主曾被雅典的柏拉图、亚里士多德等斥为专横而丑陋的存在，个中原因就在于民主身上附着有多数人决之政治暴力、集体行为之责任分散等不良因素。〔2〕

尽管如此，基于如下原因，公众的对非法治化问题的消解

〔1〕［法］古斯塔夫·勒庞：《乌合之众》，戴光年译，新世界出版社2010年版，第8页。

〔2〕参见［英］约翰·邓恩：《让人民自由：民主的历史》，尹钛译，新星出版社2010年版，第40～43页。

效能依然值得我们期望：一是法律事件多以个案形式出现，法学学者参与其中的法律实践主体数量多是可计量的，多数公众与参与行为本身没有直接利害关系，更无关直接政治利益，所以公众在此状况下多持旁观者立场，其冲动急躁的倾向较之切身利益者要弱。二是因为出于观点不同，作为旁观者的公众也会出现对抗，即有所谓“倒派”与“挺派”。在这种表现为群体性的对抗过程中，为了论证自身观点，其对相关问题的思考深度一直会不断掘进，而法律事件的曝光展示面也会随之不断地扩大。在这一过程中，事件真面目会渐渐清晰，其中的任何面相都无法逃过“人民群众雪亮的眼睛”，那么非法治化的面相即可被发现。三是随着真相渐渐明了，公众会发现原来相互冲突的观点在渐渐弥合，这实际即是走向理性的表现。在“药家鑫案”“袁厉害事件”等法治事件中公众的这种舆论情绪走势表现得非常明显。公众多会从狂热地挺、无情地倒的过程中，慢慢地学会冷静地思考。四是公众所归属的群体是多元而非一元的，专业圈、朋友圈、同事圈、家人圈、网上陌生人圈等等，在不同的群体中公众所获取的信息和所表达的情绪都是不一样的。因此，在各种情绪和信息的不断冲击下，人们判断问题的智力水平也不至于让我们太过悲观。何况勒庞也说过“一旦构成群体的人群四分五裂，每个人都会立即恢复到了自己以前的状态”。[1]而公众就某一法治事件中的群体聚合，在互联网时代本即是以思想观点聚合，而少有身体在场的物理式聚合，我们可以将这种状态总结为“四分五裂式的群体”。其可能有勒庞所描述的问题，但也不至于太糟糕。五是公众的大基数极有可能将非法治化的行为定点式曝光，这对消解非法治化问题是最

〔1〕［法］古斯塔夫·勒庞：《乌合之众》，戴光年译，新世界出版社 2010 年版，第 2 页。

为有力的。试想如果有网友将某知名法学教授为某利益宴请某权力者时的相片上传效果会怎样？在苏州大学法学院某副教授以律师身份参与的“嘉湖阁规划许可案”中，“万能的网民”将合议庭成员与该法学学者的同学、师生关系梳理得清清楚楚，且有照片为证。[1]在这一情况下，即使无须回避，作为裁判者也一定会尽可能公正裁判。

（三）来自其他专业学者的消解

这是一种知识精英对知识精英式的制约，结果则是知识精英可以更好地为法治社会贡献正能量。此处所要表述的内容与上文所阐述的法学学术群体自律是不重复的，在此强调消解之力的外部性。这种外部性表现为两种情形：其一为非法学学者对法学学者法治参与行为中的非法治化问题的消解；其二为参与某法治活动之外的法学学者对参与学者的非法治化问题的消解。

当然如果某一学者是一个网民的话，其消解之力是完全可能混迹在公众的消解之力中的。但是即使是同样的行为、同样的语言，以显性的学者身份与以隐性的网民身份所为时，其行为或语言对非法治化问题的消解力度也有相当大的差距。原因即在于行为或话语的影响力与名望、身份、地位等有很大联系，这一点从商人们对产品代言者的选择上即可证明。除此理由，之所以不能忽视学者群体的外力消解还在于，作为知识精英，其对问题的看法和认识一般说来更为全面与深刻，对相关问题的揭示力度更大些。社会学、政治学、伦理学、经济学等学者对权威、关系、情理、利益等的论证、剖析和揭示，对人们识别法学学者具体法治参与行为背后的非法治化因素有着重要的

〔1〕 李俊杰：“苏州庭审回避案的是非之争”，载 http://news.sohu.com/20080429/n256583501_1.shtml，访问日期：2016 年 6 月 26 日。

价值。而非行为参与者的法学学者，对其他法治参与行为者的非法治化面相的批评则更有针对性。如2006年时，五位在京法学学者就在审的“邱兴华案”发出了《关于请求司法部门为被告人邱兴华进行司法精神病鉴定的公开信》。对此，与无理由支持和反对者不同，法学学者所做的分析一般会指出其中的核心问题，在于此公开信涉嫌借助媒体对司法进行干预，更指出法学学者要“保障其理论主张和实践行为间的逻辑一致”，并非易事。〔1〕

同时，法学学者的批评更多是在反思，故在批评之后多会做建构思考。如张利春在批评了法学学者在研讨“许霆案”的种种行为后，对法学学者“为何会采取在事实上会影响司法独立的方式来评判案件”进行了分析，其观点之一即“法学学者尽管有着满腹经纶的法律知识，但因没有如法官般居庙堂之高，也无律师般拥有丰厚收入，而在由法官、律师等法律人组成的法律职业共同体内居于最为尴尬的地位”。为了摆脱这种尴尬，所以法学学者才无奈地和媒体“媾和在一起，使自己具有了和其他法律人同等显赫的地位”。为了改变这种状况，其文多次提及翁岳生在《德国大学法学院对审判实务之影响》一书中所介绍的德国法学学者的司法参与制度，认为中国需要反思“如何让法学学者们获得与他们的学识相称的社会地位，如何为法学学者们顺畅表达自己对中国司法审判的见解提供制度上的保证，如何让法学学者与法律实务家们之间的有效沟通形成良性互动，如何让每一个法律人都能在法律职业共同体中各司其职，各尽其用”。〔2〕

---

〔1〕 谢晖：《法林问道》，法律出版社2012年版，第122～123页。

〔2〕 张利春：“欢愉还是悲哀——评法学家对许霆案的评论”，载《云南大学学报（法学版）》2009年第5期。

当然，在充分肯定知识精英的外在消解之力的同时，我们也必须警惕这一群体在对非法治化问题进行消解的同时又催生问题。有学者指出，学者出于理念之固守和自负、专业之自信和偏好，一定会充分彰显学术的力量，努力构建各自的学术帝国，而“在此过程中精英意识衍生的‘知识贵族’习气，促使知识分子把所有的问题都导向‘少数人的责任’，由此也筑起一张公开的与潜在的‘权势网络’”。[1]这一如前文所述及的，开展各种法治参与活动的法学学者是专业的、有正义情怀的、有担当意识的、心怀民主并要践行民主的，但在推动行为的过程中，依然可能隐藏着各种非法治化的因素，如学术强权等。对此我们或可谨记费希特的观点，他认为“学者只能用道德手段影响社会”，而不应“用强制手段，用体力去迫使人们接受他的信念”。[2]

---

〔1〕章清：“‘学术社会’的建构与知识分子的‘权势网络’——《独立评论》群体及其触与身份”，载《历史研究》2002年第4期。

〔2〕［德］费希特：《论学者的使命》，梁志学、沈真译，商务印书馆1980年版，第40页。

结 语
谦抑还是张扬?

谦抑或者张扬是一种主体行事的风格，所以在此我似乎更应该用“参与还是不参与”进行表达。社会需要学者的专业参与，学者也习惯“以其专业知识为背景参与公众活动”。〔1〕对法学学者来说，随着中国的法治进程不断推进，他们既是法学产品的提供人，也是法治困惑的释明人，司法现象的评价人，更应该是立法进程的参与人。如此看来，讨论法学学者参与或者不参与法治活动也是一个伪问题，因为法学学者本即是法治事业的参与者，而且在我看来是最为重要的一种法治建构力量。从群体意义上说他们负责法治工程的规划、设计，以及建筑人才的输出，是真正的指挥者，指挥棒则是其所作的言说。诚如魏敦友所言：“中国法学与中国法制是一而二、二而一的关系：我们可以将中国法学比喻为中国法制的灵魂，将中国法制比喻为中国法学的身体。”〔2〕随着法治的进步、法学研究的繁荣，法学学者的法学教研和法律实践的结合与互动是不可避免，甚

---

〔1〕 杨永明：“士者何为——近三十年来知识分子题材小说研究”，武汉大学2008年博士学位论文，第35页。

〔2〕 魏敦友：《当代中国法哲学的使命：魏敦友教授法哲学讲演录》，法律出版2010年版，第9页。

至是必然和必需的。这种结合与互动既体现在法学教育对法律人才的培养上，也体现在法学研究对法律实务的关注上，还体现在法学学者对社会各方面法律事务的参与上。从个体角度来看，法学学者从事的越出科研院所物理空间的、各种形态的法治参与行为，有的是其研究方向的正常延伸，有的是其个体的权益维护所需，有的是法不禁止的自由范畴，有的是公权者的有意推动。

本书的研究标本正是法学学者这一职业群体，在参与法治国建设过程中的各种具体法治参与行为。其写作重心或者说主要的、核心的关怀，是要去揭示隐藏在法学学者的诸多法治参与行为背后的非法治化现象，即透过行为表面去发现其诸多的行为背后所隐藏着的现象。这种隐藏着的现象可能会对法治的推进带来危害，或与法学学者所追求的学术目标和精神理念背道而驰，并进而也会影响到作为知识分子一支的法学学者之社会功能的发挥。如此研究也许会被相关学者理解为是一种解构式的研究，但解构的目的还在于建构。选择非法治化这一视角展开研究，事实上也可解释为是站在法治立场上进行的反思。

当然在庞大的法学研究者队伍中总有一些人在做着反思性的研究。早在21世纪初即有研究者在论述当代中国立法的学术研究背景时，就论及当代社会存在一种看似矛盾的现象，即法学界“一方面正视和承认法学研究对法律实践的作用有限，另一方面又大力推进法学研究和法律实践的结合程度，力图使法学研究的成果能对实际生活发生更大的影响”。〔1〕他认为这种矛盾事实上代表了对法学研究重新定位的两个不同视角的努力，一个意在说明法学研究“不能做什么”，一个意在探讨法学研究

〔1〕 赵颖坤：“当代中国立法的社会背景分析”，载周旺生主编：《立法研究》(第4卷)，法律出版社2003年版，第35页。

"能做什么"的最大边界。"二者都有助于恰当而充分地发挥法学研究对法律实践的影响力，有助于弥补法学研究在理论上的'无所不能'，和在实践上的'少有所能'之间的巨大差距，同时也就有助于摆正法学研究和立法实践之间的关系，促进二者的结合和互动。"〔1〕

在笔者看来，法学学者作为从事法学教育和法学研究的职业群体，其行为的主要模式不应是具体参与，而应是一般地提供理论与方法，贡献批判和揭示。魏敦友的观点大致与此相似，即法学学者应以法学建构为阵地，成就一种可预期的、确定的生活，以求民族"自存"。他说："我们作为知识人，更多地从知识的角度参与到当代中国的法制建设之中去，因此我们的一个重要任务，在我看来，就是沿着梁启超先生所开启的'中国法学之门'进一步工作，从而真正完成建构起当代中国法学的艰巨任务。"〔2〕或许有人会反驳说：通过参与一起起的具体涉法事件去追求正义、推动公平，并最终成就法治伟业，不也是一种路径吗？诚然，这确实是一种可行路径，但我们不能只看结果而不关注全局。早在20世纪中叶即有学者提出过类似担忧，即如果学者介入有争议的社会事件中，"既要定义反抗标准，又要亲身对付不平事务，要全方位地面对所有有争议的事情，还要接受来自各方的严厉质疑"。到最后，极有可能减损其对自身所追求的事业的贡献。〔3〕"结果论"评价标准并不是一种法治视角的评价标准。因为法治的正义关怀是立体的、过程

〔1〕 赵颖坤："当代中国立法的社会背景分析"，载周旺生主编：《立法研究》(第4卷)，法律出版社2003年版，第36页。

〔2〕 魏敦友：《当代中国法哲学的使命：魏敦友教授法哲学讲演录》，法律出版社2010年版，第9页。

〔3〕 Learned Hand, "On Receiving an Honorary Degree", *The Spirit of Liberty*: *Papers and Addresses of Learned Hand*, Alfred A. Knopf, 1974, p. 138.

性的、文化性的。迟到之正义非正义，程序之正义亦是正义等，已然成为不需论证的法治之常识性理念。正因为此，我们有必要关注、判断法学学者所从事的法治参与行为。欲对法治的增益与减损问题作出较客观的判断，就必须深入到各种行为的具体场景与过程中。唯有如此，才可获知是什么牵引或制约着法学学者的具体法治参与行为，进而才能判断法学学者如何展开法律实践参与活动，才可能达到法治利益最大化，从而更好地发挥其作为法学学者的法治建设功用。

在本书研究行将结束之际，为了不必要的法学学术力量内耗，有必要再强调和表明笔者的如下几方面观点：

第一，本书对法学学者的各种法治参与行为的分析，丝毫不表示笔者对法学学者的参与行为，甚至其他主体的类似参与行为权利或自由的否定，更不表示对那些已经通过各种形式的参与、推动了中国法治事业的学者们之成绩的否定。相反，正因为笔者认识到法学学者在建构法治社会中有着其他法律人无可替代的作用，其任一具体法治参与行为都有着重要的法治价值，并企望这种价值效能发挥到最佳状态，才有了本书的思考。

第二，法学学者无论从其研究的专业对象，还是从其基本的或高贵的人性出发，参与法律实践都是合理、正当，甚至是非常必要的。同时有行为空间，说明现实社会需求也很迫切。因此笔者当然不反对法学学者积极参与社会法律实践，大量拥有良好法学理论素养、法律技能、法治思维的专家学者的介入，一定意义上也是在实现着法律人之治，一定会对法治社会的建构带来增益。

第三，成功高效的法学学者法治参与个案的出现。“对法律人群体具有强烈的示范效应，很可能诱导更多的智识资源投入。”〔1〕当法学学者们的参与行为有可能持续开展时，学术界加强对行动现象的研究，从中寻找规律、发现问题，是为了更有效地发掘行为的价值，也是期望法学学术群体在社会主义国家法治建设过程中可以有更多的贡献。而基于上文论及的法学学者法治参与行为价值趋向的多向度性，笔者认为法学学者进行具体法治参与行为时，应警惕和抑制参与过程中的非法治化因素，而对法治有利的面相则应积极推动并可张扬为之。换言之，当法学学者参与法律实践时，采用何种风格行事并不重要，重要的是为了更好地发挥作为法学学者的法治建设效能，我们必须警惕非法治化因素的介入。法学学者在为各种参与行为时，应克服个体的理论短板和人性短板，当该当，能所能，而不应“以子之矛，攻子之盾”。

〔1〕“‘公民上书’现象全镜头：避免上书的泛滥”，载《江苏法制报》2007年1月11日。

参考文献

一、著作

［法］福柯：《权力的眼睛——福柯访谈录》，严锋译，上海人民出版社1997年版。

［德］费希特：《论学者的使命》，梁志学、沈真译，商务印书馆1980年版。

［美］爱德华·W. 萨伊德：《知识分子论》，单德兴译，生活·读书·新知三联书店2002年版。

［美］乔尔·M. 卡伦、李·加思·维吉伦特：《社会学的意蕴》，张惠强译，中国人民大学出版社2011年版。

［英］亚当·斯密：《看不见的手》，马睿译，中国对外翻译出版公司2010年版。

［德］马克斯·韦伯：《经济与社会》（下卷），林荣远译，商务印书馆1997年版。

［英］齐格蒙·鲍曼：《立法者与阐释者》，洪涛译，上海人民出版社2000年版。

［法］古斯塔夫·勒庞：《乌合之众》，戴光年译，新世界出版社2010版。

［英］霍布斯：《利维坦》，黎思复、黎廷弼译，商务印书馆1985年版。

［法］托克维尔：《论美国的民主》，董果良译，商务印书馆1988年版。

［比］卡内冈：《法官、立法者与法学教授——欧洲法制史篇》，薛张敏敏译，北京大学出版社2006年版。

［法］朱利安·班达：《知识分子的背叛》，佘碧平译，人民出版社 2005 年版。

［英］弗兰克·富里迪：《知识分子都到哪里去了》，戴从容译，江苏人民出版社 2005 年版。

［美］熊彼特：《资本主义、社会主义和民主主义》，绛枫译，商务印书馆 1979 年版。

［美］科恩：《论民主》，聂崇信、朱秀贤译，商务印书馆 1988 年版。

［美］富勒：《法律的道德性》，郑戈译，商务印书馆 2005 年版。

［美］罗伯特·达尔：《论民主》，李柏光、林猛译，商务印书馆 1999 年版。

［德］哈贝马斯：《在事实与规范之间——关于法律和民主法治国的商谈理论》，童世骏译，生活·读书·新知三联书店 2003 年版。

［意］皮罗·克拉玛德雷：《程序与民主》，翟小波、刘刚译，高等教育出版社 2005 年版。

［美］本杰明·卡多佐：《司法过程的性质》，苏力译，商务印书馆 1998 年版。

［美］理查德·波斯纳：《法官如何思考》，苏力译，北京大学出版社 2009 年版。

［德］H. 科殷：《法哲学》，林荣远译，华夏出版社 2002 年版。

［美］玛丽·安·格伦顿：《法律人统治下的国度：法律职业危机如何改变美国社会》，沈国琴、胡鸿雁译，中国政法大学出版社 2010 年版。

［德］马克斯·韦伯：《学术与政治》，钱永详等译，广西师范大学出版社 2010 年版。

［法］亚历山大·科耶夫：《权威的概念》，姜志辉译，译林出版社 2011 年版。

［美］E. 博登海默：《法理学——法律哲学及法律方法》，邓正来译，中国政法大学出版社 1999 年版。

［英］约翰·邓恩：《让人民自由：民主的历史》，尹钛译，新星出版社 2010 年版。

［法］爱弥尔·涂尔干：《职业伦理与公民道德》，渠东、付德根译，人民

出版社 2006 年版。
中央编译局编译:《马克思恩格斯选集》，人民出版社 1995 年版。
刘小吾:《走向职业共同体的中国法律人：徘徊在商人、牧师和官僚政客之间》，法律出版社 2010 年版。
卢学英:《法律职业共同体引论》，法律出版社 2010 年版。
孙笑侠等:《法律人之治》，中国政法大学出版社 2005 年版。
苏力:《法治及其本土资源》，中国政法大学出版社 1996 年版。
邓正来:《中国法学向何处去——建构“中国法律理想图景”时代的论纲》，商务印书馆 2006 年版。
强世功:《法律人的城邦》，上海三联书店 2003 年版。
许章润:《法学家的智慧——关于法律的知识品格与人文类型》，清华大学出版社 2004 年版。
张卫平:《法学·蓝调——张卫平法学随笔集》，法律出版社 2010 年版。
刘星:《法学知识如何实践》，北京大学出版社 2011 版。
卓泽渊:《法理学》，法律出版社 1998 年版。
刘秀华:《转型期人的个性与社会秩序关系研究》，人民出版社 2008 年版。
易军:《关系、规范与纠纷解决——以中国社会中的非正式制度为对象》，宁夏人民出版社 2009 年版。
李振宇:《边缘法学探索》，中国检察出版社 2004 年版。
杨芳:《马克思的社会分工理论及其当代意义》，陕西人民出版社 2008 年版。
舒扬:《中国法学 30 年》，中山大学出版社 2009 年版。
何勤华、李秀清:《外国法制史》，复旦大学出版社 2002 年版。
郑莉:《理解鲍曼》，中国人民大学出版社 2006 年版。
江平口述，陈夏红整理:《沉浮与枯荣：八十自述》，法律出版社 2010 年版。
李强:《转型时期中国社会分层》，辽宁教育出版社 2004 年版。
宋功德:《法学的坦白》，法律出版社 2001 年版。
李春玲:《断裂与碎片——当代中国社会阶层分化实证分析》，社会科学文献出版社 2005 年版。

孙正聿:《哲学通论》，复旦大学出版社2007年版。
高清海:《哲学的奥秘》，吉林人民出版社1997年版。
喻中:《中国法治观念》，中国政法大学出版社2011年版。
周恩惠:《走近新中国法学大家》，中国人民公安大学出版社2009年版。
费孝通:《乡土中国 生育制度》，北京大学出版社1998年版。
周旺生:《立法学》，法律出版社2009年版。
汪全胜:《制度设计与立法公正》，山东人民出版社2005年版。
赵信:《片断·细节：60年60部法律》，中国法制出版社2009年版。
季卫东:《法治秩序的建构》，中国政法大学出版社1999年版。
孙伟:《吴经熊与近代中国法制》，中国法制出版社2012年版。
宋冰编:《程序、正义与现代化——外国法学学者在华演讲录》，中国政法大学出版社1998年版。
何兵:《利害的分配：我们身边的法律》，上海三联书店2005年版。
刘治斌:《法律方法论》，山东人民出版社2007年版。
郑也夫:《知识分子研究》，中国青年出版社2004年版。
何勤华、贺卫方、田涛:《法律文化三人行》，北京大学出版社2010年版。
孙笑侠:《程序的法理》，商务印书馆2005年版。
周永坤:《法理学》（第2版），法律出版社2004年版。
张文显:《法理学》，高等教育出版社2003年版。
喻中:《自由的孔子与不自由的苏格拉底》，中国人民大学出版社2009年版。
喻中:《权力制约的中国语境》，山东人民出版社2007年版。
刘少杰:《国外社会学理论》，高等教育出版社2006年版。
邵建:《知识分子与人文》，中国社会出版社2009年版。
田玉川:《圈子！圈子!》，中国社会出版社2003年版。
翟学伟:《中国人的关系原理：时空秩序、生活欲念及其关系流变》，北京大学出版社2011年版。
黄国光等:《面子：中国人的权力游戏》，中国人民大学出版社2004年版。
孙立平:《失衡：断裂社会的运作逻辑》，社会科学文献出版社2004年版。
魏敦友:《当代中国法哲学的使命：魏敦友教授法哲学讲演录》，法律出版社 2010 年版。

［美］安德鲁·里奇：《智库、公共政策和专家治策的政治学》，潘羽辉译，社会科学院出版社 2010 年版。

邱江辉、刘光胜主编：《中国政府参事工作制度》，安徽大学出版社 2014 年版。

Francis Fukuyama, *The End of History and the Last Man*, NewYork: Free Press, 1992.

Richard Hofstadter, *Anti – intellectualism in American Life*, New York: Alfred A. Knopf, 1963.

Alexis de Tocqueville, *Democracy in America*, George Lawrence, trans, J. P. Mayer (ed.), New York: Doubleday Anchor, 1969.

"The Use of Law Schools", *in The Occasional Speeches of Justice Oliver Wendell Holmes*, Mark De Wolf Howe (ed.), Cambridge: Belknap Press, 1962.

Learned Hand, "On Receiving an Honorary Degree", *The Spirit of Liberty: Papers and Addresses of Learned Hand*, Irving Dilliard (ed.), Alfred A. Knopf, 1974.

Zygmunt Bauman, *Legislators and Interpreters: On Modernity*, Post – Modernity and Intellectuals, Cambridge: Polity Press, 1987.

L. A. Coser, *Men of Ideas: A Sociologist's View*, New York: The Free Press, 1965.

R. Eyerman, *Between Culture and Politics: Intellectuals in Modern Society*, Cambridge: Polity Press, 1994.

二、论文

周安平："面子与法律——基于法社会学的视角"，载《法制与社会发展》2008 年第 4 期。

周安平："优胜劣汰与优胜劣不汰——人类社会生存竞争规则的道德底线"，载《法商研究》2007 年第 3 期。

周安平："法学与科学及逻辑的纠缠与甄别"，载《江西社会科学》2008 年第 8 期。

周安平："许霆案的民意：按照大数法则的分析"，载《中外法学》2009 年第 1 期。
刘旺洪、束锦："社会管理创新与民主参与的法制建构"，载《学海》2013 年第 5 期。
刘旺洪："社会管理创新与社会治理的法治化"，载《法学》2011 年第 10 期。
胡玉鸿："'法律人'建构论纲"，载《中国法学》2006 年第 5 期。
杨海坤、黄竹胜："法律的职业的反思与重建"，载《江苏社会科学》2003 年第 3 期。
程燎原："'法律人'之治：'法治政府'的主体性诠释"，载《西南民族学院学报（哲学社会科学版）》2001 年第 12 期。
霍宪丹："关于建构法律职业共同体的思考"，载《西北政法学院学报》2003 年第 5 期。
郭立新："法治社会中的法律职业共同体——兼论中国法律职业共同体的形成之路"，载《河南省政法管理干部学院学报》2003 年第 6 期。
贺卫方："中国法律职业：迟到的兴起和早来的危机"，载《社会科学》2005 年第 9 期。
贺卫方："呼唤法律职业共同体"，载《中外法学》1998 年第 5 期。
［德］帕瑞克·克勒纳："智库概念界定和评价排名：亟待探求的命题"，韩万渠译，载《中国行政管理》2014 年第 5 期。
上海社会科学院智库研究中心项目组："中国智库影响力的实证研究与政策建议"，载《社会科学》2014 年第 4 期。
姜明安："法律人与法律学人的品性"，载《法制资讯》2009 年第 4 期。
丁永为："学者的使命是什么——费希特《论学者的使命》的研读"，载《高校教育管理》2008 年第 6 期。
梁治平："法学的未来与未来的法学家"，载《开放时代》1988 年第 1 期。
王利明："什么是法学家的社会责任？"，载《法学家》2006 年第 3 期。
强世功："法律共同体宣言"，载《中外法学》2001 年第 3 期。
闻立军："法学家在法治秩序建构中的使命"，载《西北第二民族学院学报（哲学社会科学版）》2007 年第 4 期。
谢冬慧："法学家的使命"，载《法学评论》2009 年第 3 期。

柳砚涛、刘孝堂："'司法权威'与'学术权威'的竞存——由'专家法律意见书'存在的几点悖论引发的思考"，载《河南公安高等专科学校学报》2008年第2期。

张泽涛、陈斌："法学家论证意见书及其规范——美国'法院之友'制度的启示"，载《法商研究》2004年第4期。

黎四奇："法治进路中的反法治现象——以法学学者不要轻易对法官'指手画脚'为视角的分析"，载《河北法学》2008年第9期。

丛立先："法学者之于社会公共事件的责任和态度——由'证晖事件'说起"，载张士宝主编：《法学家茶座》（第32辑），山东人民出版社2010年版。

许章润："法律、法学与法学家的中国语境"，载《华东政法大学学报》2008年第1期。

许章润："法律的实质理性——兼论法律从业者的职业伦理"，载《中国社会科学》2003年第1期。

周永坤："法学家与法律现代化"，载《法律科学》1994年第4期。

周永坤："法学社会学想象"，载《法治论丛》2009年第6期。

周永坤："依法治国建设社会主义法治国家理论研讨会述评"，载《法制与社会发展》1997年第2期。

周永坤："追求理性的学术论辩"，载《法学》2007年第10期。

周永坤："人民陪审员不宜精英化"，载《法学》2005年第10期。

信春鹰："后现代法学：为法治探索未来"，载《中国社会科学》2000年第5期。

李振宇："边缘法学与其它学科的关系"，载《当代法学》2003年第6期。

苏力："从法学著述引证看中国法学"，载《中国法学》2003年第3期。

张华："我国新型智库建设与地方社科院科研转型研究"，载《东岳论丛》2010年第10期。

谢晖："理解和解释：法学家心镜的法律图像（上）"，载《河南省政法管理干部学院学报》2003年第1期。

谢晖："理解和解释：法学学者心境的法律图像（下）"，载《河南省政法管理干部学院学报》2003年第3期。

刘星："'法学家'在近代"，载《法制资讯》2009年第5期。

苏力："面对中国的法学"，载《法制与社会发展》2004年第3期。

刘亚秋："声望危机下的学术群体当代知识分子身份地位研究"，载《社会》2007年第6期。

胡满子："立法的非法学化与法学的非学术化——从人生非戏说起"，载《比较法研究》2010年第6期。

郝战红："立法过程中专家咨询制度的多维面相"，载《法学杂志》2012年第2期。

朱力宇、熊侃："专家参与立法的若干问题研究"，载《法学杂志》2010年第2期。

蔡晨风："美国国会助理人员及机构"，载《人大研究》2000年第6期。

童之伟："物权立法过程该如何做恰当评说"，载《法学》2007年第4期。

郝铁川："论法学家在立法中的作用"，载《中国法学》1995年第4期。

阿计："法案起草，坚守民主公正的立法起跑线"，载《楚天主人》2007年第2期。

徐国栋："认真地反思第四次民法典起草的组织方法"，载《法律科学》2003年第5期。

舒圣祥："立法招标要避免搞成'专家立法'"，载《政府法制》2008年第9期。

黄金荣："'公益上书'的行动逻辑"，载《法制与社会发展》2010年第4期。

柏钦涛："'公益上书'：实践、功能及其改进"，载《重庆社会科学》2010年第2期。

［意］桑德罗·斯奇巴尼："法学家：法的创立者"，薛军译，载《比较法研究》2004年第3期。

章清："'学术社会'的建构与知识分子的'权势网络'——《独立评论》群体及其角色与身份"，载《历史研究》2002年第4期。

杨春福、陈新雄、胡欣诣："法学资源的分配与流动——以十年来会议主题与课题项目为样本的考察"，载《法制与社会发展》2006年第6期。

解亘："论学者在案例指导制度中的作用"，载《南京大学学报》2012年第4期。
刘作翔："法治文化的几个理论问题"，载《法学论坛》2012年第1期。
何兵："一位人民陪审员的经历"，载《中国社会导刊》2005年第14期。
季俊强："关于专家型人民陪审员制度的几点思考"，载《今日南国》2010年第5期。
马登科："论人民监督员制度的法理基础"，载《理论探索》2005年第4期。
高一飞："人民监督员制度的正当性探讨"，载《贵州民族学院学报（哲学社会科学版）》2005年第1期。
宋智敏："从'法律咨询者'到'法治守护者'——改革语境下政府法律顾问角色的转换"，载《政治与法律》2016年第1期。
吴玄："美国白宫法律顾制度研究"，载《环球法律评论》2014年第5期。
王和岩、秦旭东："学者挂职检察院的意味"，载《财经》2008年第9期。
张朝霞、谢财能："学者挂职副检察长制度调查"，载《国家检察官学院学报》2010年第2期。
闻立军、李蓝天："法学家在法治秩序建构中的路径选择"，载《宁夏党校学报》2009年第3期。
喻中："法学：重新出发，迈向何方?"，载《社会科学战线》2009年第5期。
汪世锦："论权威——兼论权威与权力的关系"，载《湖北大学学报（哲学社会科学版）》2001年第6期。
薛广洲："权威类型的哲学论证"，载《中国人民大学学报》2001年第1期。
李松玉："制度权威和个人权威"，载《山东师范大学学报（人文社会科学版）》2004年第3期。
朱景文："法治和关系：是对立还是包容——从韦伯的经济与法律之间关系的理论谈起"，载《环球法律评论》2003年第1期。
陈刚："法治社会与人情社会"，载《社会科学》2002年第11期。
张永和："法律不能被信仰的理由"，载《政法论坛》2006年第3期。

季卫东:“论法制的权威”，载《中国法学》2013年第1期。

张利春:“欢愉还是悲哀——评法学家对许霆案的评论”，载《云南大学学报（法学版)》2009年第5期。

张仁善:“论中国近代法律精英的法治理想”，载《河南省政法管理干部学院学报》2006年第1期。

张仁善:“传统中国‘法律人’的角色定位及社会功能分析”，载《华东政法学院学报》2006年第2期。

叶向阳:“关于‘专家法律意见书对审判工作影响’的调查”，载张启楣主编:《司法热点问题调查》(2004年第1辑)，人民法院出版社2004年版。

凌斌:“赛先生、德先生与蜜思劳：解读贺卫方的‘上书’——以孙志刚案为契机”，载苏力主编:《法律书评》（第2辑)，法律出版社2004年版。

［美］J. 斯蒂格利茨:“正式和非正式的制度”，武锡申译，载曹荣湘编:《走出囚徒困境：社会资本与制度分析》，上海三联书店2003年版。

朱振:“‘权力/知识’与知识分子”，载刘小平、蔡宏伟主编:《分析与批判：学术传承的方式》，北京大学出版社2006年版。

庞德:“改进中国法律的初步意见”，载王健编：《西法东渐：外国人与中国法的近代变革》，中国政法大学出版社2001年版。

赵颖坤:“当代中国立法的社会背景分析”，载周旺生主编：《立法研究》(第4卷)，法律出版社2003年版。

赵颖坤:“立法过程与立法程序”，载周旺生主编:《立法研究》(第2卷)，法律出版社2001年版。

黄金荣:“一场方兴未艾的法律运动——对当代中国公益法实践的观察与评论”，载贺海仁主编:《公益诉讼》(第1辑)，中国检察出版社2006年版。

卢群星:“隐性立法者——中国立法工作者价值重估”，浙江大学2012年博士学位论文。

杨永明:“士者何为——近三十年来知识分子题材小说研究”，武汉大学2008年博士学位论文。

李碧虹:“大学教师收入分配研究——基于人力资本的分析”，华中科技大学2006年博士学位论文。

孙海龙、姚建军:“实践与理论互动的智慧——专家法律意见书对审判权的影响”，载《全国法院系统第二十二届学术讨论会论文集》。

Stephen Frantzich, “Who Makes Our Laws? The Legislative Effectiveness of Members of the U. S. Congress”, *Legislative Studies Quarterly*, Vol. 4, No. 3, Aug. 1979.

Nadine Strossen, “Legal Scholars Who Would Limit Free Speech”, *Chronicle of Higher Education*, Vol. 39, No. 44, 1993.

Jeanne L. Schroeder, “The Four Discourses of Law: A Lacanian Analysis of Legal Practice and Scholarship”, *Texas Law Review*, Vol. 79, No. 1, 2000.

Russell Hardin, “From Order to Justice”, *Politics, Philosophy & Economics*, 4 (2005).

Robert Post, “Legal Scholarship and the Practice of Law”, *University of Colorado Law Review*, 615 (1992).

Richard Taylor, “Complicity, Legal Scholarship and the Law of Unintended Consequences”, *Legal Studies*, Vol. 29 Issue 1, Aliza B. Kaplan, 2009.

Joseph Wallace, “Legal Theories and Ancient Practices in John Selden's Marmora Arundelliana”, *Journal of the History of Ideas*, Vol. 72, No. 3, 2011.

David Bank, “Legal Scholar Could Influence Microsoft Trial”, *Wall Street Journal (Eastern Edition)*, Vol. 235, No. 38, 2000.

后记

午后阳光温和地洒满我的书桌，我的手机械地击打着键盘，我的各种胡思乱想即以一种他人可见的方式流淌出来，这真是一种奇妙的快乐。这种感觉像极了儿时和小伙伴们在山泉边沐浴后，晒着太阳听风从耳边轻轻掠过，灵动且安逸。

我是游走于法律丛林中的一名游兵，负责过仲裁事务的程序管理，见证过人大机关的工作方式，监督过人民检察院的自侦案件，代理过为数不少的诉讼案件，作为“双师型”教师从事法学教育十多年，如今在社科机构从事单纯的科研工作。在每一个岗位上，我都用心体会着不同法律人不同职业的模式，感受着不同法律人对法律的复杂情感。这种人生经历可能影响着我的研究兴趣。

本书是在我的博士论文基础上修改而成的。2013 年 5 月参加完答辩后，论文被我束之高阁，再未触碰。之后的一年我像一个长途跋涉之后的疲惫旅客一样，放空自己，沉沉睡去，一年，我几乎一事无成，这对一个习惯努力做事的人来说是非常惶恐的。更为糟糕的是，那个一直让我能自由自在，一边教书一边做律师的应用型民办大学的法律系，因为教育部的专业调控，法学专业不能再招生，我必须面对职业转型，于是我做起了学校的人事处副处长。虽然因为法学专业的弹性，法律人转行从事人事工作并非难事，事实上我做得也确实不差，但坦率地说，我很孤独。一个长期从事法学教学和研究，长期和法律同行们混迹在一起的人，突然没有了对话的伙伴和平台，这对一个法学博士来说同样是非常惶恐的。幸好一切没有持续太久，2015 年 3 月，在各位领导和老师的支持和帮助下，我又回到了法律人的阵营。至此，我才重新开启停滞已久的研究工作，对我来说，研究工作的开展，重要的是接续，我必须把前一阶段的研究做一次回顾，才好重新出发，所以我又一次细细地读起了自己的文章，并且结合最新的政策和法律变化，对相关的内容做了调整和增补，这本专著也就顺理成章地形成了。

回想起来，当初做这个选题可以说是很任性的，几乎是抓着瞬间的，一闪而过的一种感觉，就开始了无知者无畏式的跟进，所以非常感谢我的导师周安平教授的许可和包容。更要感谢毕业以后老师对我的不断督促、鼓励和关心，才使不惑之际的我下定决心，做出改变。

同样非常感谢我的博士后合作导师刘旺洪教授，老师一方面把我带进了新的研究团队，另一方面为了让我的研究有连续性，在博士后研究专题的选择上，最大化地兼顾了博士期间的研究。

感谢我老单位三江学院和新单位江苏省社科院的领导和同事们，对我的离去与到来他们给予了最善意的理解和支持，浓浓的同事情谊一直陪伴着我，使我始终处在一种愉快的工作氛围中，高效率地工作着。

感谢我的父母，我已经明白生命的赋予本身就是一种恩赐；感谢我的叔叔和姑姑们，我点点滴滴的成长离不开长辈们殷殷切切的关怀；感谢我的哥哥姐姐们，感谢我的好朋友们，人生有你们相伴，才会那么温暖。

感谢我的爱人白清泉一直包容着我的坏脾气和无休止的无理取闹，认真地完成着我的从不间断的各项指令。感谢我的女儿白晓晗，她的自觉自立让我省时省力，她的聪明好学让我心情愉悦。多年以后我依然因为这一场景而感到十分温暖：我坐在我的书桌前看书写文章，她坐在我的旁边的她的书桌前看书写作业，阳光温和地洒满我们的书桌，我们快乐地不时相视而笑，然后我继续看书写文章，她继续看书写作业。感谢我的外甥女王佳琪，她不但替我分担了大量的家务劳动，还对文稿的编辑排版提供了极好的技术协助。

最后需要致以谢意的是中国政法大学出版社第五编辑部的丁春晖先生，虽素昧平生，但却给了我诸多的帮助，他利索的办事风格和细致的工作态度，让本书的出版事务一切顺利。

本书的不足之处，恳请读者批评指正，任何意见和建议，对我后续开展的研究都将是莫大的帮助。

李小红

2016 年 6 月 25 日